国家社会科学基金项目《主体间性视野下企业社会责任文化及认同研究》研究成果（项目批准号：12CGL038）

企业社会责任文化认同研究

基于主体间性视野

颜 冰 著

知识产权出版社
全国百佳图书出版单位
—北京—

图书在版编目（CIP）数据

企业社会责任文化认同研究：基于主体间性视野 / 颜冰著 . —北京：知识产权出版社，2021.4

ISBN 978-7-5130-7448-3

Ⅰ. ①企… Ⅱ. ①颜… Ⅲ. ①企业责任—社会责任—研究 Ⅳ. ① F272-05

中国版本图书馆 CIP 数据核字（2021）第 047264 号

内容提要

本书基于主体间性考察企业社会责任文化认同，重申成员型企业文化认同的立场与观点，探讨企业社会责任担责主体、认同主体、监督主体、扶助主体、反馈主体的深度互动与交往，通过划定企业文化边界及与社会多元文化的关系，增加对社会一般道德责任的认同、优化社会管理结构、对话利益相关者、确定企业担责的“就近原则”等维度，构建了“政府—企业—社会”互动的社会责任文化体系。

本书可作为企业社会责任、管理哲学领域研究人员以及企业从事社会责任管理工作人员的参考用书。

责任编辑：刘晓庆　　**责任印制**：孙婷婷

企业社会责任文化认同研究——基于主体间性视野

QIYE SHEHUI ZEREN WENHUA RENTONG YANJIU——JIYU ZHUTI JIANXING SHIYE

颜　冰　著

出版发行：知识产权出版社有限责任公司　　**网　　址**：http：//www.ipph.cn

电　　话：010–82004826　　http：//www.laichushu.com

社　　址：北京市海淀区气象路 50 号院　　**邮　　编**：100081

责编电话：010–82000860 转 8073　　**责编邮箱**：laichushu@cnipr.com

发行电话：010–82000860 转 8101　　**发行传真**：010–82000893

印　　刷：北京中献拓方科技发展有限公司　　**经　　销**：各大网上书店、新华书店及相关专业书店

开　　本：787mm × 1092mm　1/16　　**印　　张**：21.25

版　　次：2021 年 4 月第 1 版　　**印　　次**：2021 年 4 月第 1 次印刷

字　　数：250 千字　　**定　　价**：78.00 元

ISBN 978–7–5130–7448–3

前　言

主体间性本是西方主体性哲学研究过程中产生的一个批判性概念。主体间性（inter-subjectivity），由 subjectivity 加前缀 inter 所构成，旨在表明复数主体间的交互关系。在日常生活中，复数主体是非常常见的现象，他人与“我”的共在也是无须多言的事实。然而，在哲学的思辨分析中，对理性及拥有理性之人地位的肯定促成了近代西方主体性哲学的高扬。随着时代的发展，主体性哲学的局限性日益显现，正如阿多诺在《否定的辩证法》中指出：“西方哲学或形而上学从一开始就迷恋于主体性，这种迷恋付出了代价。作为‘对其最贵的惩罚’，认识论的主体被‘永久监禁在它的自我之中’，被判定像‘城堡中’的骑士那样去看世界。”❶

因此，对一元主体的消解、先验主体的反思与超越，使主体间性成为 20 世纪西方哲学发展史上独树一帜的重要范畴。在对传统认识论“主体—客体”关系反思过程中不断丰富发展的主体间性，从思考“主体—主体”关系入手，由先验自我的知识根源性发端，把主体间如何通达作为考察重点，着力思考多元主体面对客观性如何达到理解和沟通、实现普遍性认识，进而确立自我与他者

❶ 弗莱德·R. 多迈尔 . 主体性的黄昏 [M]. 万俊人，朱国钧，等译 . 上海：上海人民出版社，1992：48.

共存等问题。可以说，主体间性有效拓展了西方哲学的研究视野，跳出主客体关系的认识论研究地带，审慎考量了多元主体间如何通达、彼此映照等问题，这为其他领域相关问题的思索提供了非常有益的思想工具与方法。基于此，交往理性、参与对话、公共领域等卓有见地的哲学问题喷涌而出，在一定程度上促成了西方哲学由语言哲学向日常生活、实践哲学的回归与转向。

就内涵而言，主体间性即交互主体性，是多元主体间的交互关系。主体间性不是反主体性，不是对主体性的绝对否定，而是对主体性的扬弃。主体间性首先涉及对多元主体的承认问题。主体间性不是把自我看作原子式的个体，而是共同存在于社会之中的主体与主体间的共在关系。其次，主客体之间的关系也不仅为主客二分基础上主体征服、改造客体的单向支配关系，而是自我主体与对象主体互为映射和参照的交互关系。

“主体间性重新审视了自我与他人、个体与社会的多元关系”，是从现代主体中心的一元理性向多元理性、从先验自我向世俗自我、从理想世界向日常生活世界的重要转向。对于主体间性，许多学者都从自身学科与研究角度对其进行阐释。在诸多观点中，以下三种观点尤为引人瞩目，在主体间性研究中具有推进性意义：胡塞尔首次提出“主体间性”概念，虽然还仅为先验自我的映现，却使主体间性思想在长期存在的主体性哲学中得以崭露头角；以海德格尔、萨特为代表的存在主义者更多关注到世界的存在论意义，充分肯定了非我存在的必然性与现实性，使主体间性的合法性得到保障；列维纳斯的“他者”研究相对细致地分析了他者的存在意义，提出他者就是非我，就是与我的不同与对立，这一思想突破了长期以来人们普遍认同的“他者与自我具有一致性”的传统看法，为开阔主体间性研究视野做出了重要的探索。不仅如此，随着研究的不断深入，主体间性也作为一种分析框架或理论视角深度融合到诸多社会议题的分析当中。

本书关注“主体间性倡导多元主体，将一元强势主体转换为多元对话主体”

特质，以主体间性考察企业社会责任文化氛围的形成与认同，通过打破企业社会责任担当的一元主体思想和理论框架，发现并确认承担社会责任的多元主体身份，从而唤醒企业及其成员的社会责任意识。

一、本书分析的逻辑思路

站在本质主义立场上，社会责任就是企业范畴本身所包含的，并不是外在力量强加的，是企业及其代理人、员工内心时刻存在、永远保持敬畏的道德法则。当政府、社会和公众要求企业承担社会责任时，就需要把社会责任进行划分，必须强制履行的责任就应使用最严厉的权威和手段，严格监管；出于企业善良意志、慈善关怀而应担当的社会责任，就应当给予企业最大的自由度，让它行使自己承担道德责任的自由意志，把社会责任承担好。唯有当企业能够支配自己的行为，行使选择权利，能够决定在某种条件下承担或不承担，选择承担何种社会责任时，企业才具有名副其实的主体身份，才能焕发出自主的担责意识，否则其他对于企业的要求，无论来自政府、社会组织、公众还是企业内部员工，对企业可能都会成为负担。

企业承担社会责任时，一般通过企业人选定责任内容与对象，调动、支配、实施、监管企业资源做出担责行为。企业人既包括高层管理者，也包括普通员工。虽然他们在企业担责过程中可能扮演着决策者、推动者、实施者等不同角色，但对于企业承担社会责任而言，本质上并无差别，都是使企业社会责任从企业侧走向社会侧不可或缺的环节。他们对企业社会责任的接纳抑或反对、积极履责抑或敷衍逃避，直接影响企业承担社会责任的质量与效果。因此，本书消解掉企业中管理者与被管理者身份、地位、职责的差异，均称之“企业成员”，同等关注他们对社会责任担当具有的关键作用，从而使责任理念回归人本身，回归日常生活，使企业社会责任成为企业生产经营的内在法则，落实到每一名企业成员的日常行为之中。

把企业成员纳入企业社会责任认同主体，富有深意。企业成员虽然被冠以“成员”的名称，但实际上是一个个独立的个体，具有自己的价值观、人生追求及宗教信仰等。他们并不一定时时、事事与企业的核心利益保持完全一致。那么企业就需要找到一个现实工具把企业目标与个人目标统合起来，帮助企业成员完成从独立个体向“企业人”的转化。功能意义上的企业责任文化恰好发挥了这一作用。

因此，力主成员型企业责任文化认同立场，是对企业精英管理层权威的解构。多元主体通过深度互动所达成的共识成为文化深层假设的“共享性”来源，由此也使成员获得了接触企业责任文化的均等机会，完成了对文化的经验性体认。在这一过程中，成员与企业确立了相对亲密的、稳定的情感关系。可是，仅有这些环节，尚不足以使成员在职业领域内确立以企业责任为先导的价值判断和行为标准。

于是，本书以目标作为考察责任文化认同状况的基本指标，把企业责任文化认同的过程具象化地表现出来，即个体成员要经过对企业目标分立、契合和重构等逐渐递进和深化的环节后，才能实现有效的文化认同。企业与成员的关系不仅是成员接纳企业目标、认同企业责任文化渐进性的显现，而且还内隐和映射了互惠交换、价值契合及身份认同等企业内行为的相应变迁。这一目标与行为因果关联的发现，为考察企业情境中责任文化认同路径提供了重要线索。

企业责任文化认同的最终目的在于企业与个人责任目标的交叠，即在企业及其成员在相互他者化过程中，把人本思量融入企业理性，在企业合作的视野中共同思考自身的归属和特质。就成员对企业责任文化的认同而言，企业为成员自我身份的清晰提供了叙事性背景，成员把被某一企业接纳作为描述其特征的重要因素，企业的价值观念、行为方式、象征意义等，都会在成员刻画自我意识时留下不可磨灭的痕迹，使企业责任文化的特质在成员身上得到再现和传承。

当成员完成组织身份认同以后，他们会把企业的责任文化观念认同到自己的内心当中，或者说内化成自己的价值观念和行为准则，使企业在任何时间、任何地点都能呈现出对社会负责任的状态。只有这样，企业才能摆脱承担社会责任就是大规模捐钱、捐物的“怪圈”，而真正成为社会责任担当者。

通过企业社会责任担责主体、认同主体、监督主体、扶助主体、反馈主体的深度对话与交往，划定企业文化边界，确认其与社会多元文化的关系，对话社会文化道德要求、增加对一般道德责任的认同，对话社会管理结构、加强社会责任实现的理性力量，深描企业伦理议题，对话利益相关者，确定企业担责的“就近原则”，进而形构出“政府—企业—社会”互动的社会责任文化体系。

二、本书关键概念表达方式的说明

本书多次使用企业文化、组织文化、组织认同、组织文化认同等概念，为厘清各个概念的边界和使用方法，保证写作思路的清晰与连贯性，在此就这些概念的使用语境做出说明。

1.“企业文化”与“组织文化”的使用说明

书中往往同时出现“企业文化”和“组织文化”这两个词语，为什么没有把它们统一为一个词语呢？这是由“企业文化”与“组织文化”这两个概念产生、发展的历史境遇造成的。

就当今学术界而言，这两个词语的内涵是不同的。组织的外延更大，除包括企业外，还包括政府及其相关部门、社会组织等。但是，将这两个概念相对明确开区分是在20世纪末。在这之前，这两个概念的内涵存在很多交叠。

“企业文化”的概念产生于20世纪70年代末、80年代初，来自美国管理学界对日本管理实践经验的反思，随后在全世界企业界掀起如火如荼的企业文化热潮。看到文化因素在企业管理方面的巨大作用，研究者们展开了大量关于“企业文化”的研究，包括后文涉及的美国管理咨询专家埃德加·沙因。他作为企业顾问专门为企业解决各种问题，包括文化问题。1984年，埃德加·沙因在他的著作中对“企业文化”进行了深入、细致的分析，成为后继企业文化研究者参考的典范。他这部著作的名字是《组织文化与领导》（*organizational culture and leadership*），但显而易见，他所研究的对象是企业，或者说他的组织文化思想奠基来源于对企业文化现象的反思。

而且随着对“企业文化”研究的深入，一些学者把视线投向比企业外延更大的组织，研究组织文化，所以，“企业文化”这一概念早于“组织文化”。不仅如此，在“企业文化”产生早期，无论成果被称作“组织文化”还是“企业文化”，多数是以企业为研究对象的。因此，本书在对“企业文化”概念内涵梳理时，才会同时出现“企业文化”“组织文化”这两个概念。然而，也应该看到，当今学术界对于这两个概念已经界分得较为明确，二者虽可互相借鉴和启发，但不会再出现混用的情况了。

2.“组织认同”与“组织文化认同”的使用说明

组织认同来自于社会认同理论在组织境遇中的应用，是组织成员通过分类、体认获得组织身份，与组织达成共识，形成认同感的过程。因此，即使要说明企业中的这个问题时，也需要使用“组织认同”的表达方式，因为学界尚没有关于“企业认同”的说法。

但与此不同，“组织文化认同”与“企业文化认同”在学界却是同时存在的。在谈及“组织文化”与“组织认同”关系时，一般使用“组织文化认同”；在谈及“企业文化”与“组织认同”的关系时，则使用“企业文化认同”。

本书以企业情境下的文化认同（企业文化认同）为核心，结合主体间性理论，深入挖掘企业社会责任文化的深层规定性，勾勒出成员如何认同企业社会责任文化的图式。需要说明的是,本书所主张的“企业文化认同”也可理解为“企业文化的被认同”，它强调作为共同主体的企业及其成员在交往过程中达成被双方接纳认可的文化共识过程。企业文化认同一方面指成员在互动交流中对某一事件、状况的静态共识，另一方面也是一种生成性的动态机制。通过正视企业中异质意见的交锋、碰撞和物构，在企业中确立一种协商、互动机制，让企业所有成员获得表达意见和质疑的机会，也使认同对象成为充满变动性的价值期待。企业责任文化共识的实现，将促使成员在职业伦理界域中内化企业目标和责任观念，获取文化参与者身份；形成社会责任文化的企业也会自觉认同社会文化的一般道德规范，在面对政府、非政府组织等时，赋予企业质疑、辩驳的权利，让异质意见的流动推动企业社会责任主体间的对话与交流，扬弃监督与被监督的固定身份、摆脱唯管理层级的局限性，取得成员与企业、企业与社会关于承担社会责任的一致认同，从而使企业能够与社会持续、良性共存下去。

因此，本书在管理哲学的视野中，运用主体间性理论框架对企业社会责任进行元理论分析，基于成员视角对企业社会责任文化及其认同进行积极探索，对于推进我国企业社会责任研究具有重要意义。本书有助于梳理主体间性与企业社会责任研究的交叉研究成果，整合企业社会责任学术资源，推动企业社会责任研究的深化及本土化发展。同时，本书也为在该领域中深耕的学者和业界实践者提供了较为独特的研究视野与空间，有助于他们形成企业社会责任理论研究与实践的中国视角和观点。

2020 年金秋于东北石油大学

目录

第一章　国内外研究文献述评

无论是主体间性思想、企业社会责任理论，还是企业文化及认同理论，均最早产生于西方学界，一些著名的代表人物在这些领域也取得了重大进展。本书运用交叉视角研究主体间性视野下企业社会责任文化认同问题，尤其需要了解和熟悉主体间性、企业社会责任、企业文化认同领域等大量相关领域的研究成果，对文献成果的充分占有是撰写本书的前提和基础。本章仅就这些领域的研究成果作一简单梳理，后面章节中将就所涉及的关键概念、理论进行更为深入的分析。

由于本书内容的交叉性非常强，为了便于进行多学科的分类比较，笔者并未按照“先说明国外研究成果，再梳理国内研究成果”的思路撰写，而是以不同学科为分类标准，梳理、比较每个学科国内外研究成果，并选择合适节点对本书涉及的交叉研究内容进行评述，具体分布见表 1-1。

表 1-1　交叉研究内容文献综述分布位置一览表

交叉研究内容	在本章文献综述中分布位置
主体间性与企业社会责任	1.2.1 2　主体间性与其他学科的交叉研究
企业社会责任与法学	1.2.2 2　企业社会责任与法学的交叉研究
企业社会责任与战略管理	1.2.2 3　企业社会责任与战略管理的交叉研究
企业社会责任与文化管理	1.2.2 4　企业社会责任与文化管理的交叉研究

第一节　主体间性研究述评

主体间性理论主要产生于现代西方哲学的欧陆哲学分支，迄今已有 100 多年的历史，形成了大量、丰富的研究成果，不仅完成了基础理论的建构，而且还与其他学科一起进行了大量交叉研究，为当今社会的许多具体科学提供了分析框架与思路。

一、现代西方哲学对主体间性基础理论的建构

随着笛卡尔"我思故我在"这一标志性口号的提出，近代西方哲学进入主体性哲学时代。一大批哲学家前赴后继地在主体性哲学领域的深耕，使人们对经验论与唯理论的分歧、怀疑主义、启蒙运动、先验哲学、精神现象学等诸多问题形成宏大的叙事体系，但不难看出，人——从基督教经院哲学绑缚中解脱的主体，在近代启蒙运动的号角下高扬着理性、自由、意志和精神的光芒，成为主体性哲学无可非议的主角。当康德、黑格尔用庞大、深邃的理论把主体性

哲学送上思想的巅峰之后，西方哲学也由近代转向现代。❶19 世纪后期，现代西方哲学发生重大分化，按地域可分为英美分析哲学和欧陆哲学。深受笛卡尔、康德、黑格尔等法国和德国哲学家影响的欧陆哲学的现象学运动及存在主义，深深孕育了主体间性思想。

顾名思义，现象学就是以现象为研究对象的学问。这里的“现象”，并不是指经验事物所表现出来的外表、侧面或形式，而是指事物在意识中的呈现的场所、呈现的对象以及呈现的过程。研究现象，就是研究事物在意识中的呈现——深入挖掘隐藏的事物本质，现象就是事物的本身。因此，现象学有句口号是“回到事物本身”。梅洛·庞蒂曾说：“现象学最重要的收获，莫过于把极端的主观主义和极端的客观主义在关于世界和合理性的概念中结合起来。”❷1900 年，胡塞尔倡导回到事物本身，以现象为研究对象，创造了“现象学”。施皮格伯格在《现象学运动》中这样总结现象学方法：“现象学的直观（考察个别现象）、研究一般本质（本质直观）、理解本质联系、研究（事物）显现的方式、考察现象在意识中的构成、将对存在的信息悬置起来、解释隐蔽的意义。”❸凡是使用这些方法进行研究的均视为现象学运动的一员。在这里，罗列现象学的研究方法，就是想要说明，“现象学之父”胡塞尔提出的主体间性，也正是基于回到事物本身、悬置现实性的信息、揭示被蒙蔽了的意义等思想原则而提出的。因此，主体间性可以被理解是对主体—客体关系的重新思考。

自胡塞尔提出主体间性概念以来，已有 100 多年时间，西方哲学关于主体

❶ 西方学者把近现代西方哲学研究划分为 Modern Philosophy 和 Contemporary Philosophy，Modern Philosophy，主要指 17—19 世纪的西方哲学思想，汉语译为“近代西方哲学”；Contemporary Philosophy 主要指 19 世纪后期一直到现在的西方哲学思想，译为“现代西方哲学”。因此，不能够仅凭借英语词语的意思进行直译。

❷ 赵敦华．现代西方哲学新编 [M]. 北京：北京大学出版社，2007：102.

❸ 施皮格伯格．现象学运动 [M]. 王炳文，张金言，译．北京：商务印书馆，1995：918-962.

间性的基础研究已经非常扎实。首先，胡塞尔从“先验自我”出发突破“唯我论”藩篱，通达“主体间性生活世界”的理论探索。其次，海德格尔提出“共在”思想，伽达默尔建构了对话和视界融合理论，哈贝马斯[1]则从交往理性角度指出，主体之间应以交往行为为媒介相互理解和承认。马克思也在《德意志意识形态》一书中提出了基于唯物史观之上的主体间交往理论。这些研究成果突破了传统“主—客”二分模式进入“主—主”模式，为现今主体间性交往勾画了基本框架。关于现代西方哲学中主体间性理论的代表人物和核心观点，在第2章有非常详尽的阐述，在此不再赘言。

国内对主体间性理论的研究起步虽晚，但成果斐然。2001年，郭湛[2]就曾指出主体间性与交互主体性具有内在同一性；主体间性的内涵也形成了关系属性说[3]、特殊主体性说[4]等代表性观点。学界还尝试把主体间性理论运用于文学、教育学、翻译学及法学等学科，为这些领域研究的拓展提供了独特的分析视角和思路。

二、主体间性与其他学科的交叉研究

主体间性研究发展到今天，已经远不能在基础理论建构方面有所建树。因此，无论我国还是国外学者，均把主体间性与其他一些学科进行交叉研究，展现主体间性研究的繁荣景象。

---

[1] 哈贝马斯．交往行为理论[M]．曹卫东，译．上海：上海人民出版社，2005：3.

[2] 郭湛．论主体间性或交互主体性[J]．中国人民大学学报，2001（3）：32-38.

[3] 张耀灿，刘伟．思想政治教育主体间性含义初探[J]．学校党建与思想教育，2006（6）：9-10.

[4] 陈金美．马克思的基本精神与哲学创新[J]．江汉论坛，2005（4）：61-64.

（一）国内相关研究

通过对国内主体间性研究文献的梳理可以发现，国内研究者主要把主体间性与翻译学、教育学、法学等学科进行交叉研究。

第一，主体间性与文化学、翻译学的交叠视角，把多元主体的互动转化为著者与译者的对话与交流。例如，王卓、张威[1]等提出了译者不应当在翻译时过多强调自己的主观意志，而更应多关注不同文化语境下同一语料在多元语言主体间的有效互动问题，深化了主体间性与翻译学的研究。

第二，主体间性与教育学的交叉研究。[2][3][4][5][6][7]这一交叉研究视野产生较早，因而成果较为丰富，可分为主体间性与高校德育、高校学风建设、大学生志愿服务、大学生主流意识形态认同、学生思想政治教育、师生关系等不同类别，对于建构新型师生关系、高校管理体制、培养大学生综合素质均起到重要作用。

第三，主体间性与权力监督、环境治理、传播学、法学的交叉研究。主体间性与这些学科交叉研究的成果较少，但是相关学者提出的观点却非常有见地，如徐春[8]提出，环境治理需要厘清政府、企业、社会组织和公众的责权利关系，让它们作为共同主体参与环境治理的各个环节，进而形成相互监督、制衡的关

[1] 王卓，张威，潘玉姝．语言文化哲学文化和语言主体进行关系之探究 [J]. 边疆经济与文化，2017（6）：105-106.

[2] 孙肖．主体间性师生关系学生学校德育困境的出路 [J]. 教育现代化，2018（6）：236-237.

[3] 李辉．新媒体环境下推进高校学风建设的理念与路径：基于思想政治教育主体间性的视角 [J]. 教育传媒研究，2018（5）：48-51.

[4] 聂骄．主体间性视阈下大学生志愿服务主客体间矛盾的消解 [J]. 教书育人（高教论坛），2018（5）：26-28.

[5] 郭长伟．网络主体间性视域下大学生主流意识形态认同的实现 [J]. 广西师范学院学报（哲学社会科学版），2018（7）：69-74.

[6] 郭静．基于主体间性理论的高校思想政治教育研究 [J]. 学理论，2018（2）：242-243.

[7] 刘梦华．主体间性视域下现代师生关系的建构 [J]. 教学研究，2018（2）：36-41.

[8] 徐春．环境治理体系的典型问题 [J]. 理论事业，2018（2）：9-15.

系；吴永生[1]用主体间性理论很好地分析了在权力监督过程中主体意识膨胀、客体完全沦落于主体威力之下的问题，提出应提升监督客体的地位，启发它们的权利意识，进而形成二者的动态平衡。这些成果均体现出主体间性作为一种分析框架和方法正日益得到多学科的重视。华金香[2]则运用哈贝马斯的主体间性理论分析了公共传播背景下传播关系范式的转变，非常有见地。

第四，国内把主体间性与企业社会责任进行交叉研究的成果较少，较有代表性的分别是朱宁峰《论企业社会责任共同体构建的哲学基础——基于从主体性到主体间性的视角》和尹亚军《企业社会责任的界说及其他——基于主体间性的哲学视角解读》，此外没有任何著作与此相关。

在《论企业社会责任共同体构建的哲学基础——基于从主体性到主体间性的视角》[3]一文中，朱宁峰首先从何为主体性及对主体性的批判入手，分析由于主体性思想的长期存在导致企业把员工、消费者、供应商等利益相关者都当成企业的客体，根本不关注他们的合法权益，进而使企业陷入唯利是图、对员工进行盘剥、营销行贿行为泛滥等伦理问题的泥淖；其次，运用主体间性的“主体—主体”互动思维，重新考察了企业与利益相关者的关系，提出可以构建一个企业与利益相关者合作的企业社会责任共同体。尹亚军则在《企业社会责任的界说及其他——基于主体间性的哲学视角解读》[4]一文中，从企业社会责任概念的产生、发展写起，对企业是否承担社会责任、企业社会责任中所包含的自愿与非自愿、自由与秩序等进行反思，提出以主体间性重构企业社会责任的认知方法，

---

[1] 吴永生．从主客间性到主体间性权力监督的思维转向 [J]. 江汉论坛，2018（1）：62-67.

[2] 华金香．公共传播背景下传播关系范式的转变——基于对哈贝马斯主体间性理论内涵的解析 [J]. 传媒，2018（2）：90-93.

[3] 朱宁峰．论企业社会责任共同体构建的哲学基础——基于从主体性到主体间性的视角 [J]. 绍兴文理学院学报（哲学社会科学），2014（1）：42-46.

[4] 尹亚军．企业社会责任的界说及其他——基于主体间性的哲学视角解读 [J]. 西部法学评论，2013（3）：89-97.

强调应审慎思考企业社会责任中负责的主体与对象性、企业承担社会责任的自愿性及企业社会责任的法制化问题。这两名学者运用主体间性框架对企业社会责任进行了细致反思，也得出了一些有益观点，但多从范畴引入角度进行分析，并未针对二者的有机结合展开深入论述，因此该领域还有广泛的研究空间。

（二）国外相关研究

国外学者对主体间性的交叉研究范围非常广泛，也涉及文本对话、群体认知、群体关系、精神分析、教育、伦理学及管理学等许多学科。但与国内学者把交叉视角多集中于教育学、思想政治教育领域不同，国外学者把主体间性与认知、精神分析、群体互动结合在一起进行研究的成果较多，表明国外学者对主体间性缘起的自我意识等问题回应较多。

比如，格斯·特尔（Gerry Stahl）在 2015 年和 2016 年连续发表 2 篇有关计算机辅助教学与交互主体性问题的研究论文。2015 年发表的论文❶提出，主体间性或交互主体性是计算机协作学习的重要特征，代表了人与人之间共享的理解。这种共享不是每一个人都有相似的想法，而是在一个公共空间中每个人都能高效地进行创造意义的对话，并深入探讨了计算机协作学习中保持或维护学习者群体交互主体性实现的条件和流程。2016 年发表的论文❷则讨论了从交互主体性到群体认知对计算机合作学习的意义。他延续了西方哲学中关于自我怎样才能建构出他者的问题，提出并解决了计算机合作学习中学习者该如何了解他人的问题。可见，格斯·特尔不仅把主体间性与另一其他学科的对象简单叠加，而是把主体间性理论运用到本来已经进行交叉研究的前沿领域，让人有耳目一新的感觉。

❶ Gerry Stahl. Conceptualizing the intersubjective group [J]. Intern. J. Comput.-Support. Collab. Learn, 2015（10）: 209-217.

❷ Gerry Stahl. From Intersubjectivity to Group Cognition. [EB/OL].（2016-02-09）[2017-09-14]. https://link.springer.com/article/10.1007/s10606-016-9243-z.

皮亚·艾宾索纳（Pia A. Albinssona）❶ 等学者用主体间性分析了一个非常有趣的问题，即当你追求完美瘦身状态时，看似目标很快就能达到，但是你却并未转换视角看到你到底得到了什么成果。安东内拉·弗纳罗（Antonella Fornaro）❷ 探讨了一种掌控与被掌控关系中交互主体性的密切状态，认为应当重新思考如医患关系等关系中交互主体的自我状态。亚历杭德罗·阿维拉（Alejandro Ávila）❸ 则把交互主体性作为精神分析的核心概念，认为在"关系精神分析"语境下，主体间性对人类而言既具有建构性，又是变革的重要条件。

国内能够查到的国外最新文献（近 3 年）中，把主体间性与企业社会责任作交叉研究的成果非常少，仅有少量研究把主体间性与管理学研究视野结合起来。弗拉基米尔·维提克（Vladimir A. Vittik）❹ 就提出主体间性管理的概念。他认为，主体间性管理包括角色、条件、沟通、自企业、主体间性系统、主体间性管理的结构六个要素。相对于传统科层制对个体的忽视，主体间性管理的实现需要加强多元主体对决策过程的参与，使每个角色达成主体间共识，并实现相互理解。

还有 2 篇文章分别研究商业伦理中的交互主体性共识，以及阿根廷雇员合作企业对社会责任的斗争。米凯拉·哈泽（Michaela Haase）和以马内利·罗福莱特（Emmanuel Raufflet）❺ 在文中运用社会认同理论研究企业社会责任影响

❶ Pia A. Albinssona，B. Yasanthi Pererab and G. David Showsa. Pursuing fitness: how dialectic goal striving and intersubjectivity influence consumer outcomes [J]. Consumption Markets & Culture，2017，20（1）.

❷ Antonella Fornaro. Rethinking Ego States in an Intersubjective Context[J].Transactional Analysis Journal，2016，46（3）：209-221.

❸ Alejandro Ávila. The intersubjective: A core concept for psychoanalysis.International Forum of Psychoanalysis. [EB/OL]. (2014-02-11) [2018-12-03]. http://dx.doi.org/10.1080/0803706X.2014.

❹ Vladimir A. Vittikh. Introduction to the Theory of Intersubjective Management [J]. Group Decis Negot，2015（24）：67-95.

❺ Michaela Haase，Emmanuel Raufflet. Ideologies in Markets，Organizations, and Business Ethics：Drafting a Map：Introduction to the Special Issue[J].Journal of Business Ethics，2017，142（4）：629-639.

内部员工和外部消费者的机制，以及产生效果的边界。作者通过研究提出，在企业社会这方面，你如果关注外部利益相关者可以提升企业声誉，如关注员工福利可以增加员工的受尊重感，二者均可影响企业的认同感。爱丽丝·布莱尔（Alice Bryer）❶则集中力量研究阿根廷2001年社会和经济危机中雇员合作组织Empresas Recuperadas（ERs），这一组织给企业提供了一个以雇员为中心的企业社会责任方法。研究发现，政治经济方面的实质创新的实现来自他们把责任建基于主体间性上，是一种共享一个世界的主体间的交流与沟通。因此，企业应当倡导"以人为中心"的企业社会责任。他们分别把企业社会责任与组织认同、文化取向、主体间性结合在一起，为这一领域的进一步繁荣做出了非常重要的探索。

由以上分析可知，国内外学者把主体间性与企业社会责任进行交叉研究的成果不多。虽然已有学者关注到主体间性可以给企业社会责任研究带来崭新的分析思路，但是由于关注度低，学者投入的研究精力不足，并未对主体间性与企业社会责任交叉视野下如何实现企业社会责任主体的交互主体性问题提出更有价值的观点，因此该领域还具有极大的研究空间。

第二节 企业社会责任研究述评

企业社会责任（Corporate Social Responsibility）一词最早由美国学者谢尔顿❷于1924年提出。自此，企业社会责任研究得到了不断发展，并且越来越受到企业界的认可和实践。20世纪90年代以来，有关环境保护、可持续发展

❶ Alice Bryer. Beyond Bureaucracies?: The Struggle for Social Responsibility in the Argentine Workers' Cooperatives [J]. Critique of Anthropology，2010，30（1）：41-61.

❷ 奥利弗·谢尔顿．管理哲学 [M]. 刘敬鲁，译．北京：商务印书馆，2013：75.

等议题成为全球各国的关注焦点，企业社会责任也受到前所未有的重视和讨论。我国学界与企业界对企业社会责任的关注度也在逐渐提高，并在企业社会责任领域形成了一大批理论研究成果。

一、企业社会责任基础理论建构

梳理国外学者对企业社会责任的研究成果，可以发现企业社会责任基础理论大致经历以下四个发展阶段。

第一，关于“企业是否应当承担社会责任”的争论。西方国家自由资本主义时代，强调私人财产神圣不可侵犯，鼓励自由经济，因而企业只是单纯追逐经济利益、股东利益最大化，不需要承担任何社会责任。但是20世纪三四十年代以来，西方自由主义经济体制暴露出越来越多的问题。比如，企业生产假冒伪劣产品对消费者权益的侵害，企业无度占有资源造成对环境的污染、企业生产联合垄断对供应商的倾轧等，均使整个社会再也无法容忍企业经营行为的过度自由化，于是从居民运动、消费者运动、环保运动开始的社会公众的抗议、抵制声不绝于耳，直接诱发了企业的生产守则运动、企业社会责任运动。企业雇员、消费者、政府、社会组织等社会主体都极力主张企业应承担经济责任以外更多的社会责任。此时，应对这些危机状况，一些企业做出承担社会责任的承诺。

在此期间，学界也围绕企业是否应当承担社会责任的问题展开激烈争论。最具代表性的是美国学者多德和伯利之间的辩论[1]，前者持“肯定说”，而后者则否定企业的社会责任。随着全球化进程的推进，跨国企业发展引发的社会问题急剧增多，也导致越来越多的学者赞同多德的观点。目前，无论学界还是企业界对企业社会责任都已认可，只是在对企业承担社会责任的范围及是否应遵

[1] 盛斌，胡博．跨国公司社会责任：从理论到实践[J]. 南开学报，2008（4）：116-123.

守自愿原则等问题还存有分歧。

第二，企业社会责任理论框架的建构。①关于企业社会责任的内涵界定，研究者均提出多种学说，受关注度和支持度最高的是卡罗尔（Carrol）❶的四层次模型，即将企业社会责任划分为经济责任、法律责任、道德责任和慈善责任，笔者也主要接受此观点。除此以外，曼尼（Manne）和瓦里茨（Wallich）❷也认为企业承担社会责任应具备三个条件：慈善动机：企业社会责任的目的仅是为了增进公共福利，不能有其他动机；自愿动机：企业必须是出于自由意志选择对社会责任的担当，不应受到法律或外部力量的制约；行动的整体性：企业社会责任是企业行为，不能够以个人慈善目的滥用企业自愿、绑架企业意志。②关于企业承担社会责任的理论基础主要有三种学说，分别是工具理论、利益相关者理论和社会契约理论。其中以阿奇·卡罗尔❸、曼德华·弗里曼❹为代表的利益相关者理论支持者最多，其主要观点是企业除了要为其股东赚取合理利润外，也应为各有关利益群体履行其应负的社会责任。在该理论基础上，多数美国学者将企业社会责任理解为当企业行为在符合多数人期待时需要放弃营利意图。

第三，企业社会责任自愿承诺与标准认证成熟。为了使企业更好地履行社会责任，一些非政府组织秉承自愿加入的原则，出台了多项原则和指标体系，如“全球契约”“SA 8000（社会责任 8000）”“ISO26000（社会责任指南）”等，作为企业社会责任的通行规范。企业则通过自愿承诺加入、自愿提交社会责任报告等方式接受国际组织和社会公众的监督。

---

❶ Caroll A. A three-dimentional conceptual model of corporate social performance [J]. Academy of Management Review，1979（4）：497-505.

❷ Manne H G，Wallich H C. The modern corporation and social responsibility [J]. American Enterprise Institute for Public Polic Research，1972，14（3）：157-172.

❸ 阿奇·B. 卡罗尔，巴克·霍尔茨 . 企业与社会：伦理与利益相关者管理 [M]. 黄煜平，等译 . 北京：机械工业出版社，2004：23.

❹ 爱德华·弗里曼 . 战略管理：利益相关者方法 [M]. 王彦华，梁豪，译 . 上海：上海译文出版社，2006.

因此，企业社会责任的基本理论架构工作已经基本完成，近年来越来越受到关注的是企业社会责任与其他学科的交叉研究。

二、企业社会责任与法学的交叉研究

有关企业社会责任是否需要法律加以规范问题的争论，国外一些研究者对于制定企业社会责任法律制度的正当性表达了明确的反对意见，如曼尼、哈耶克等[1]；以彼得·德鲁克[2]为代表的学者则赞同通过法律对企业社会责任加以规范；以美国 BSR（Business for Social Responsibility）为代表的各大研究机构通过调查研究发现，遵守企业社会责任立法的企业，其自身也能获得实际利益，如销售额和市场份额增长、品牌定位得到巩固、企业形象和影响力得到提升等。但由于我国属于大陆法系，与欧美国家的判例法系不同，所以笔者重点综述我国企业社会责任与法学交叉研究的文献成果。

在我国，对于企业社会责任的研究起步较晚。1999 年，刘俊海教授第一次系统界定了企业社会责任及其重要意义，这成为我国企业社会责任问题研究的开端。最初，学者是从管理学和社会学视角进行研究，较早对其进行深入法学分析的是卢代富的著作《公司社会责任的经济学与法学分析》[3]，该书对企业社会责任的思想渊源进行了阐述，并将企业社会责任理念与国家法制改革等问题结合起来。随着 2005 年《公司法》明确规定“企业社会责任”，更多学者开始了对这一问题的研究，他们结合《公司法》的规定对企业社会责任的含义、性

[1] 亨利·曼恩．财产原则、责任原则和不可转让性；弗雷德里希·哈耶克．致命的自负，转引自：辛杰．企业社会责任研究：一个新的理论框架与实证分析 [D]. 济南：山东大学，2008.

[2] 彼得·德鲁克．管理：任务、责任、实践 [M]. 孙耀君，译．北京：中国社会科学出版社，1987.

[3] 卢代富．企业社会责任的经济学与法学分析 [M]. 北京：法律出版社，2002.

质和内容进行了法学解读❶。

学术界逐渐注意到，我国在企业社会责任的实现问题上存在一些问题，应加强立法，如蒋冬梅❷、殷慧芬❸论述了企业社会责任理论与消费者权益保护法律制度的结合问题；史际春❹、何朝丹与周林彬❺则对企业社会责任的法律属性问题进行了研究；龙新与王福生❻结合党和国家构建和谐社会的方略对企业社会责任及其立法问题进行了论述；还有一些学者对企业社会责任的相关法律制度具体构建问题进行了研究❼；另一些学者则就《公司法》对企业社会责任规定的具体化问题进行了实践研究❽。

此外，值得关注的是，一些学者提出了企业社会责任的"软法"治理思想。由于社会责任中存在法律责任与道德责任之间的"中间地带"，所以传统法律（硬法）❾只能强制规定基础内容，其他内容则需要通过软法治理来实现。软法

❶ 田虹，吕有晨．日本企业社会责任研究 [J]. 现代日本经济，2006（1）：35-39；罗培新．填补公司合同"缝隙"——司法介入公司运作的一个分析框架 [J]. 北京大学学报（哲学社会科学版），2007（1）：124-123；雷驰．"一体两面"的企业社会责任与公司法的进化 [J]. 中外法学，2008（1）：50-57.

❷ 蒋冬梅．基于企业社会责任理念的我国消费者权益保护法修改建议 [J]. 经济与社会发展，2008（3）：45-47.

❸ 殷慧芬．企业社会责任的制度起源及其法律价值 [J]. 中国海洋大学学报，2014（1）：92-97.

❹ 史际春，肖竹，冯辉．论公司社会责任：法律义务、道德责任及其他 [J]. 首都师范大学学报（社会科学版），2008（2）：44-48.

❺ 周林彬，何朝丹．试论"超越法律"的公司社会责任 [J]. 现代法学，2008，30（2）：37-45.

❻ 龙新，王福生．和谐语境下企业社会责任的法律规制 [J]. 上海商学院学报，2008（1）：19-21.

❼ 吕艳辉，乔雪梅．公司的社会责任及立法规制 [J]. 黑龙江省政法干部管理学院学报，2005（3）：59-62；李铁民．新《公司法》中公司的社会责任 [J]. 中国工商管理研究，2007（4）：44-47；金玄武，汪道平．探求"公司社会责任"的法律属性——基于法理学和法解释学视角的考察 [J]. 齐齐哈尔大学学报（哲学社会科学版），2007（4）：39-42；张宪初．全球视角下的企业社会责任及对中国的启示 [J]. 中外法学，2008（1）：17-19；赵莉．论企业社会责任在商法中的扩展 [J]. 法学杂志，2013（9）：52-60.

❽ 赵忠龙．论国有企业社会责任的误区与法治出路 [J]. 兰州学刊，2014，（10）86-93；易凌．建议制定《企业履行社会责任促进法》[N]. 中国社会科学报，2015-04-08；李韵石．企业社会责任的重要意义 [J]. 人民论坛，2016（33）：79-81.

❾ 硬法是指国家机关制定或认可，并由国家强制力保障实施的法律规范。

不具备强制性的约束力，参与制定与实施的主体呈现多元化的特点，因此软法在推动企业自律、增加管理的执行力，最终促进企业社会责任的履行方面，较之硬法更具优势。北京大学软法研究所的汤道路❶提出了企业社会责任软法治理的具体机制，提出建立完善的“企业社会责任跨政府企业网络”；顾爱平❷将企业社会责任划分为三个维度，即具有法律强制约束力的社会责任、具有“软法”约束力的社会责任和只具有道德伦理约束力的企业社会责任。她认为，对于不同属性的企业社会责任，其约束和保障的制度设计也有所区别，既需要强制性规范，又需要各种“软法”及社会道德伦理的规制，从多个方面促进企业社会责任的落实。刘中杰❸则进一步指出，我国企业社会责任应采取“自律规则模式”❹，并从理论和实践两个方面加以论证，对软法治理所涉及的具体自律规则进行了详细建构。应该说，在理论研究方面，企业社会责任法制化规制的理论研究还是较为充分的，但是在实践领域还有待推进。

三、企业社会责任与战略管理的交叉研究

（一）国外战略性企业社会责任研究

1996 年，波克（Burke）和罗格斯登（Logsdon）❺将企业社会责任研究和战略管理研究相融合，首次提出“战略性企业社会责任”（Strategic Corporate Social Responsibility）的概念，从而将传统企业社会责任和战略性企业社会责任

❶ 汤道路 . 企业社会责任软法推进机制探析 [J]. 学海，2007（5）：137-140.

❷ 顾爱平 . 企业社会责任的三种维度及其引导与规范 [J]. 法律与政治，2010（3）：67-74.

❸ 刘中杰 . 浅析我国企业社会责任之软法治理模式——以自律规则为例 [J]. 经济法论坛，2010：284-290.

❹ “自律规则即一类典型的软法……较多地取决于企业的自发性。”，参见蔡英欣 . 论公司社会责任之规范模式：以日本法之经验为例 [J]. 台大法学论丛，2008（3）57-66.

❺ Burke L，Logsdon M J. How corporate social responsibility pays off [J]. Long Range Planning，1996，29（4）：495-502.

区分开来，为企业社会责任和战略管理研究开辟了一个新领域。自此以后，西方学者从不同角度对战略性企业社会责任进行了广泛讨论和探索，并取得了较丰富的研究成果。总体来看，研究成果主要涉及战略性企业社会责任的概念界定、维度测量与影响作用等三个方面。

第一，完成对“战略性企业社会责任”这一概念的界定工作。研究战略性企业社会责任首先要对其概念有清晰明确的认识。有学者❶对战略性企业社会责任的内涵和本质进行了直接阐述，认为战略性企业社会责任是一种建立在社会责任上的、以利润最大化为目的的战略行为，是市场战略的一个组成部分，用于为企业获取价值。企业社会责任只有在产生与企业业务相关的利益，特别是为核心业务提供支持，或者当一个企业把公共物品的提供与企业自身产品或服务的销售相联系时才是战略性的❷。除了直接对战略性企业社会责任进行定义之外，布赖恩·克亚尔（Bryan-Kjær）❸论述了战略性企业社会责任与其他相关术语的差异，从比较分析的角度来界定战略性企业社会责任的概念内涵，如传统企业社会责任、传统战略与战略性企业社会责任之间的区别，伦理企业社会责任、利他企业社会责任与战略性企业社会责任的区分等。

第二，对战略性企业社会责任的维度和社会效应测量。测量可以分为两种：

❶ Rana Zamin Abbas，Hasan S. Murad，Mazhar Abbas Khan，AG Ghaffari and Abdul Rafay.Exploring the issues and new insights of global branding and strategic corporate social responsibility：A case of Pakistani organizations [J]. African Journal of Business Management，2012，6（33）：9381-9387.

Mattera M，Melgarejo A M. Strategic Implications of Corporate Social Responsibility in Hotel Industry：A Comparative Research between NH Hotels and Meliá Hotels International [J]. Higher Learning Research Communications，2012，2（4）：37-53.

❷ Yoshifumi Hino，Yusuke Zennyo.Corporate social responsibility and strategic relationships [J]. International Review of Economics，2017，64（3）：231-244.

❸ Bryan-Kjær，Kristine. Strategic corporate social responsibility：from side activity to core business-nine value creating strategies [J]. International Journal of Sustainable Strategic Management，2012，3（4）：340-357.

①对战略性企业社会责任的定量研究涉及维度界定和划分。波克（Burke）和罗格斯登（Logsdon）[1]首先提出了评估战略性企业社会责任的五个战略维度，即中心性、专用性、前瞻性、自愿性和可见性。麦格威廉姆斯（McWilliams）和西格尔（Siegel）[2]也建立了量化评估社会责任战略价值的数量模型。②对战略性企业社会责任与企业绩效的测量。一些学者认为，战略性企业社会责任可以帮助管理者在做企业社会责任活动决策时更多地从战略利益方面考虑，从而更好地兼顾企业和利益相关者的共同利益。企业实行战略性企业社会责任的目的是为了在其自身产品市场中建立竞争优势，因为具有社会责任感的消费者更倾向于购买那些从事企业社会责任活动企业的产品。如乔安娜·米舍隆（Giovanna Michelon）等学者[3]历时 3 年对 188 家企业社会责任履行状况进行了调查后发现，如果企业把它的股东偏好、承担社会责任的资源分配与战略管理思维相结合，那么企业社会责任就会对企业绩效产生积极影响，这一结论适用于以市场为基础和以会计为基础的两种绩效核算方式。另外，企业社会责任能够提供创新机会，为企业带来竞争优势和创造价值，进而提高企业的盈利能力。波特（Porter）和克莱默（Kramer）[4]则是从共享价值理论的角度进行分析，认为实行战略性企业社会责任的目的是为企业和社会寻找能够创造共享价值的机会，即在为社会带来利益的同时，企业也能够获取可持续竞争优势。

---

[1] Burke L，Logsdon M J. How corporate social responsibility pays off [J]. Long Range Planning，1996，29（4）：495-502.

[2] McWilliams A，Siegel D. Corporate social responsibility：a theory of the firm perspective. Acad Manag Rev，2001，26（1）：117-127.

[3] Giovanna Michelon，Giacomo Boesso，Kamalesh Kumar. Examining the Link between Strategic Corporate Social Responsibility and Company Performance：An Analysis of the Best Corporate Citizens [J]. Corporate Social Responsibility and Environmental Management Corp. Soc. Responsib.Environ. Mgmt.，2013，20（3）：81-94.

[4] Porter M E，Kramer R M. Strategy and society：the link between competitive advantage and corporate social responsibility [J]. Harvard Business Review，2006，84（12）：78-92.

除此以外，战略性企业社会责任还与品牌价值、人力资源、利益相关者优先、环境保护等很多内容交叉研究。笔者认为在这些研究中，唯有战略企业社会责任管理与中小企业的结合最亮眼，分别是卡门·斯托安（Carmen Stoian）❶等写的*Corporate Social Responsibility That "Pays": A Strategic Approach to CSR for SMEs*，还有多明龙·马丁内斯·马丁内斯（Domingo Martínez-Martínez）❷等学者撰写的*The strategic nature of corporate social responsibility in SMEs: a multiple mediator analysis*。第一篇文章通过对英国211家中小企业的调研，提出了一个可以促进中小企业社会责任实践的模型，发现与社区相关联的企业社会责任实践可以促进所有中小企业的成长，尤其对采取成本优先战略的中小企业而言，与劳动者有关的企业责任实践对于避免销量下滑具有重要作用；同时也发现与环境有关的企业社会责任实践不能使中小企业成长获益，与人权有关的企业社会责任实践会使企业增长放缓。另一篇文章则通过对西班牙481个中小企业案例的思考，运用多元中介分析考察企业社会责任对与中小企业竞争力的战略影响。研究发现，中小企业对企业社会责任的管理均可以直接和间接地对企业竞争力产生积极的作用。尽管中小企业资源有限，但是它们与各种利益相关者的交往反而处于有利地位，并可以从与雇员和消费者的良好关系中获益。这两篇文章非常精准地把研究视线投向中小企业社会责任问题，可能成为战略企业社会责任的重要发展领域和方向。

（二）我国战略性企业社会责任研究

我国战略性企业社会责任研究兴起于21世纪初，目前尚处于引进和学

❶ Carmen Stoian, Mark Gilman. Corporate Social Responsibility That "Pays": A Strategic Approach to CSR for SMEs [J]. Journal of Small Business Management, 2017, 55 (1): 5-31.

❷ Domingo Martínez-Martínez, Jesús Herrera Madueño, Manuel Larrán Jorge, María Paula Lechuga Sancho. The strategic nature of corporate social responsibility in SMEs: a multiple mediator analysis [J]. Industrial Management & Data Systems, 2017, 117 (1): 2-31.

习西方理论的起步阶段。笔者曾在2011年关注过国内战略性企业社会责任的研究，那时在“中国知网”能够查到的文章仅有156篇，而且从2008年开始每年以30篇的速度在增加。到目前为止，公开发表的、以“战略性企业社会责任”为主题的文章有377篇，可见企业社会责任与战略管理研究的结合在我国正方兴未艾。现有这些文献分别从如下角度对战略性企业社会责任进行了研究。

第一，战略性企业社会责任刚开始引入我国时，我国学者主要对国外已经提出的企业社会责任相关内容进行补充，形成了一些非常有思想的成果。如唐更华和许卓云❶从理论基础、主要内容、方法论及“搭便车”难题消解论等方面，详细阐述了波特战略性企业慈善行为理论。钟宏武❷在引用中外相关研究成果的基础上，针对企业慈善捐赠的作用构建了一个综合理论解释框架。他认为，慈善捐赠对企业具有保值和增值的作用，保值作用可分为合法保护和伤害保护，增值作用可分为间接增值和直接增值。增值作用和战略性慈善理论相吻合，能够提高企业绩效，形成核心能力，增强竞争优势。吴贵明和钟洪亮❸以“公民行为”为研究主题，建立了民营企业公民行为战略性评价指标体系，具体指标：履行劳动力的社会保护、管理系统优化、履行经济责任、保护消费者权益、良好的行业伙伴关系、积极参与环境治理和保护、慈善事业与社区公益参与、企业公民行为管理系统8个维度。除此之外，其他理论研究文献也大多聚焦于某一国外相关理论开展评论，如企业社会责任与利益相关者理论、企业社会责任与生命周期理论、企业社会责任和竞争优势理论等。

第二，把战略企业社会责任与我国实际情况相结合，通过对调查数据的分

❶ 唐更华，许卓云.波特战略性企业慈善行为理论与启示[J].南方经济，2004（8）：46-49.

❷ 钟宏武.企业捐赠作用的综合解析[J].中国工业经济，2007（2）：75-83.

❸ 吴贵明，钟洪亮.基于目标管理的民营企业公民行为评价指标体系设计[J].东南学术，2010（4）：58-66.

析，整理一批以本土数据为依托的成果，对战略性企业社会责任的中国化做出突出贡献。石颖❶通过对国外企业社会责任评价指标体系的梳理，指出当前评价体系中存在的主要问题，确立了更科学、合理的战略性企业社会责任指标体系。石军伟、胡立君和付海艳❷结合信号理论、企业社会责任理论与社会资本理论，实证分析了中国转型期企业社会责任、社会资本及竞争优势之间的关系。结果表明，企业社会责任和企业经济绩效之间没有相关性，但却能给企业带来良好的企业声誉。邓莘❸通过对2006—2010年我国295家企业的观察，分析企业社会责任缺失的影响因素，得出战略性企业社会责任与企业研发投资可以显著减少企业社会责任缺失行为、这种缺失的影响因素，以及制造业比服务业明显等结论。

通过上述文献整理显示，我国战略性企业社会责任研究尚处于起步阶段，与国外相比还有较大差距。第一，对战略性企业社会责任与传统企业社会责任的区分没有清晰的认识，更多地停留在企业社会责任与战略之间关系的探讨上，而未将二者整合为一体。第二，理论基础比较薄弱。对前人研究成果特别是西方文献的解析还不够，以至于在本土理论和实证研究中不能很好地引用而缺乏严谨性。第三，研究主题过于狭隘。西方战略性企业社会责任研究从界定、区分、作用和量化评估等多方位展开，而我国战略性企业社会责任研究多集中在某些热点问题上，如环保、慈善行为等，针对战略性企业社会责任本源问题的研究甚少。我国企业的战略性企业社会责任实践尚处于萌芽阶段，因此需要更多的探索性定性研究来剖析现状，以保证研究的科学性。

---

❶ 石颖．战略视角下企业社会责任评价指标体系研究 [J]. 商业经济研究，2015（5）：99-100.

❷ 石军伟，胡立君，付海艳．企业社会责任、社会资本与企业竞争优势：一个战略互动视角——基于中国转型期经验的实证研究 [J]. 中国工业经济，2009（11）：87-98.

❸ 邓莘．企业社会责任缺失的内外影响因素分析——基于295家中国企业的实证检验 [J]. 生产力研究，2016（5）：132-135.

四、企业社会责任与文化管理的交叉研究

近年来，国外学者企业社会责任与文化管理的交叉研究成果非常丰富，企业社会责任逐渐得到公众重视时，对其与其他学科领域的关系研究也成为研究热点。具体可分为以下三个类别。

第一，思考文化是否可以对企业社会责任造成影响的问题。苏斯涅纳（Susnienè）❶等学者就针对企业和市场文化的发展状况来考察如何促进企业社会责任实现，提出二者具有正相关性。还有许多学者研究企业社会责任与民族文化的关系（Halkos，George 等；Kyung Ho Kang 等）❷，重新考察民族文化对企业社会责任的影响，以及医疗行业中民族文化对于企业社会责任的影响等。

第二，关注企业社会责任产生的全球化背景，充分考察跨国企业承担社会责任所要面对的跨文化压力及问题，并进行较为深入的研究。道金斯（Dawkins），赛德里克（Cedric）❸以跨文化分析为基础，对企业社会责任与工作选择意图的关联性进行了探索。

玛丽·路易斯·麦提森（Marie-Louise Matthiesen）❹则主要评估跨文化背景下企业社会责任与所有者权益是否受文化影响的问题，得出结论：企业在社会

---

❶ Susniené，Dalia，Žostautiene，Daiva. Synergy of Corporate and Marketing Culture in Fostering Corporate Social Responsibility[J]. Journal of Promotion Management，2016，22（2）：209-223.

❷ Halkos，George；Skouloudis，Antonis. Revisiting the relationship between corporate social responsibility and national culture[J]. Management Decision，2017，55（3）：595-613.

Kyung Ho Kang，Seoki Lee；Changsok Yoo. The effect of national culture on corporate social responsibility in the hospitality industry[J].International Journal of Contemporary Hospitality Management，2016，28（8）：1728-1758.

❸ Dawkins，Cedric E，Jamali，Dima，Karam，Charlotte，Lin，Lianlian，Zhao，Jixin. Corporate Social Responsibility and Job Choice Intentions：A Cross-Cultural Analysis [J]. BUSINESS & SOCIETY，2016，55（6）：854-888.

❹ Marie-Louise Matthiesen，Astrid Juliane Salzmann. Corporate social responsibility and firms' cost of equity：how does culture matter?[J].Cross Cultural & Strategic Management，2017，24（1）：105-124.

责任领域投入越多，所有者权益成本就越低；而且在自信程度低、人本导向高、具有根深蒂固的集体主义的国家中，企业社会责任与所有者权益成本的联系越为紧密。这些学者的研究都非常具体，而且对影响因素分析得十分细致。

国外研究企业社会责任与文化研究的文献涉及文化心理、文化行为乃至文化认同，内容充实、考察视角独特，可以给国内学者很大的启示。相对国外学者的研究而言，国内这方面的文献就显得对问题探讨不够深入。

近年来有大量学者开始关注企业社会责任与文化的关系，但是国内学者与国外学者关注的焦点不同。如前所述，国外学者立足企业社会责任产生的全球化背景，多研究跨文化背景、民族文化、地域文化等在全球化进程中存在的巨大文化差异对企业社会责任的影响。国内学者则多从企业自身视角，考察某一企业的文化特质对企业社会责任的影响。这是两种不同的研究维度，没有优劣之分，但是否也反映出东西方不同文化背景下对同一问题关注的重点不同呢？

国内对企业社会责任与企业文化进行交叉研究的学者，也形成了大量而丰富的成果。

第一，以辛杰为代表的一些学者专门研究企业家文化、企业家价值观、领导风格、高管团队行为、传统对企业社会责任的影响，形成这个领域的重要探索。如辛杰、吴创❶就通过对 587 家企业家的调查，来考察企业家价值观对企业社会责任文化的影响，提出规避不确定性、长期导向、集体主义由于会导致不同的企业文化特质，都会对企业社会责任产生正相关影响。

第二，也有学者专门研究民营企业文化与企业社会责任的交互作用。如王海兵、谢汪华❷深入探讨了企业社会责任、企业文化和内部控制的关系问题，并将其应用于民营企业，强调三者的有机结合将会帮助民营企业获得核心竞争

❶ 辛杰，吴创．企业家文化价值观对企业社会责任的影响机制研究 [J]. 中南财经政法大学学报，2015（1）：105-115.

❷ 王海兵，谢汪华．民营企业社会责任内部控制文化构建研究．当代经济管理，2015（7）：31-38.

优势。鲍丽娜、鲍丽[1]也提出民营企业也应当以企业社会责任为契机，加强企业文化建设。

此外，还有许多学者研究发现，企业文化与企业社会责任间存在极高关联性，企业担负对员工、股东、消费者和社会的责任，可形成一个多层次责任文化体系，企业文化的凝聚、激励、导向等功能可有力推动企业社会责任意识的贯彻和实施等有益观点，在交叉研究方面进展明显。[2]

第三节　企业文化、组织文化及认同研究述评

一、企业文化 / 组织文化研究

企业文化缘起于现代工业文明蓬勃发展中人们对生产效率的原始追求。虽然这暗合了西方工业化进程中由“物本管理”向“人本管理”的转向，但不可否认的是，对文化作用于企业的反思却是来自于缓解劳资矛盾、提高工人投入程度、增加劳动生产率的功能主义立场。

尤其是第二次世界大战后，日本经济的崛起及其对美国经济造成的冲击，促使美国管理界日益认识到日、美两国企业在管理文化上的差异，从威廉·大内的《Z 理论》、帕斯卡尔和阿索斯的《日本企业的经营艺术》，到彼得斯与沃特曼的《追求卓越》和迪尔与肯尼迪的《企业文化》[3]，一系列企业文化理论[4]

[1] 鲍丽娜，鲍丽．基于企业社会责任的民营企业文化建设 [J]. 山西财经大学学报，2007（5）：66-71.

[2] 靳小翠．企业文化会影响企业社会责任吗？——来自中国沪市上市公司的经验证据 [J]. 会计研究，2017（2）：56-62. 曹胜，张倩．论企业社会责任与企业文化之关系 [J]. 中小企业管理与科技（上旬刊），2011（11）：28.

[3] 韩巍，张含宇．企业文化研究的方法选择 [J]. 当代经济科学，2003（9）：50-54.

[4] 虽然目前同时存在“企业文化”与“组织文化”两个概念，二者也都有着比较清晰地边界：组织的范围更为广泛，包括政府组织、赢利性企业以及社会团体等，企业仅为组织的一种类型。但是在企业文化理论刚产生之时，虽然有的学者把以企业为对象的文化研究称之为“组织文化”，但其实质与“企业文化”无异。随着组织理论的发展，“组织文化”才与“企业文化”分立开来。

奠基之作的出版掀起了企业文化研究的热潮。本书以企业文化采取企业抑或成员视角❶为标准，对一些较有代表性的观点进行梳理❷，见表 1-2、表 1-3。

表 1-2　企业视角中的企业文化界定

作者	发表时间	主要观点
绍尔（Schall）❸❹	1983	一个组织可以通过发现和综合自己在社会互动和阐释规则来加以研究。社会互动和阐释就是沟通活动，因此文化可以用语言沟通规则来描述
戴维斯（Davis）❺❻	1984	（文化是）为一个机构成员规定意义和企业内部行为规则的共同信仰和价值范式
霍夫斯坦德（Hofstede）❼	1990	组织文化定义为一系列头脑中共同的假设，这些假设通过定义各种情况下的恰当行为来引导成员，并指出企业文化的核心是企业共享的价值观
科特和赫斯克特❽	1997	是指一个企业中各部门，至少是高层管理者们所共同拥有的那些企业价值观念和经营实践行为
华锐❾	2003	在物质生产过程中形成的具有本企业特色的文化观念、文化形式和行为模式，以及与之相适应的制度和企业机构，体现了企业及其成员的价值准则、经营哲学、行为规范、共同信念及凝聚力等

❶ 企业视角主要指以企业、群体作为文化建构的主体和服务对象，强调企业文化对企业的功用性；成员视角则以企业个体成员对企业文化的接纳为核心，强调个体之于企业文化建设的基础性作用。

❷ 经过 40 余年的发展，企业文化研究成果颇丰，许多学者从不同视角为企业文化理论的发展和完善做出了贡献。因而，对研究成果梳理的标准也有很多。比如，企业文化的广义物质精神共在论还是狭义的精神论，共有论（企业文化为企业整体所共有）还是特有论（企业文化是企业所特有的一元文化），这些都是以企业整体为基点对企业文化的考察。本书则力图以企业中成员角度对企业文化进行重新整理。

❸ Schall M. A Communication Rules Approaches to Organizational Culture [J]. Administrative Science Quarterly，1983（28）：557-581.

❹ 乔安妮·马丁 . 组织文化 [M]. 沈国华，译 . 上海：上海财经大学出版社，2005：50.

❺ Davis S. Managing Corporate Culture [M]. Cambridge，MA：Ballinger，1984：1.

❻ 同❹。

❼ Hofstede G，Neuijen B，Ohayv D D，et al. Measuring Organizational Culture：A Qualitative and Quantitive Study Across Twenty Cases [J]. Administrative Science Quarterly，1990，35（2）：286-316.

❽ 约翰·P. 科特，詹姆斯·L. 赫斯克特 . 企业文化与经营业绩 [M]. 李晓涛，曾中，译 . 北京：华夏出版社，1997：6.

❾ 华锐 . 企业文化教程 [M]. 北京：企业管理出版社，2003：5.

续表

作者	发表时间	主要观点
科克·常（Kirk Chang）❶	2007	企业文化类似于企业人格，可视作由企业共享的信念、价值观、规则和可视的符号（口号和商标）组成
哈里斯（Harris）和奥邦纳（Ogbonna）❷	2011	组织文化是一种对权力和控制历史系统的、思想上的反映

表 1-3　成员视角中的企业文化界定

作者	发表时间	主要观点
迪尔（Deal）和肯尼迪（Kennedy）❸	1982	企业文化是一种共享价值的表达方式，就是我们一起在这里做事的方式
沙因（Schein）❹	1985	是群体在解决其外在适应与内部整合的问题时，学到的一组共享的基本假定。因为他们运作得很好，而被视为有效而传授给新成员，作为当遇到这些问题时，如何去知觉、思考及感觉的正确方法
蔡斯（Trice）和比耶尔（Beyer）❺	1993	通过给人们提供可接受的方式表达信念、价值观、规则，帮助他们处理不确定性，因为企业文化已经储备了大量成员表达企业文化本质的文化形式
索南费尔德（Sonnenfeld）❻	1995	企业文化是成员共享的关于企业价值观、规则、象征符号、语言、仪式、神话等所有表达企业成员资格的基本假设，这些假设不仅被接纳，而且还会用于指导人们的行为

❶ Kirk Chang，Luo Lu. Characteristics of Organizational Culture，Stressors and Well-being the Case of Taiwanese Organizations [J]. Journal of Managerial Psychology，2007，22（6）：549-569.

❷ Harris L C，Ogbonna E. Antecedents and consequences of management-espoused organizational cultural control. Journal of Business Research，2011，64（5）：437-445.

❸ Deal T，Kennedy A. Corporate culture：the rites and ritual of corporate life [M]. London：Penguin，1982：4.

❹ 埃德加·沙因 . 组织文化与领导 [M]. 陈千玉，译 . 台北：五南图书出版股份有限公司，2005：12.

❺ Mesut Akdere，Steven W. Schmidt. Measuring the Effects of Employee Orientation Training on Employee Perceptions of Organizational Culture：Implications for Organizational Development [J]. The Business Review，2007，8（4）：234-239.

❻ Sonnenfeld S. When the CEO Can't Let Go [J]. Harvard Business Review，1995（9-10）：24-40.

续表

作者	发表时间	主要观点
王成荣❶	2002	在一定的社会大文化环境影响下，经过企业领导者的长期倡导和全体员工的积极认同、实践与创新所形成的整体价值观念、信仰追求、道德规范、行为准则、经营特色、管理风格以及传统和习惯的总和
张德❷	2003	全体员工在长期的创业和发展过程中培育形成，并共同遵守的最高目标、价值标准、基本信念和行为规范
叶尔科·马斯丁（Erko Martins）❸	2008	将组织文化定义为参与型组织文化，即将组织成员的参与和参与制度作为文化的重要组成部分。该文化可影响组织成员对共享信息、参与过程、分享经济价值观和他们行为的态度和认知
杰克逊（Jackson）和帕里（Parry）❹	2008	倾向于以一种积极、有益的方式使员工与组织密切结合在一起

由于行文有限，表中仅罗列了部分学者关于企业文化的界定。尽管归纳法的效力有限，但通过简单的比对可发现，企业文化存在“面向企业”与“面向成员”两种不同视角的差异。以企业为基点一般强调企业文化是企业挖掘、界定自身文化特质的结果，是对企业整体样态的把握，往往采用自上而下的建构方式贯彻企业的信念、价值观念及准则。而成员视角下的企业文化则强调成员在企业文化情境下接受熏陶，反复濡化的过程，学习、参与并适应成为成员接受企业文化影响的关键环节。

一个值得关注的事实是，近年来在企业文化研究中对成员的关注度不断提升，“学习型组织”“参与型文化”等研究领域的拓展也表明成员在企业文

❶ 王成荣，周建波 . 企业文化学 [M]. 北京：经济管理出版社，2002：49.

❷ 张德 . 企业文化建设 [M]. 北京：清华大学出版社，2003：1-2.

❸ Erko Martins，Alexander Pundt，Claes S. Horsmann. Organizational Culture of Participation：Development and Validation of a Measure [J]. German Journal of Human Resource Research，2008，22（2）：195-216.

❹ Jackson B，Parry K. A very short，fairly interesting and reasonably cheap book about studying leadership [M]. Los Angeles：Sage，2008.

化建构中的角色和作用日益得到重视。埃德加·沙因的“企业文化（组织文化）”的定义开启了成员视角企业文化研究的先河，后继的很多学说受其影响颇深。沙因的理论中虽强调成员对文化假设的学习，却把文化假设的来源置于领导者身上，强调领导者率先了解企业的内、外部问题并形成解决办法，然后再传递给成员，在反复使用中，逐渐为成员所接纳。沙因虽关注成员的认可，但实际上还是对企业整体价值理念的贯彻，其企业文化理论的成员化并不彻底。不过，也应看到，企业文化理论产生之初，沙因就能体察到文化假设应为成员共享的特质，已实属不易。后续又有多位研究者从成员视角对企业文化进行界定，主张文化应为成员接纳、共享和参与，但缺少对具体路径和关键环节的深入思考。

实际上，在现有企业文化研究成果中，直接论述企业文化认同的理论成果较少。许多学者认为，现代企业行为学界企业认同研究是对企业文化的延伸，因而不再涉及企业文化的认同领域，果真如此吗？企业认同与企业文化到底是什么关系？

二、企业文化认同研究

企业文化认同问题来自于企业界对文化建设未能收到实际效果的困惑。“文化”作为内化于心的柔性力量，一般不受具体形态的束缚。如何使遁迹无形的文化理念转化为激发归属感、形成一致性的企业利器，成为文化践行者亟待解决的重要问题。

一大批来自文化建设第一线的管理者带着对文化力量的期许，将文化认同问题引入学界。“一个企业可以用精美的纸张印制公司的企业文化、企业理念。拿着这些册子，员工可以清楚地回答自己公司的企业文化。但是大部分企业的企业文化作用并没有充分发挥出来，有的甚至只是一纸空文。那么到底缺乏了什么而没有使企业文化发挥作用呢？缺乏的正是员工对企业文化的认可。”❶这是对一些企业文化建设流于形式的真实描绘。

自20世纪80年代起，企业界就开始如火如荼地谈论企业文化的相关问题。可随着企业文化建设的深入，人们越来越发现文化本身固然有凝聚人心的潜质，但在现实中如何将其激发出来仍是一个非常棘手的问题。王吉鹏在《价值观的起飞与落地》中就曾发出“企业文化起飞容易落地难”❷的感叹。为了解决这一问题，许多学者将目光投向认同研究。❸❹经济学家厉以宁曾颇有感触地说，“企业文化的本质就是培养认同感。有了认同感，所有员工与企业就可以共患难”。❺一大批学者和管理者纷纷撰文倡导员工认同企业文化，企业文化的认同问题骤然凸现。如薛同在《让员工认同企业文化》❻一文中就认为，企业文化建设的关键在于让员工参与企业文化建设，与员工日常工作领域相结合。企业经营和管理的实践者们往往对企业文化的认同问题更为关切，因为他们尤其感受到认同对于企业文化建构的切肤之用。来自管理实务界的真实声音理应受到重视，可惜大多数实践者缺乏足够的理论深度，实务界与学界失之交臂。

---

❶ 周丹 . 让员工认同企业文化 [J]. 英才高职论坛，2007（3）：40-41.

❷ 王吉鹏 . 价值观的起飞与落地：企业文化建设实证分享 [M]. 北京：电子工业出版社，2004：5.

❸ 专门研究成员认同企业文化的著作不多，多散见于研究情感管理、参与管理、企业忠诚等管理学著作之中。它们一方面强调认同之于企业文化建设的重要意义，另一方面也从经验层面对文化认同的内涵、环节、途径进行一定解读，为后续研究的开展奠定了基础。

❹ 刘建军 . 认同感：如何让员工从认同到忠诚 [M]. 北京：中国经济出版社，2010；邱庆剑 . 忠诚胜于能力 [M]. 北京：机械工业出版社，2005；王琳 . 管理者的情感管理 [M]. 北京：中国经济出版社，2006；聂冬梅 . 浅谈如何让员工认同企业文化 [J]. 现代经济信息，2010（16）：56.

❺ 厉以宁 . 公平来自认同感—厉以宁谈企业文化 [J]. 石油政工研究，2002（1）：61.

❻ 薛同 . 让员工认同企业文化 [J]. 今日工程机械，2004（9）：72-73.

正是因为看到企业文化理论与现实中的认知偏差，张志鹏❶以利益相关者理论为基础，强调公司文化是企业与众多利益相关者签订的心理契约，企业的持续发展应当尽可能在文化中包容和体现利益相关者的价值观，实现与公司文化的交融。陈致中和张德❷运用扎根理论对企业文化认同进行了定量研究，把企业文化认同度分为认知、情感、行为、社会化四个维度，建构了企业文化认同度的四维度模型。许红军、张雷、田俊改❸则对基于企业文化认同视角对企业文化落地动力学因素进行了研究。王晓燕❹探讨了国有企业应当如何提高青年员工对企业文化的认同问题。这些研究对于企业界文化认同困难问题的解决提供了思路。

国外研究者则把更多的精力投入组织认同方面的研究中，认为如果对组织认同度高，那么组织文化的认同问题就迎刃而解了。

三、组织认同研究述评

汉语中，就字面意思而言，“认同”有“认可、赞同”“认为跟自己有相同之处而亲近”❺之意,具有典型的心理学意蕴。但“认同”一词并不是汉语的原有词汇，而是一个外来语，来自于对“identity”的译解。“identity”则源于拉丁语“idem”，意为相同的事物，具有“同一”“同一性”和“身份”等意思。如果想准确把握“认同”一词的内涵，还需将其置于哲学、社会心理学和社会学

❶ 张志鹏 . 公司治理创新：从公司文化认同视角的分析 [J]. 南京社会科学，2005（7）：27-34.

❷ 陈致中，张德 . 中国企业背景下企业文化认同度之概念与模型建构 [J]. 中国软科学，2009（S2）：269-275.

❸ 许红军，张雷 . 田俊改 . 基于企业文化认同视角的企业文化落地动力学因素研究 [J]. 中国人力资源开发，2013（7）：42-46.

❹ 王晓燕 . 国企如何提高青年员工对企业文化的认同 [J]. 企业改革与管理，2016（3）：183-184.

❺ 东方瀛 . 双向汉语大辞典 [M]. 哈尔滨：长春出版社，1992：945.

等不同学科背景下考察。

当"identity"不是作为一个事实描述性的词语，而是对"是其所是"的本质进行追问时，它就进入哲学与逻辑学领域，成了一个非常重要的哲学、逻辑学概念。它在哲学与逻辑学中通常译为"同一性"，含有"变化中的同态或差别中的同一"❶之意，也有"一个人或事物保持其自身的一致性而未改变为其他状态或事实"的意思。美国社会心理学家埃里克森第一次把同一性与自我的一致性、连续性结合起来，并首次使用"自我同一性"一词，用以表示"个体在实践活动中认识客观世界的同时也进行自我认识和自我实现"❷，使自我获得保持自身的性质。自我意识和自我同一性也成为社会心理领域中的重要概念。在社会学领域中，"认同"则代表个体在与所归属的社会群体互动维度上建构的自我评价，构成自我概念的一部分。后"identity"被频繁用以考察群体和文化背景中人的独特性，则又获取了表明"我是谁""我扮演何种社会角色"的身份之意。由此可见，"identity"意指与他者相区别，能够表征个体自我同一性的整体特质，这一特质来自于与参照群体的交互作用。

"identification"虽然也是"identify"的名词形式，可含义与"identity"不同，它意指分类、鉴别、确认的过程，并没有典型的建构身份之义。弗洛伊德（Freud）最早提出把"identification"作为心理学概念，指涉个体"与他人的情感联系"❸，后来拉斯韦尔将认同的概念扩大到更大范围，用于描述个体与规模较大人群间的情感关联。国内也有学者将其译为"认同感"。❹

从上述语源学的梳理中，不难发现，汉语的"认同"一词直接对译英文中

❶ 张海洋．中国的多元文化与中国人的认同 [M]. 北京：民族出版社，2006：39.

❷ 世瑾．宗教心理学 [M]. 北京：知识出版社，1989：146.

❸ Freud S. Group Psychology and the Analysis of Ego [M]. New York：Norton，1922：1.

❹ 王彦斌．管理中的组织认同：理论建构及对转型期中国国有企业的实证分析 [M]. 北京：人民出版社，2004：61.

的三个词语，兼具动词和名词两种词性，因此不能对“认同”进行简单的字面理解，而要顾念相关领域的研究成果，对其含义进行学科界分。本书中使用的“认同”主要包括两层含义：其一，作为动词，意指发现相似之处而承认、接受和赞同，这来自对“鉴别、甄别、确认、等同”等环节的概括和总结；其二，个体不仅接纳与己相似的事物，还把自己与众人区分开来，形成与他者分辨开来的特性——自我身份，也将栖身的群体特征赋予自我，建立具有群体成员资格的社会身份。在接纳相近价值理念、建构自我和群体身份时，个体还与他者建立情感联系，形成归属意识。实际上，认同的含义是逐层递进的，特立独行的个体不能一直保持自身的孤独，在进入特定组织后，必然追求组织边界内的协同与一致效应；当组织建构同一性时，会使组织特质投射到个体身上，激发个体形成独特的自我和群体身份；群体身份的取得又使个体对群体产生强烈的情感依赖。

在1947年出版的《管理行为》中，该书作者就认为：“认同的过程就是，个人用组织的目标（服务目标和组织存续目标）代替个人目标，作为制定组织决策时所采用的价值指数的过程。”❶ 1970年，帕琴（Patchen）明确提出组织认同的概念，认为组织认同是与其他成员有共享目标或经验、有团结感和作为组织一分子的感觉，以及组织成员彼此相互支持与彼此忠诚。此后，艾什福思（Ashforth）和迈尔（Mael）为组织认同找到社会认同理论和自我分类理论的分析框架，提出：“组织认同是社会认同的一种特殊形式，是个体根据某一特定的组织成员身份对自我进行定义的一种状态，或是一种归属于群体的知觉。”通过“把一个人的自我感知镶嵌在组织中”❷，组织认同为个体提供了定义自我的群体平台，建立了个人和组织在价值与情感联结的心理纽带。

❶ 赫伯特·西蒙.管理行为[M].詹正茂，译.北京：机械工业出版社，2007：255.

❷ 王彦斌.西方组织认同感理论研究综述[J].思想战线，2006（6）：1-6.

关于"组织认同"的内涵，瑞科塔（Riketta）在充分总结和批判既有研究成果的基础上提出三种视角：①以个体为出发点的认知视角。施耐德（Schneider）和艾什福思（Ashforth）分别认为，组织认同是个人与组织价值观融合的认知性结构，或对组织归属感和一体化的感知，或个体对组织成员资格融入自我认知的过程。②情感—动机视角。奥·雷利（O'Reilly）等人从这一视角出发界定组织认同，认为它是成员基于吸引和期待而与认同客体在情感上保持一致的自我定义。③社会认同理论视角。这一视角可以说是上述认知视角和情感视角的融合。泰弗尔（Tajfel）把组织认同定义为个体由于具有组织成员身份从而产生的一种自我定义，由于这种成员身份而产生了价值观上的一致和情感上的归属。此外，瑞科洛（Riketta）还特别指出帕琴（Patchen）的观点，认为他把组织认同描述为，对组织团结一致的感情、态度和行为上对组织的支持、对其他成员共享特征的感知等、一系列独立又互相联系的现象的界定最具代表性。❶尽管这些定义的侧重点并不相同，可都表明，许多学者已经注意到运用情感、认知或者二者兼而有之的方式，将成员身份与自我概念联系在一起。

其实，国外学者对组织认同概念的认识可分为两个层面："organizational identification"和"organizational identity"。目前，多数学者认为"organizational identification"可译为"组织认同感"，强调个体与组织或他者建立心理联系，形成组织共识的过程；而"organizational identity"可译为"组织同一性"，强调通过这一过程使个体具有与组织中的他者共有某种特性。组织认同侧重于成员自我概念的形成，以及成员与组织价值情感沟通网络的建立，正如杜克里奇（Dukerich）所言，组织认同过程是成员认同组织的经历，是组织影响成员形成自我定义的过程。而组织同一性侧重组织整体角色和身份的划定。高登·比德

❶ Ricetta M. Organizational Identification：A Meta-analysis [J]. Journal of Vocational Behavior，2005，66（2）：358-384.

尔（Golden-Biddle）和拉奥（Rao）指出，组织同一性回答了“我们是谁”“我们象征着什么”等问题，帮助成员形成自我概念和自我归类。艾伯特（Albert）和慧顿（Whetten）也提出，组织认定是组织成员对“我们是谁”“我们将成为一个什么样的组织”问题的回答，是组织成员建构的关于组织的核心的、独特的和持续的自我定义，是能够将组织区分开的特质和基础。❶❷❸❹从这个角度说，“组织认同感”与“组织同一性”的关系呈现为过程与结果的关联性。

不仅如此，在组织认同理论初创之时，有许多学者对其作为独立研究领域的正当性颇有质疑。“1974 年，默德（Mowday）就认为组织认同是组织承诺的一个要素”❺，很多学者延续这一观点将组织认同与组织承诺视为同义词❻，直接消解了组织认同理论存在的依据。后来，以艾什福斯（Ashorth）和密尔（Meal）为代表的分立派强调“组织认同着重于可感知的认知结构，而并不与

❶ 国内对于“organizational identification”和“organizational identity”有三种不同的理解：第一种理解并不对“organizational identification”和“organizational identity”的内涵进行区分，认为二者意义相同，只是直接用“组织认同”来指代这两个词语。第二种理解将“organizational identification”译作“组织认同感”，多数组织理论学者认为，组织认同感涉及组织成员与组织之间的价值一致性感知。它是一个通过提高组织价值和成员个体价值一致性程度从而在组织成员中建立起集体感的过程。而将“organizational identity”译为“组织认同”。国内许多学者接受这一界定方式。第三种理解是将“organizational identification”译为“组织认同”，“organizational identity”译为“组织认定”或“组织同一性”。

❷ Dukerich J M，Golden B R，Shortell S M. Beauty is in the Eye of the Beholder：The Impact of Organizational Identification，Identity and Image on the Cooperative Behaviors of Physicians [J]，The Academy of Management Review，2000，47（3）：507-533.

❸ Golden-Biddle K，Rao H. Breaches in the Boardroom：Organizational Identity and Conflicts of Commitment in a Nonprofit Organization [J]. Organization Science，1997，8（6）：593-609.

❹ Stuart Albert，David A. Whetten. Organizational Identity [A]. Organizational Identity [C]. Edited by Mary Jo Hatch，Majken Schultz. Oxford：Oxford University Press，2004：89-118.

❺ 宝贡敏，徐碧祥 . 组织认同理论研究述评 [J]. 外国经济与管理，2006，28（1）：39-45.

❻ 此时，Mowday（1979）把组织承诺定义为个人认同和卷入特定组织的相对强度。组织认同和组织承诺至少存在三个相关因素：①对组织目标和价值观的接受；②为组织努力工作的意愿；③停留在组织中的强烈愿望。Allen 和 Meyer（1990）将承诺分为情感承诺、持续承诺和规范承诺三种形式，这与 Mowday 对组织承诺包括对与被认同组织的情感联系很相似。

某种特定的行为或情感状态相关”❶，从而将组织认同与组织承诺区分开，组织认同逐渐确立了自身的研究边界。应该看到，上述成果多针对组织与个人建立相关性的组织认同感（organizational identification）的角度。

作为组织认同的另一种形式，组织同一性（organizational identity）则有所不同，是对组织集体建构的自我定义。艾伯特和慧顿提出，组织同一性是组织在与相关组织的反思和比较中形成的文化特质。作为组织整体状态的演绎与表达，组织认同的外部协同效应又使其与组织形象关系甚密。针对这一现象，蒙驰（Hatch）和舒尔茨（Schultz）支持“组织文化是组织同一性的内部定义情境，组织形象则是组织同一性外部定义情境，组织同一性是组织文化和组织形象相互作用的中介”，❷三者构成使组织内外部环境协同的联动效应。其实，组织认同正是在与组织承诺（organizational commitment）、组织形象（organizational image）的对比和辨析中持续获得成长动力，不断完备。

目前，关于组织认同与组织文化间的关系，也尚未形成一致的结论。雷·奥利指出二者的相互促进性，认为组织提出或倡导何种文化或价值观其实并不重要，重要的是组织成员是否真正认同。❸ Hatch 则明确指出二者存在差异，“组织认同是指组织成员对组织的认知、感受和看法，是对组织特有的价值观和特点的共同理解。组织文化则是形成和维持组织认同的内部符号背景”❹。“组织文

❶ Ricetta M. Organizational Identification：A Meta-analysis [J]. Journal of Vocational Behavior，2005，66（2）：358-384.

❷ Mary Jo Hatch，Majken Schultz. The Dynamics of Organizational Identity [A]. Organizational Identity [C]. ed. by Mary Jo Hatch，Majken Schultz. Oxford：Oxford University Press，2004：377-403.

❸ O'Reilly C，Chatman J，Caldwell D. People and organizational culture：A Profile comparison approach to assessing person- organization fit [J]. Academy of Management Journal，1991，34（3）：487-516.

❹ Hatch M J. The Dynamics of Organizational Culture [J]. Academy of Management Review，1993，18（4）：657-693.

化有助于使成员明白他们行为的深层含义。”[1]

可见组织认同是自我关注的意义理解嵌入文化中的一个方面。它定义了我们与从属于更大社会系统的关系时“我们是谁”，认同受到组织文化及其他自我借以相互作用的意义建构系统的影响。也有研究者认为，组织认同就是文化认同，此时二者的内涵完全一致，都包括了文化比较（cultural comparison）、文化类属（cultural categorization）和文化定义（cultural definition）等心理机制[2]。切尼（Cheney）指出："也有学者认为员工感知组织认同的过程，主要靠沟通来完成，而沟通作为一种人际互动，很大程度受到文化背景的影响。”[3]陈致中等则把组织文化认同（culture identity，CI）定义为："员工接受组织文化所认可的态度与行为，并且不断将组织核心价值体系与行为规范内化至心灵的程度。”[4]

本书虽主张组织认同和组织文化均可具有独立的研究领域，但不赞同将二者视为陌路的做法。组织认同与组织文化虽为两个不同的研究领域，却保留了无法割裂的、互相渗透关照的相关性：一方面，组织文化为组织认同提供了核心内容，组织认同不会舍弃对组织目标、价值理念等文化层面的追求；另一方面，员工只有通过对价值观念、行为规范的认同，才能完成文化理念向个体的渗透和转化，从而形成有效力的文化环境。

艾伯特曾指出，尽管特定组织的文化未必能够充分回答“我是谁？这是一家什么样的公司？”之类的组织认同问题，可组织文化却能为其成员解释他们

[1] Fiol M C. Managing Culture as a Competitive Resource：An Identity-based View of Sustainable Competitive Advantage [J]. Journal of Management，1991，17（1）：191-211.

[2] 魏钧．组织认同受传统文化影响吗—中国员工认同感知途径分析 [J]. 中国工业经济，2008（6）：118-126.

[3] Cheney G. The Rhetoric of Identification and the Study of Organizational Communication [J]. Quarterly Journal of Speech，1983，69（2）：147-158.

[4] 陈致中，张德．中国背景下的组织文化认同度模型建构 [J]. 科学学与科学技术管理，2009（12）：64-69.

行为的意义，帮助组织认同确立施力的对象和内容。组织文化也在认同中得以传播，正如拉瓦斯（Ravasi）和舒尔茨所言："组织文化是基于共同惯例的默认和自发行为，需要通过外界比较和有意识的自我反思才能获得，这一过程正是组织认同的过程。"[1]组织文化与组织认同内在的关联使后面即将展开的企业文化认同获得了一定的理据支撑。但是，成员对企业文化的认同怎样实现却是一个值得深入思考的问题。

本书以企业情境下的文化认同（即企业文化认同）为核心，结合主体间性理论，深入挖掘企业社会责任文化的深层规定性，勾勒出成员如何认同企业社会责任文化的图式。需要说明的是，本书所主张的"企业文化认同"也可理解为"企业文化的被认同"，它强调作为共同主体的企业及其成员在交往过程中达成为双方接纳认可的文化共识过程。企业文化认同，一方面指成员在互动交流中对某一事件、状况的静态共识；另一方面，也是一种生成性的动态机制。通过正视企业中异质意见的交锋、碰撞和重构，在企业中确立一种协商、互动机制，让企业中所有成员获得表达意见和质疑的机会，也使认同对象成为充满变动性的价值期待。企业责任文化共识的实现将促使成员在职业伦理中内化企业的目标和责任观念，获取文化参与者身份；形成社会责任文化的企业也会自觉认同社会文化的一般道德规范，在与政府、非政府组织等面对面的过程中，赋予企业质疑、辩驳的权利，让异质意见的流动推动企业社会责任主体间的对话与交流，扬弃监督与被监督的固定身份、摆脱唯管理层级的局限性，取得成员与企业、企业与社会关于承当社会责任的一致认同，从而使企业能够与社会持续、良性地共存下去。

总之，目前主体间性理论已发展得较为成熟，并为多种学科提供了分析思

[1] Ravasi D，Schultz M .Responding to Organizational Identity Threats：Exploring the Role of Organizational Culture [J]. Academy of Management Journal，2006，49（3）：433-458.

路。企业社会责任的理论研究体系也基本形成。然而，企业社会责任理论在面对企业承担社会责任的具体情境时却略显乏力，“安然公司破产案”“问题奶粉案”个别危害消费者、公共利益的恶性事件还偶有发生。这表明规则、标准等外在强制手段的运用虽勾画了企业承担社会责任的基本框架，但未能真正解决企业无视、逃避社会责任的问题。企业并非不具备承担社会责任的能力，而是缺乏承担社会责任的意识。

因此，企业社会责任研究不仅应从企业作为社会责任履行者的应然视角出发，而且还需要认可企业与他者（诸多利益相关者）具有的交互主体性，倡导“企业与他者作为自由主体在对话基础上进行互动”的主体间性研究，才能使企业在承担社会责任时获得话语权和主体地位。企业社会责任与企业文化契合，也应立足文化空间理论探讨社会责任理念融贯企业文化的核心理论、企业与员工认同问题，激发他们的自律意识。

第二章　西方哲学思维下的主体间性

西方哲学视野中主体间性研究由来已久，对一元主体的消解、先验主体的反思与超越，使其成为20世纪西方哲学发展史上独树一帜的研究主题。在对传统认识论“主体—客体”关系反思过程中不断丰富发展的主体间性，从对“主体—主体”间关系的思考入手，由先验自我的知识根源性发端，把如何使主体间更通达作为考察重点，着力思考多元主体面对客观性如何达成理解和沟通、实现普遍性认识，进而确立自我与他者共存的独特思维框架。可以说，主体间性有效拓展了西方哲学的研究视野，跳出主客体关系的认识论研究范围，审慎考量了多元主体间如何通达、彼此映照等问题，这为探索其他领域相关问题提供了非常有益的思想工具与方法。基于此，交往理性、参与对话、公共领域等卓有见地的哲学范畴喷涌而出，在一定程度上促成了西方哲学由语言哲学向日常生活、实践哲学的回归与转向。

主体间性作为西方哲学的一个范式日益渗透到多学科研究中，成为学科基本理念和价值判断变革的基础。符号学、翻译学、教育学等一大批学科，均从各自立场引入和诠释了主体间交互作用的思想，形成独特的研究思路。因此，需要审慎考察主体性、主体间性的缘起、发展、视界差异与衔接关系，及其对其他学科的渗透和影响，为本书要解决的核心问题——“现代企业如何承担社会责任”的分析和解决，找到具有普遍意义的思维框架与方法。

第一节　主体性思想的勃兴与衰落

“主体性”最早出现在西方哲学的研究中，“近代哲学的出发点，是古代哲学最后所达到的那个原则，即现实自我意识的立场，总之它是以呈现在自己面前的精神为原则的。中世纪的观点认为，思想中的东西与现存的宇宙有差异，近代哲学则把这个差异发展成为对立，并且以清除这一对立作为自己的任务。因此，主要的兴趣并不在于如实地思维各个对象，而在于思维那个对于这些对象的思维和理解，即思维这个统一本身”[1]。这表明，近代西方哲学以人为视角划分思想与存在差异的同时，又期待通过消弭二者的差异以达成对普遍性的认知，以及思维与存在的内在统一。所以，理性及拥有理性的人对其自主性的追求无疑必然体现对主体性的高扬。

中文“主体性”一词是从日文转译过来的，当时可对应 subjectivity、autonomy（自律性）、independence（独立性），以及 identity（同一性）的翻译，从而使自主性、自动性、目的性等诸多主体的规定性包含其中，难免在人们理解和使用时出现意思含混不清、无法准确表达等问题。其实，主体性与这些范畴的区别显而易见，但现实中却又无法把它们剥离出去，根本原因是这些范畴固然不能涵盖主体性的全部特性，但离开它们主体性也会变得空洞。

针对“主体性”范畴本身，已有学者进行大量探讨，如主体性“是主体在

[1] 黑格尔．哲学史讲演录（第 4 卷）[M]. 贺麟，王太庆，译．北京：商务印书馆，1983：5.

主客体关系中使自己处于主体地位，发挥主体作用，从而区别于客体的那种本质特性”“是主体对客体实现改造的对象性活动中展现出来的特性”“具有外在的，即工艺—社会的结构面和内在的，即文化—心理的结构面、具有人类群体的性质和个体身心的性质”等。❶❷❸❹应该看到，多数关于主体性内涵的诠释来自认识论研究立场，自身带有主客体划分后的思维痕迹。因此，需要从语义上厘清“主体性”内涵，在一定程度上排除了特定理论研究视野对它的影响，才能更好地廓清具体研究情境中主体性的含义。我国台湾学者吴丰维在《何谓主体性？一个实践哲学的考察》中，对当前经常使用的主体或主体性概念的内涵做了梳理：

（1）同一性 / 身份：个人内在统一的自我或灵魂，或者是群体的身份认同（这个身份认同可能是建构的，也可能是本质的），与他者与他群乃是相对立的。

（2）独立性：个人或群体乃独立自持，不受其他个人或群体的影响与干扰，因此是自足而不依赖的。

（3）自律性：个人或群体为自身立法的能力，与他律性相对立。

（4）主观性：以自身意识为出发点认识、把握、理解客体或内省自身的特定视角，而与客观性相对立。❺

然而，在大多数时候，主体性的这些内涵交叠使用，或者出现在对一种理论中社会活动者——人的主体性发挥的分析中，或者应用于对人的某种主体性活动的细致考察，或者纯粹从哲学视角将主体性作为人的质的规定性探讨人的

❶ 沈晓珊，李林昆．主体性概念试析 [J]. 哲学动态，1991（4）：20-23.

❷ 陈志良．释主体性原则 [J]. 哲学动态，1988（1）：16-18.

❸ 李林昆．对主体性问题的几点认识 [J]. 哲学研究，1991（3）：25-32.

❹ 李泽厚．关于主体性的补充说明 [J]. 中国社会科学院研究生院学报，1985（2）：14-21.

❺ 吴丰维．何谓主体性？一个实践哲学的考察 [EB/OL].（2006-03-04）[2018-04-17]. https：//www.docin.com/p-1040675437.html.

主体性的获得、表现和确证。回顾西方哲学发展史，即便“主体性”的明确概念近代才得以出现，但人的本性、自我意识、地位和认知能力，以及人与自然、社会的关系一直都是非常重要的命题，凝练出许多至今仍熠熠发光的思想。不仅如此，主体间性思想最早也根源于对近代高扬的主体性哲学的扬弃与反思。细致梳理主体性内涵的丰富与充实，也是把握主体间性的重要思维前提。

一、主体性思想的孕育

作为西方哲学的发端，古希腊早期自然哲学已把理性目光投向令人敬畏与赞叹的自然界，进而追问支撑现存自然现象生生不息、自我涌现的根据与理由，形成对世界本原的考量。泰勒斯的“水”、阿那克西曼德的“无定”、阿那克西美尼的“气”、赫拉克利特的“火”及“逻各斯”、毕达哥拉斯的“数”，以及德谟克利特的“原子”❶等，均在思考如何把宇宙万物归于一个始基，探索世间万物生灭变化的原因和规律。这种对万物存在根据的探讨，使古希腊哲学研究的对象和范围逐渐转向社会公正、国家本质和人生意义等问题。

在这一转向中，普罗泰戈拉关于人与万物关系的论述尤为耀眼：“人是万物的尺度，存在时万物存在，不存在时万物不存在。”❷应该看到，这一命题以一个人的感官为前提，“对于我来说，事物就是想我所呈现的那个样子；对于你来说，事物就是想你所呈现的那个样子”❸，“结果他只肯定呈现于每个个体的现象并因而引入了相对性”❹。否认了事物存在的客观性，却打破了神、神话，以

❶ 早期古希腊哲学对世界本原的探讨可见之于大量西方哲学史著作当中，具体观点见：张志伟．西方哲学史 [M]. 北京：中国人民大学出版社，2007：26-39.

❷ 普罗泰戈拉这一观点的表述出现在柏拉图《泰阿泰德篇》151E-152A 中苏格拉底与泰阿泰德的对话中。转引自：苗力田．古希腊哲学 [M]. 北京：中国人民大学出版社，1989：183.

❸ 苗力田．古希腊哲学 [M]. 北京：中国人民大学出版社，1989：185.

❹ 同❸.

及人为自然产物等自然哲学的限制与束缚，把人当作衡量万物存在与否的标志，成为人重视自身价值及主体性的重要尝试。

之后，苏格拉底主张哲学的真正对象不是自然而是人自身，讨论人成就其自身的内在本性——“德性”，并以“使一切人德行完美所必需的就只是知识”❶充分肯定“德性”与知识的同一性，得出“知识即德性，无知即罪恶”“无人有意作恶”的结论。认识德性就要认识何为真正的知识。“什么是勇敢”“什么是节制”“什么是正义”“什么是美”等以对话形式展开的追问，一步步勾勒出苏格拉底对人内在本性的理性构想，使伦理学研究得以发端的同时，也使西方哲学开启了理性主义研究的大门。

设问、诱导、反讥等方法的运用最大限度地引导人们看到个别、特殊事物背后可能存在绝对、永恒共性的可能。诚然，苏格拉底虽然力图找到构成德性各个维度的真正内涵，但是并未把事物的内在本性与事物本身分离开来。柏拉图却把“由一种特殊性质所表明的类”称为“理念”，并将其作为“超越于个别事物之外并且作为其存在根据的实在”❷来看待，于是各种事物组成可感的事物世界，事物的理念则组成可知的理念世界。在运用全部智慧解决理念世界如何认识时，柏拉图认为，普遍、绝对的理念不可能来自人们日常对事物的感觉经验，而是通过回忆及灵魂转向等途径才能实现。这一灵魂学说不仅成为先验哲学的最早表述，也为中世纪宗教神学体系的构建提供了理论支柱。

古希腊哲学古典时期的另一代表亚里士多德，作为历史上“第一位百科全书式”的思想家，以理性主义为基调，第一次对科学知识及知识获取方法进行了细致的分类和重点考察，深入论述了事物生成和存在的根本原因及运动，并建构了以存在和实体为核心的形而上学体系。黑格尔也曾对亚里士多德如此评

❶ 罗素 . 西方哲学史（上卷）[M]. 何兆武，李约瑟，译 . 北京：商务印书馆，2005：128.

❷ 张志伟 . 西方哲学史 [M]. 北京：中国人民大学出版社，2007：88.

价："我们不必在亚里士多德那里去寻求一个哲学系统。亚里士多德详述了全部人类概念，并进行思考；他的哲学是包罗万象的。在整体的某些特殊部分中，亚里士多德很少以演绎和推论的方式前进；相反，他却是从经验着手，他论证但却是关于经验的。他的方式常是习见的方式，但有一点是他所独具的，就是当他在这样做的时候，他是始终极为深刻地思辨的。"❶亚里士多德在分析何为实体时，积极阐释了主体与实体的内涵及关系，"主体是那其他东西陈述它、而它本身不再陈述其他东西者，因此首先应当对它进行界定，因为看起来首要的主体最是实体"❷;"实体是那最主要、第一位、最重要而言者，它既不谓述一个主词，也不在一个主体之中"。❸"不谓述一个主词"表明它应当是一个主词，因为它并不承担阐明或解释任一主词的责任；"也不在一个主体之中"则表明它也不充当其他不同主体的属性，而是主体自身。亚里士多德对范畴的语义学和逻辑学的分析关键在于,确定实体在存在者中的终极主体主词乃至主体地位,"或者是最终的主体、载体，它永不对他物作述说；或者是某一独立的，单个的存在,这就是个别事物的形状和形式"❹。亚里士多德此处分析所用的"主体"与"实体"具有内在同一性，是带有鲜明个性特征的单一个体，不仅指人，还可指物，与近代西方哲学中使用的"主体"相去甚远。近代西方哲学中使用的主体多为人，主体性则着力关注人作为主体在处理与外部事物关系时带有逻辑上的在先性、地位上的主导性，以及实践上的改造性，"是人在对象性活动中本质力量的外化"❺，是人在自然与社会中特殊地位的体现。

---

❶ 黑格尔．哲学史讲演录（第 2 卷）[M]. 贺麟，王太庆，译．北京：商务印书馆，1983：282.

❷ 聂敏里．存在与实体：亚里士多德《形而上学》Z 卷研究（Z1-9）[M]. 上海：华东师范大学出版社，2011：131.

❸ 同❷：76.

❹ 苗力田．古希腊哲学 [M]. 北京：中国人民大学出版社，1989：509.

❺ 陶富源．论主体及主体性 [J]. 安徽师范大学学报，2003（5）：549-554.

由上可知，古希腊哲学虽然重视知识，但对自然的认识多停留在猜测和经验摸索状态，自然科学尚处于萌芽阶段，认识论也并未得到充分发展。然而，也应看到，该时期无论对世界本原的推测、对人自身德性及社会伦理关系的认知，还是对辩证法、逻辑学研究方法的运用，乃至庞大哲学体系的建构，都从理性主义的角度一步步印证和磨砺了人作为主体认识自然、探索外部世界的品性与能力，为彰显人的主体性奠定了广泛的知识与逻辑基础。

二、主体性思想的萌生与高涨

主体性思想的产生并非一蹴而就，而是经历理性思维、认识能力乃至人与自然、社会关系认知的多次嬗变而逐渐形成的，成为自负、自足的宏大叙事体系。

（一）主体性思想萌生的准备

认识论意义上的主体及与之相关联的客体直到 17 世纪才开始出现。为什么会出现在这一时间节点？原因在于古希腊哲学之后到 17 世纪之前，西方哲学一直处于以基督教哲学为主的中古哲学阶段。“所谓基督教哲学，是一种由信仰坚定的基督徒建构的、自觉地以基督教的信仰为指导的、但又以人的自然理性论证其原理的哲学形态。”❶它关注的基本问题主要是神学与哲学之间、理性与信仰之间，或者上帝恩典启示给人的洞见与人自己获得的洞见之间的关系。❷因此，理性与信仰作为两种截然不同的认识来源能否兼容、如何兼容，信仰是理智还是非理智的概念等问题及回答，成为中古哲学家的工作重心，也直接导致了基督教哲学研究内容的分化与变革。

❶ 张志伟 . 西方哲学史 [M]. 北京：中国人民大学出版社，2007：185.

❷ 奥康诺 . 批判的西方哲学史 [M]. 洪汉鼎，译 . 石家庄：东方出版社，2005：187.

与古希腊哲学的“爱智”和理性思辨相异，基督教发端于一些备受磨难、处于社会下层的犹太民众，他们渴望得到耶稣的救赎，是一种通过信仰而得到上帝拣选与眷顾的宗教实践活动。基督教实践活动的属性使其得到许多下层社会民众的支持，在罗马帝国传播迅速，但是由于缺乏统一的教义与认知，造成其内部形成许多不同派别且彼此对立。面对这一境遇，教会中具有哲学修养的信徒拓展了古希腊哲学有关灵魂、理念世界等观点并著书立说，使基督教第一次拥有了相对统一和完整的教义，在理论上捍卫了基督教的信仰。之后，经院哲学着力调和理性与信仰的矛盾，认为理性与信仰具有相互促进、相辅相成的关系。托马斯·阿奎那就提出：“人的理性通过自然的受造物上升到认识上帝，信仰则相反，是人们通过上帝的启示去认识上帝。前者是上升法，后者是下降法。究其认识上帝来说，二者是相同的。其实，无论是由超越理性而获得的信仰，还是通过理性而获得对上帝的认识，不过是殊途同归。”❶不仅如此，还把古希腊哲学的分析范畴与思维框架引入神学，如运用事物的运动或变化、动力因的性质、可能和必然性、真实性的等级、世界的秩序❷❸来论证上帝的存在；通过对柏拉图理智与感性、亚里士多德的“存在”、人认识能力等剖析，得出神学高于哲学的结论。❹在这里，哲学虽然沦为神学的奴仆，但经院哲学内部关注“共相与殊相”的唯实论与唯名论之争却也为理性的发展提供了平台。

由此可见，尽管基督教哲学最终为信仰服务，然而“它把信仰的对象变为思维的对象，把人从绝对信仰的领域引到怀疑、研究和认识的领域。它力图证明仅仅立足于权威之上的信仰的对象，从而证明了——虽然大部分违背它自己的

---

❶ 张志伟．西方哲学史 [M]．北京：中国人民大学出版社，2007：249.

❷ 这是托马斯·阿奎那证明上帝存在的五个维度。

❸ 托马斯·阿奎那的《神学大学》1 集 1 部 2 题 3 条，转引自北京大学哲学系．西方哲学原著选读（上卷）[M]．北京：商务印书馆，1981：263-264.

❹ 北京大学哲学系．西方哲学原著选读（上卷）[M]．北京：商务印书馆，1981：260.

理解和意志——理性的权威，给世界引入一种与旧教会的原则不同的原则——独立的思考精神原则，理性的自我意识原则，或者至少是为这一原则做了准备……在当时旧教会精神的令人窒息的统治下，研究精神只能以这样的方式表现出来”❶。于是，“艺术和科学的精神只是表面上为否定性的宗教精神服务，它从宗教精神中创立了一个相反的原则，即纯粹人性的、自由的、自我意识的、博爱的、无所不包的、无处不在的、普遍的、有独立思考能力的科学精神”❷，成为14—16世纪“文艺复兴”运动的精神内核。“文艺复兴”表面上看是对古典文化的恢复与繁荣，实则是重视世俗生活、重视客观现实世界、尊重人性自由及其人生价值的集中体现，扭转了人面对上帝时的卑微处境，促进了人自我意识的觉醒。催生近代主体性思想的另一重要条件是人面对外部世界时所持立场和观点的重大改变。在古希腊哲学中，外部世界是神圣的，依据自身的规律生生不息地发展着❸，并不会因人认识能力的不断提升而受到影响。而哲人对世界本原的探究，除了为被神话与神谕笼罩的外部世界去魅以外，更多时候是使人回归到与自然共在的世界当中。人通过对知识的探求解释宇宙本原、认识自身，并探索人类社会构成、运行的规律，这一朴素直观的自然观饱含着对自然的敬畏和理性反思。正如亚里士多德所说，“所谓自然就是最初以自身而非偶然地依存于事物的运动和静止的某种本原和原因”，“想要证明自然存在的企图是幼稚的。因为有许多这样的东西明显地存在着”❹。然而，到了近代，自然科学的迅猛发展为人们了解自然提供了更可靠的知识基础和更有力的认识工具，自然逐渐被对象化为认识的对象，甚至成为改造的对象，这一自然观的形成近代理性主义精神和主体性原则的确立奠定了理论基础。

❶ 费尔巴哈哲学史著作选（第一卷）[M]. 北京：商务印书馆，1982：12.

❷ 同❶.

❸ 龚群 . 论古希腊的“自然”观 [J]. 道德与文明，2001（6）：35-38.

❹ 苗力田 . 古希腊哲学 [M]. 北京：中国人民大学出版社，1989：422.

（二）主体性思想的确立

主体性思想的确立首先从确定人的主体地位开始。第一个重建理性主义精神、赋予人主体地位的莫过于笛卡尔。笛卡尔面对经验哲学的独断持有不可动摇的怀疑态度，怀疑上帝的可靠性与存在，认为“物理学、天文学、医学及研究各种复合事物的其他一切学科都是可疑的、靠不住的”❶，并且把怀疑推到极致，“我应当把凡是我能想出其中稍有疑窦的意见都一律加以排斥，认为绝对虚假，以便看一看这样以后在我心里是不是还剩下一点东西完全无可怀疑”。笛卡尔固然怀疑一切，却并不以此认为世界毫无确定性可言，而是想从中找到一个无可怀疑的真理，“凡是我从前信以为真的东西，没有一件我不能加几分怀疑；我的怀疑并不是由于漫不经心或轻率，而是有很强的、考虑成熟的理由的：所以我今后如果要想在科学上发现某种确实可靠的东西，就应当小心翼翼地避免相信那些东西，同避免相信显然虚妄的东西一样小心”❷。当他怀疑一切时，唯有“我在怀疑”本身是无可置疑的，“最后必须得出这样的结论，而且必须把它当成确定无疑的。有我，我存在这个命题，每次当我说出它来，或者在我心里想到它的时候，这个命题必然是真的”❸。

由此可见，“我”及“我思”是“我在怀疑”的重要前提，在笛卡尔那里，“我”并不是指人的身体，而“只是一个在思维的东西，也就是说，一个精神、一个理智或一个理性”❹，也是“一个在怀疑，在领会，在肯定，在否定，在愿意，在不愿意，也在想象，在感觉的东西”❺。笛卡尔“我思故我在”（I think, there-

❶ 笛卡尔．第一哲学沉思集 [M]. 北京：商务印书馆，1986：18.

❷ 北京大学哲学系．西方哲学原著选读（上卷）[M]. 北京：商务印书馆，1981：368.

❸ 同❶：23.

❹ 同❶：26.

❺ 同❶：27.

fore I am）命题把我作为思者，通过反思确证了自身的存在性，把思想的形式与内容分开，确立了“我思”的独立地位，并由此展开了自我意识的运动❶，具有划时代的意义。正如胡塞尔所说：“这种哲学实现了从素朴的客观主义向先验主观主义的彻底转变”❷，为后继者探索意识的自我运动打开了方便之门。

以笛卡尔、斯宾诺莎、莱布尼茨等为代表的唯理论强调，知识必须建立在理性之上、知识的真理性在于不证自明。与其不同的是，洛克作为经验论理论化、体系化的代表则认为“我们的全部知识是建立在经验上面的，知识归根到底是导源于经验的。我们对于外界可感物的观察，或者对于我们自己知觉到的、反省到的我们的心灵内部活动的观察，就是供给我们理智以全部思维材料的东西。这二者乃是知识的源泉，从其中涌出我们所具有的或者能够自然地具有的全部观念”❸，进而表明，人们的理智或者思维活动均来自感官接收到的外部事物的感觉经验或内心的反省观念。固执于经验论立场的洛克及其后继者把自己囿于“我们少数虚浮的事物观念只是有感官从外面得来的，或是由人心反省它自身中的经验得来的，而且外面除了这些虚浮的观念外，再没有其他观念，因而再超过这个界限，则我们便一无所知”❹，而走向唯心主义和不可知论。其实，经验论与唯理论的分歧主要在于认识意义上认识的来源、基础及方法论的差异。由于二者均包含一定合理性，于是它们在长期的争论中互相渗透、互相影响，不仅并未证明科学知识的普遍必然性，而且还完全暴露出理性在证明科学知识过程中的无力。此外，由于近代自然科学的蓬勃发展及机械论世界观的兴起，科学理性越来越成为统治世界的权威，人在客观因果律面前变得越来越被动而亟待得到重新认识。

---

❶ 王树人．关于主体、主体性与主体间性的思考 [J]. 江苏行政学院学报，2002（2）：5-8.

❷ 胡塞尔选集（下卷）[M]. 上海：上海三联书店，1997：863.

❸ 北京大学哲学系．西方哲学原著选读（上卷）[M]. 北京：商务印书馆，1981：450.

❹ 洛克．人类理解论 [M]. 北京：商务印书馆，1997：286.

（三）主体性思想的巅峰

德国古典哲学一直都为弥合哲学与科学、理性与自由之间的沟壑竭尽全力，在充分彰显意识在认识论上的自我运动性质的同时，把主体性哲学推向巅峰。

康德作为德国古典哲学的奠基人，在认识论问题上力图调和经验论与唯理论的对立。他提出认识活动的主体本身具有一套认识形式——先天直观形式（时间、空间），它先于感性经验而存在于人的头脑之中，能够对感性质料引起的刺激进行加工整理。“我们的一切知识都以经验开始，这是无可置疑的；因为认识能力受到激发而行动，如果这不是由于对象激动我们的感官，一方面由自己造成表象，另一方面使我们的知性行动运作起来，对这些表象加以比较，把它们联结起来或者分离开来，并这样把感性印象的原始材料加工成叫作经验的对象的知识，那又是什么呢？”❶一种统一的意识把杂多、逐渐直观的东西重新整合再生出一个表象❷，进而获得一种综合统一知识。也就是说，人们通过经验获得知识的经验材料，通过先天认识形式获得知识的综合统一性，这一综合统一性知识并非来自经验，而是来自人的先天认识能力，从而使知识具有普遍必然性。在这一过程中，“知性不仅仅是通过显象的比较为自己制订规则的一种能力，它甚至是为自然而立法。也就是说，没有知性，在任何地方都不会有自然，即显象的杂多按照规则的综合统一”❸，即“知性❹❺

❶ 康德．纯粹理性批判 [M]. 李秋零，译．北京：中国人民大学出版社，2004：B1.

❷ 潘卫红．康德的“物自身”辨正 [J]. 世界哲学，2013（6）：51-62.

❸ 康德．纯粹理性批判 [M]. 李秋零，译．北京：中国人民大学出版社，2004：142.

❹ 在康德看来，人的认识能力分为感性、知性和理性，它们分别发挥着不同的作用。通过被对象刺激的方式获得表象的能力叫作感性，感性是感受性，借助感性，对象被给予我们，唯有感性才能给我们提供直观；知性是规则的能力，从知性中产生概念，对直观进行思维；理性是原则的能力，是把握无限、无条件的认识。

❺ 刘作．康德的“物自身”概念 [J]. 兰州学刊，2011（12）：20-24.

为自然立法”。由此可见，主体性思维在认识中具有巨大的能动作用。

但是，康德同时也指出，人的认识能力在本质上无法认识全部的外部世界，即无法认识物自身，“既然凭借外感官能够给予我们的无非是纯然的关系表象，外感观在其表象中也只能包含一个对象与主体的关系，而不能包含属于客体自身的内在的东西”❶，进而“我们称为外部对象的东西，无非是我们感性的纯然表象，其形式就是空间，而其真正的相关物亦即物自身，由此却根本没有被认识，也不能被认识，但在经验中也从来不被追问”❷。虽然不能认识物自身，但康德却肯定了物自身的存在，“这个东西的直接表象虽然是感性的，但它哪怕没有我们感性中的性状（我们的直观形式就必须建立在这种性状上），却自在的本身必须是某物，即某种独立于感性的对象”❸，这表明在人认识领域之外还可能存在一个无限自由领域，不受认识形式限制，人也无法认识。人只能在所知认识能力所及的范围内发挥作用，确认“我能知道什么”，认识和服从普遍的自然法则；然而，另一方面，在认识能力以外，理性的实践能力则具有无限广阔的空间。人远离了自然法则，就应当遵循理性自身的法则行事，拥有自身存在的价值和尊严，形成并遵守“应该做什么”的道德法则。“在全部被造物之中，人所愿欲的和他能够支配的一切东西都只能被用作手段；唯有人，以及与他一起，每一个理性的创造物，才是目的本身。所以，凭借其自由的自律，他就是道德法则的主体。”❹道德法则作为理性为自身确定的法则，是“自律性”的，使人可以摆脱认识活

❶ 康德．纯粹理性批判[M]. 李秋零，译．北京：中国人民大学出版社，2004：B67.

❷ 同❶：B45.

❸ 康德．纯粹理性批判[M]. 邓晓芒，译．北京：人民出版社，2004：229.

❹ 康德．实践理性批判[M]. 韩水法，译．北京：商务印书馆，1999：95.

动中要受经验质料限制的状态[1][2]，而在自身中获得自由[3]。

在《实践理性批判》的“结束语”中，康德曾提到：“有两样东西，越是经常而持久地对它们进行反复思考，它们就越是使心灵充满常新而日益增长的惊赞和敬畏：我头上的星空和我心中的道德法则。”前者把人置于外部世界当中，见证外部世界的因果联系，“后者从我不可见的自我、我的人格性开始，把我展现在这样一个世界中，……在这种人格性中，道德法则向我启示了一种不依赖于动物性，甚至不依赖于整个感官世界的生活，至少是从凭借这个法则对我的存在的合目的的规定中可以得出的。这种规定并不局限于此生的条件和界限，而是无限延续的”[4]。康德在《实践理性批判》中虽并未对主体性展开专门论述，但他对“自由”概念的分析和运用，实际上已经充分肯定了人的实践能力和作用，“当它意味着人的主体状态时，其实就是指人的主体性，自由的人即具有主体性的人”[5]。

立足于人、理性的主体性思想在康德实践理性的引领下不断丰富，并形成两条迥异的发展路径：其一，突出强调自我意识的运动与建构能力，构成强大的“绝对精神”体系；其二，是充分关注主体实践与改造能力的马克思主义观点，面对对象化客体的主体在社会实践中能动能力逐渐显现与优化。

直接传承康德衣钵、对康德物自身观点进行修正的是德国古典哲学家费希特。费希特认为，没有必要假设物自身的存在，知识的形式源自自我。“如果

---

[1] 康德关于道德法则的论述构成了他的伦理学体系，他强调这一道德法则是由“应当”构成的命令式，是动机论的。他认为：“凡是把欲求能力的一个客体（质料）预设为意志的规定根据的实践原则，全是经验性的，不能充当任何实践法则。”如果行为与结果相关联，就会使行为与一个个体的表象相关，“但是，对于任何一个对象的表现，无论它是什么样的，都不能先天地认识到”。

[2] 康德．实践理性批判、判断力批判 [M]. 李秋零，译．北京：中国人民大学出版社，2007：22.

[3] 张志伟．西方哲学史 [M]. 北京：中国人民大学出版社，2007：561.

[4] 康德．实践理性批判、判断力批判 [M]. 李秋零，译．北京：中国人民大学出版社，2007：169.

[5] 郭湛．主体性哲学：人的存在及其意义 [M]. 昆明：云南人民出版社，2002：32.

对象是一个纯粹的虚构，我就在我内心中产生某些规定来；或者如果对象是某种实在的东西，那些规定就是不经我帮助而存在着的；而我就注视着前一种产生和后一种存在。只有当我注视它们的时候，它们才是在我的内心，注视和存在是不可分割地结合在一起的。”❶知识需要以自我为出发点在自我意识中寻找，同时主体具有绝对的独立性和能动性。

于是，他提出第一个命题“自我设定它自己”不需要任何别的根据，“自我凭着自己设定自己的单纯活动而存在；反过来也是一样：自我存在，它凭着它的单纯存在而设定它的存在”❷。紧接着，他又提出第二个命题“自我设定非我”，“凡是属于自我的，凭着单纯的反设定，其反面必定属于非我”❸，因为自我得以确认，所以设定非我与自我相对也是可以得到无条件承认的。第三个命题就是“自我与非我的统一”。“自我与非我都是自我的原始活动的产物，而意识本身就是自我最初的原始活动的这样一种产物，即自我自己设定自己的产物。”❹这里，“自我”“非我”的对立统一使自我意识运动的内容更加充实，形式更加积极。“非我”的提出实际上确立了意识的对象，自我通过反思、直观、想象力、知性、判断力等意识到对象，从而创造出不受非我制约的自由，形成自我意识。费希特的观点虽然消解了康德的物自身力图建立一个主客相统一的知识学体系，但是“自我”与“非我”的矛盾很难化解。因为“自我”的目的是认识自己，而且通过设立具有一定限制性的“非我”来实现绝对自我的构建。然而，“非我”一定存在其实就已经设定了“自我”的有限性，从而使自我的绝对性受到巨大挑战。尽管费希特思想具有局限性，却充分彰显了人敢于运用理智分析外部世界的努力与尝试，如他自己所说的：“我的体系是一个自由的体系；正如法兰西

❶ 北京大学哲学系. 西方哲学原著选读（下卷）[M]. 北京：商务印书馆，1981：331.
❷ 同❶：338.
❸ 同❶：341.
❹ 同❶：334.

民族使人摆脱了外部的枷锁一样，我的体系使人摆脱了自在的存在之物、外部影响的枷锁，在自己的第一原理中把人视为独立不倚的存在者。”❶

由以上分析可知，近代主体性思想的产生与人认识自身、认识外部世界能力的提升密切相关。人逐渐摆脱对自然的敬畏、探知自身认识能力及范围时，也在日益深思外部世界的实在性、异己性，甚至可利用性，人与自然从共处于神或上帝庇佑下的一极，随着宗教势力范围的逐渐缩减而分属于日益分立的两端。这里的“人”并不是实体的人，而是作为把外部世界对象化的主体的认识能力与思维方式。因而，近代以来一直萦绕于诸多哲学家的思维与存在的关系、知识的普遍性如何获得、主体如何认识客体、心与物如何交流等问题均为认识论的基本问题，也都是由于把人相对于自然的主体性不断生发、甚至推崇到主宰性所导致的。这一思维方式在德国古典哲学中得到充分诠释，康德的“人为自然、自身立法”，费希特的“自我设定自我、非我”把人的主体性上升到本体论的高度，从而打造出一个以人、自我为支配力量的形而上学体系。其思辨性、建构性是其他时期主体性哲学成果难以企及的。

黑格尔曾用《精神现象学》中独具一格的观点阐明认识过程中知识与对象的关系问题，“精神现象学所描述的就是一般科学或知识的形成过程”❷，“意识在这条道路上所经过的它那一系列的形态，可以说意识自身向科学发展的一篇详细的形成史”❸。黑格尔采用逻辑与历史相统一的思维方式并未剥离意识的经验性内容，而是从意识的形态变迁着手考察绝对精神或绝对知识的形成过程。认识活动只有依次经历意识、自我意识、理性、精神的发展，才能达成绝对知识，“精神（这里应了解为绝对精神）的最末一个形态……就是绝对知识。绝对

❶ 梁志学，郭大为．两部交相辉映的历史文献——评《费希特全集》与《同时代人谈论中的费心特》[J]．国外社会科学，1994（3）：76-81

❷ 黑格尔．精神现象学（上卷）[M]．贺麟，王兴玖，译．北京：商务印书馆，1981：19.

❸ 同❷：59.

知识是在精神形态中自己认识自己的精神”[1]。依据黑格尔的观点，精神现象学强调现象与本质的统一性，人是可以通过现象认识本质，通达绝对知识的。所以，作为精神的第一形态的“意识”讨论个体主体的“感性确定性”“知觉”“知性”等认识活动，“最初的知识或直接的精神，是没有精神的东西，是感性的意识”[2]，精神现象学体系的发端——“意识”从“感性确定性”开始是直接性认识，是与个体事物直接相关的。然而，以“这一个”个别具体事物为依托追逐真理时，发现作为“这一个”必备维度的“这时”和“这里”的内容又是那么变动不居，唯一不变的就是作为共相的“这一个”，当以个体认识活动为出发点考察意识时，对个别事物的感性认识就会走向把握共相的知性。所以，认识事物就是要深入事物内部，获得关于普遍性的共相的认知，其实就是认识事物，不断扬弃对象作为主体的内在矛盾，从而达到知识与对象相统一的境界。

黑格尔为了摆脱主体与客体之间二元论困境，提出“一切问题的关键：不仅把真实的东西或真理理解和表述为实体，而且同样理解和表述为主体”[3]，即“实体即主体”。“实体性自身既包含着共相（或普遍）或知识自身的直接性，也包含存在或作为知识对象的那种直接性”。这表明，“实体”不仅指自然存在的外部世界，而且还包含事物的共相或普遍性，是一个主观与客观相统一的“实体”。

但是，黑格尔并不认为普遍性、毫无生气的单一性、无差别不运动，或以不现实的方式来陈述实现自身的理智直观是实体。相反，“活[4]的实体，只当它是建立自身的运动时，或者说只当它是自身转化与其自己之间的中介时，它才真正是现实的存在。换个说法也一样，它这个存在才真正是主体”。黑格尔充分

❶ 黑格尔 . 精神现象学（上卷）[M]. 贺麟，王兴玖，译 . 北京：商务印书馆，1981：556.

❷ 同❶：17.

❸ 同❶：10.

❹ 这个“活的”并不是指有生物学意义上有生命的，而是指具有内在的能动性，能够展开自身、自我否定和自我扬弃。

肯定了实体的能动性，即实体蕴含着发展的能动性，能够在把自身充分展开的运动中成为现实，成为主体。不仅如此，黑格尔还从方法论意义上规划了实体成为主体的具体途径，“实体作为主体是纯粹的简单的否定性，唯其如此，它是单一的东西的分裂为二的过程或树立对立面的双重化过程，而这种过程则又是这种不相干的区别及其对立的否定”。实体并不是无差别的同一性，而是内在蕴含着否定性的对立与矛盾。黑格尔肯定了否定物的地位与价值，主张实体自我展开、向前发展的过程就是在运动中还会树立自己的否定物，通过对否定物的扬弃，化解自身的矛盾与对立、重新建立同一性，进而实现思维与存在的统一。“所以唯有这种正在重建其自身的同一性或在他物中的自身反映，才是绝对的真理。而原始的或直接的统一性，就其本身而言，则不是绝对的真理。真理就是它自己的完成过程，就是这样一个圆圈，预悬它的终点，为目的并以它的终点为起点，而且只当它实现了并达到了它的终点它才是现实的。”❶在《精神现象学》中意识从感性确定性开始，不断否定自己变成对象，并在对象中保持自身的同一，并最终扬弃对象成为真正现实的自己，绝对精神。由此可见，黑格尔以其独特的“实体即主体”“否定性的辩证法”及绝对精神的自我运动，勾画出主体性的实现过程。

与德国古典哲学把主体性抽象化为自我、绝对精神的研究视角不同，马克思不同意把人理解为神秘的精神力量。他在《黑格尔法哲学批判》导言中指出：“人并不是抽象地栖息在世界以外的东西。人就是人的世界，就是国家、社会。”❷主体性是作为社会存在的现实的人的主体性，而不仅仅是他们的自我意识或思维活动。马克思在《评阿·瓦格纳的“政治经济学教科书”》中从认识论乃至本体论角度深入分析了人的主体性，“人们绝不是首先‘处在这种同外界物的理论

❶ 黑格尔．精神现象学（上卷）[M]. 贺麟，王兴玖，译．北京：商务印书馆，1981：11.

❷ 马克思，恩格斯．马克思恩格斯全集（第1卷）[M]. 北京：人民出版社，1956：452.

关系中’。正如任何动物一样，他们首先是要吃喝等。也就是说，并不‘处在’某种关系中，而是积极地活动，通过活动来取得一定的外界物，从而满足自己的需要。因此，他们是从生产开始的。由于这一过程的重复，这些物能使人们‘满足需要’这一属性，就铭刻在他们的头脑中了。任何野兽也就学会‘从理论上’把能满足他们需要的外界物同一切其他的外界物区别开来”❶。马克思先具象化地描绘了自在的外部世界转变为人认识、改造对象的路径。通过劳动这一实践过程，人逐渐感知自己的主体性。“当现实的、有形体的、站在稳固的地球上呼吸着一切自然力的人，通过自己的外化把自己现实的、对象性的本质力量设定为异己的对象时，这种设定并不是主体；它是对象性的本质力量的主体性。”❷于是，一切被人的本质力量所作用的对象都成为主体对象化的存在物，人通过把外部世界对象化来实现自身的主体性。主体与客体关系的建立则取决于二者性质上的匹配，“对象如何对他来说成为他的对象，这取决于对象的性质，以及与之相适应的本质力量的性质；因为正是这种关系的规定性形成了一种特殊的、现实的肯定”。❸换言之，“人并不天生或先验地具备主体身份，而是在后天的实践和认识活动中逐渐获得的本质力量”。❹因此，马克思主张的是积极、现实的人具有实践性质的主体性，而非抽象的思维。人在实践中证明思维的真理性，并把思维的真理性通过具体的实践活动展现出来。

至此，主体性在西方近代哲学中从萌芽走向完备，在本体论、认识论层面均形成了较为完备的理论体系。虽受到一定限制，但人基于一定范围内认识自然、改造自然能力的提升及其在实践层面的能动作用，也成为影响社会发展的重要思维框架与逻辑起点。

---

❶ 马克思，恩格斯．马克思恩格斯全集（第19卷）[M]. 北京：人民出版社，1963：405.

❷ 马克思，恩格斯．马克思恩格斯全集（第42卷）[M]. 北京：人民出版社，1979：167.

❸ 同❷：125.

❹ 郭湛．主体性哲学人的存在及其意义 [M]. 昆明：云南人民出版社，2002：38.

三、主体性的困顿

近代哲学以认识论为核心确立“主客二分”的基本方法论后，就完全呈现出一派主体性哲学的繁荣。但是随着时代的发展，主体性哲学的局限性日益显现。正如阿多诺在《否定的辩证法》中指出：“西方哲学或形而上学从一开始就迷恋主体性，这种迷恋付出了代价：作为‘对其最贵的惩罚’，认识论的主体被‘永久监禁在它的自我之中’，被判定像‘城堡中’的骑士那样去看世界。”❶

（一）主体性被禁锢在抽象的自我或精神当中，导致部分主体性哲学研究思路陷入唯我论困境

近代西方哲学中对主体性的大量探讨均把人看作理性存在物，把主体性定位为抽象的理性、意识或者精神，即便提及外部世界和经验，也都把它们作为绝对精神实现自我的环节或桥梁，认为单纯考察纷繁复杂的现象，根本无法获得关于规律性、普遍性的认知。康德把外部世界当成一个存在杂多认识材料的无序世界，“头上的灿烂星空”尽管令人敬畏，但对“内心道德法则”却影响甚微。因此，阿多诺就尖锐地指出，这种主体性丧失了与那种预设“主体与客体的灿烂星空”的“真理”性联系，“主体的真理要素只有在与它的关系中，才能展开——并非通过关于它的存在或给定的自我中心的断定”❷。继而，抽象主体的绝对在先性在胡塞尔手中发挥到极致。

作为现象学大师，胡塞尔一直为“认识如何能够确定它与被认识的客体相一致，它如何能够超越自身去有把握地切中客体”这一问题所困扰，认为认识论便是对认识可能性的哲学反思及对理性的批判❸。在选择研究进路时，胡塞

❶ 弗莱德·多迈尔．主体性的黄昏 [M]. 万俊人，译．上海：上海人民出版社，1992：48.

❷ 同❶：49.

❸ 埃德蒙德·胡塞尔．现象学的观念 [M]. 倪梁康，译．上海：上海译文出版社，1987：3.

尔采用笛卡尔提出的怀疑、悬置方法，认可思维的绝对明证性❶，不断追问：为什么思维的存在如此明证，而自然的认识却是如此可疑？也就是说，认识是人的认识、主观的体验，被束缚在人的智力形式上，而一切非我又只不过是现象，内在认识的思维如何能够切中外在于它的事物的本质呢？

悬置对于胡塞尔而言是一个非常重要的思考方法，通过悬置外在世界，现象学所关注的是由先验主体通过纯粹❷❸意识体验构造出的可能世界，把经验论者通过感觉所获得的事实性世界完全排除在外；通过悬置心理主体，把先验主体可能由于心理或偶然性建构世界的可能性排除在外，彻底还原现象学，斩断了意识与客观的实体世界及主观的人身体主体的关联，使意识成为一个具有绝对独立性和无限性的领域。那么如何进行彻底的现象学还原呢？胡塞尔确立了一个非常重要的分析工具——本质直观，本质直观在胡塞尔思想及整个现象学运动中具有中心地位。一般而言，直观是指通过对客观事物的直接接触而获得的感性认识。如柏拉图所言为感性直观——直观的内容是感觉、知觉的体验。直观也因其具有的感性特征而为康德等哲学家所不屑。胡塞尔则提出了完全超越感性直观意义的本质直观，“本质直观根本不依赖实际经验观察的积累——它根本上是观念的”❹。本质直观所看到的是超越肉眼所见范围的一种对纯粹观念世界的自身呈现。“这种纯粹本质世界的呈现相对于我，相对于你，相对于所有人，相对于一切可能性主体，都是可以沟通和认可的。”❺胡塞尔也正是基于此而打破别人对其思想存在唯我论倾向的诟病，力图在主体中达到一种相对于一

❶ 明证性是胡塞尔现象学中一个非常重要的概念，明证性是指明确、无疑的直观本身。思维的绝对明证性是指思维是一种绝对的被给予性，是绝对内在的。

❷ 关于纯粹，康德曾认为：“凡一切表象其中绝无感觉之成分者，我名之为纯粹的（此就先验的意义而言）。”这在反思中剔去经验资料的思考形式。

❸ 伊曼努尔·康德．纯粹理性批判 [M]. 蓝公武，译．北京：商务印书馆，1960：48.

❹ 埃德蒙德·胡塞尔．现象学与哲学危机 [M]. 吕详，译．北京：国际文化出版公司，1988：26.

❺ 高秉江．胡塞尔与西方主体主义哲学（第 2 版）[M]. 武汉：武汉大学出版社，2005：117.

切可能主体都有效的客观性。然而，胡塞尔的现象学自始至终都是一种主体主义，在主观性中寻求客观性，在自我主体内超越自我的有限性，结果只能使主体不断纯粹化、先验化，从而保证通过主体呈现现象的普遍必然性和绝对性，进而通过先验主体意向性构造世界，也一直挣扎、徘徊于唯我论的界限中。

（二）建立在主客二分基础上的主体性哲学，将人的活动界定为主体对客体的征服和构造，成为人类中心主义的重要认识论来源

世界主客二分的认识论体系构成了近代哲学最经典的思维框架。人在实践认识活动中当仁不让地取得了支配地位，使实践性成为主体性极其重要的理论内涵时，也使其自身逐渐获得与巩固了从外在物质世界分化出来、利用物质资源、协调人和自然关系甚至重构生活秩序的主导性角色。主体性所内隐的自主性、自动性、目的性、创造性，也多彰显为人在实践活动中主体作用的发挥。其实，主体作用也经常更直白地表述："把对象性活动施加于客体，是客体按照主体的需要和目的发生改变的主导作用。"❶正是依托于主客体的对象性活动，主客体关系得以建立——对象性活动的施动者成为主体，对象性活动的受动者成为客体，主体的能动性、自主性、创造性通过实践活动表现出来，使主体的主体性从潜在走向现实，得以充分呈现。

然而，人主体性地位的取得并不是一帆风顺、一蹴而就的，而是在关于自然、社会乃至自身认识日渐成熟中，经历了一次次从无所谓主体意识与自我、个人臣服于自然，到世俗统治者与民众臣服于宗教意志，再到"知识就是力量""人为自然立法"等强大信念支撑下自我意识觉醒的漫长历程。

近代科学及工业文明的发展，进一步坚定了"生产力是人改造和征服自然

❶ 沈晓珊，李林昆．主体性概念试析 [J]. 哲学动态，1991（4）：20-23.

的能力”的科技理性，以及人对自身认识能力的空前自信。科技理性像一把去魅的利剑，不断揭示自然奥秘，使自然在人类社会发展场景中一步步沦落为消极、被动的对象化存在，迅速转化为保证人们富足生活的物质产品，无条件地满足人类生存与发展不断膨胀的物质欲望；与此同时，在与自然的相互作用中，人对自身能力的强大自信也使其不由自主地将自身利益置于首要地位。人类的利益成为我们处理自身与外部环境关系的根本价值尺度❶。在这一尺度衡量下，外在世界被简单切割为可为我所用的资源和不可利用的废物，从而导致森林、矿藏、淡水等资源遭到掠夺性开发，土壤大规模沙化，少数物种濒临灭绝，空气、淡水受到极大污染。因此，不可否认，人类中心主义的认识论立场与当今时代生态危机的爆发具有不可避免的联系。高扬主体性旗帜的人类中心主义并未把自然置于与人同等的地位，并未充分尊重自然的内在价值，并未确立人对自然的道德责任与义务，从而使人在主体性得以实现的过程中向着背离自然价值的方向越走越远，成为摧毁人自身赖以生存的自然世界的破坏性力量。

人作为处于支配地位的主体性力量，在创造一切为人之所用的对象时，也不断被这些物质利益所驱使与奴役。例如，作为交换行为的媒介，货币以其自身的独特价值属性为物品的交换提供了便利，如今却成为人们毕生追逐的目标。在这一过程中，人性遭遇压抑乃至扭曲、异化的危机。因此，西方传统哲学在把主体性思想推上巅峰时，也埋下了主体性思想受到抨击、几近崩溃、生发出崭新范畴的可能性。

（三）主体性哲学以认识论为依托，过于关注主体之于客体的支配关系，忽视客体本身的存在维度和建构作用

认识论视野中的主体性哲学，肯定人类改造自然的活动是人的本质力量外

❶ 汪信砚．人类中心主义与当代的生态环境问题 [J]. 自然辩证法研究，1996：13-17.

化的过程，是人按照内在价值尺度度量外部世界的结果。因此，在一定社会关系中从事实践活动的人，为了生存和发展不断从外部世界获取物质、能量和信息，尚未加工的自然资源、经过人类加工的物质产品、建立的社会结构及科学、道德、艺术、宗教等社会意识现象和精神产品，乃至非我的其他人本身，都无一例外地成为对象性活动的客体。而且由于主体实践活动的指向性，客体往往居于认知活动的另一端，获得并保持客体身份。这一思维必然使客体在主客关系中十分消极、被动。不仅如此，长期以来与“我”相似又相异的“非我”也被当作对象化活动指向的客体，游离于主体范畴之外，客体乃至他者的自主性、能动性、建构性均受到严重忽视。

基于此，梅洛·庞蒂曾对人在世界中的地位及人与外部世界的关系进行深刻反思，提出“主体与客体之间的关系不再是古典唯心主义所设定的认知关系——在此，客体似乎总是主体的建构物；而是存在的关系——在此，通过两种关系的易位，主体就是他的身体、他的世界、他的境遇”。他在《知觉现象学》中也提出：“世界不是我知道其制造规则（如同我的拥有物）的客体；它是我所有思想和所有清晰知觉的自然背景和视野。真理不只是‘内在’于‘精神的人’；或更确切地说，并没有精神的人，人就是世界，只有在世界中，人才认识他自己。”❶在这里，梅洛·庞蒂充分关注到客体的存在及其对主体的重要意义——人都是真实存在于世界当中，外在的世界为人提供了交往的现实背景与生活情境，对于主体而言具有非常重要的参照、建构作用。当客体与他者的存在或建构意义从未被重视时，人往往陷入不惜任何代价维护自身欲望、保护自身利益的旋涡之中，从经济中的唯利是图，到政治上的战火纷飞，再到对自然的疯狂开发与极致破坏，人类社会挣扎在自己造成的危机中无法自拔。

❶ 弗莱德·R. 多迈尔 . 主体性的黄昏 [M]. 万俊人，译 . 上海：上海人民出版社，1992：46.

主体性哲学日益走向极致的同时，也使它弊端尽现。为了规避矛盾与陷阱，反思与超越主体性哲学成为一个重要命题，主体间性也随之诞生。

第二节　主体间性思想的诞生

主体间性即交互主体性，体现多元主体间的交互关系。主体间性不是反主体性，不是对主体性的绝对否定，而是对主体性的扬弃。首先，主体间性涉及对多元主体的承认问题。主体间性不是把自我看作原子式的个体，而是共同存在于社会之中的主体与主体间的共在关系。其次，主客体之间的关系也不仅为主客二分基础上主体征服、改造客体的单向支配关系，而是自我主体与对象主体互为映射和参照的交互关系。

"主体间性重新审视了自我与他人、个体与社会的多元关系"❶，是从现代主体中心的一元理性向多元理性、从先验自我向世俗自我、从理想世界向日常生活世界的重要转向。对于主体间性，许多学者都从自身学科与研究角度对其进行阐释。在诸多观点中，以下三种观点尤为引人瞩目，在主体间性研究中具有推进性意义：胡塞尔首次提出"主体间性"概念，虽然还仅为先验自我的映现，却使主体间性思想在长期存在的主体性哲学中得以崭露头角；以海德格尔、萨特为代表的存在主义者更多关注到世界的存在论意义，充分肯定了非我存在的必然性与现实性，使主体间性的合法性得到保障；列维纳斯的"他者"研究相对细致地分析了他者的存在意义，提出他者就是非我，就是与我的不同与对立，这一思想突破了长期以来普遍认同的"他者与自我具有一致性"的传统看法，为开阔主体间性研究视角做出重要探索。

❶　胡永红．论间性视域中的体育学 [J]. 武汉体育学院学报，2010（5）：27-32.

一、胡塞尔对“先验主体间性”的最早尝试

主体间性，对应英文 intersubjectivity，由 subjectivity 加前缀 inter 构成，意图表明复数主体间的交互关系。在日常生活中，复数主体是非常常见的现象，他人与我的共在也是无须多言的事实。然而，在哲学的思辨分析中，经验现象由于其自身的杂多与不确定性，受到诸如唯理论、现象学等的怀疑与排斥。

胡塞尔在现象学还原中就提出：“对于我们来说，排除自然是使我们将目光转向先验纯粹的一般意识的方法手段……作为自然存在和作为人的联合体的‘社群’中的存在的人被排除了。”❶自我作为先验的认识主体是我的纯粹意识体验，是悬置一切、功能空灵、包容一切的先验存在，“这样的一个在中止判断中所发现的、自为存在的自我，在它之外是不可能有其他的一个或许多同类的自我的”。❷胡塞尔主张先验纯粹的自我能够吞噬一切“非我”的外在世界及个体，并不考虑是否存在与先验自我具有同等功能的“另一自我”。然而，实际上，我之于“我思”具有存在意义上的在先性，自然实体之我的语言交往、社会实践都是“我思”得以发生的重要源泉，但这些却又被胡塞尔作为自然主义排除掉了。因此，胡塞尔至大无外、囊括一切的先验自我，无可争辩地陷入唯我独白的泥淖中不可自拔，成为饱受攻击的一处软肋。

面对先验唯我论的批判和指责，胡塞尔力图通过建构多元的主体间性打破困境。他在彻底摒弃物质实体的基础上，认识到他之前探讨先验自我论“只是最底层的现象学，而不是完整的先验现象学，一门完整的先验现象学显然还包含由先验唯我论通向先验交互主体性的进一步途径”❸。他在《笛卡尔式的沉思》

❶ 埃德蒙德·胡塞尔 . 纯粹现象学通论 [M]. 李幼蒸，译 . 北京：商务印书馆，1996：150-151.

❷ 埃德蒙德·胡塞尔 . 欧洲科学的危机和超验现象学 [M]. 张庆熊，译 . 上海：上海译文出版社，1986：98.

❸ 高秉江 . 胡塞尔与西方主体主义哲学（第 2 版）[M]. 武汉：武汉大学出版社，2005：163.

中的“第五沉思：对作为单子论交互主体性之先验存在领域的揭示”部分中，集中探讨了他人自我何以存在及如何被经验获取和把握到的问题。

胡塞尔首先肯定了非我的存在性，他说：“在我之内，在我先验地还原了的纯粹的意识生活领域之内，我所经验到的这个世界连同他人在内，按照经验的意义，可以说，并不是我个人综合的产物，而只是一个外在于我的世界，一个交互主体性的世界，是为每个人在此存在着的世界，是每个人都能理解其客观对象的世界。”❶但是他不认为他人（非我）的存在是对先验自我的否定或拒斥，相反，胡塞尔找到了一条从自我内在性中通往他人的超越性道路，“我是在我之中经验并认识其他人的，他自己在我之中构造出来……单子群体纯粹是在我这个沉思着的自我中，纯粹从我意向性的根源处为我地构造出来的”❷。胡塞尔把“经验”与个体事物密切关联，强调“经验”是“个体事物的明证性”，经验作为一种意见，不同于作为认识的判断，而且具有视域结构的经验世界在一定意义上成为“生活世界”。

在《笛卡尔式的沉思》中译本中，胡塞尔多次使用“陌生经验”，如第 43 节“作为陌生经验构造理论之先验线索的他人在意向对象——存在状态上的被给予性方式”、第 50 节“作为‘共现’（相似性统觉）的陌生经验的间接意向性”、第 51 节“‘结对’作为一联想方式构造的陌生经验之组成部分”等。那么，“陌生经验”何以“陌生”？这从倪梁康的《胡塞尔现象学概念通释》标注的“陌生经验”的英译词语中可以有所了解：“陌生经验”对应的英语翻译是 experience of some one else 或 experience of something other。可以看到，“陌生经验”就是指他者经验、他我经验❸。这里的“陌生”较为准确的内涵应该为“非

❶ 埃德蒙德·胡塞尔．笛卡尔式的沉思 [M]. 张廷国，译．北京：中国城市出版社，2002：125.

❷ 埃德蒙德·胡塞尔．胡塞尔选集 [M]. 倪梁康，译．上海：三联书店，1997：933，916.

❸ 倪梁康．胡塞尔现象学概念通释 [M]. 上海：三联书店，2007：167.

我”，因而客观世界中预设了一个其他自我的构造，它们在形式上独立于自我之外，间接地通过类比推理或同感而被给予。

那么，多个具有同等地位与功能主体的相互承认，以及对某一对象事物达成共同理解的可能性，成为胡塞尔主体间性首先要考虑的问题。在胡塞尔理论体系中，“他人对我而言，是作为有灵魂的身体而存在的，我根据一种类比化的统觉而将它认之为此”❶。因此，“同感”“共现”等词语均多次出现在他的论述当中。同感，是指对他人的经验，是在我的本己躯体与一个外部被感知的躯体之间的感知相似性。这种相似性并不是物理形式的相似性，更多是指直接感知的对应性。不仅如此，胡塞尔把“同感”定义为“建基于心灵本身之中的涉及原样式”，作为自我的一种能力，是“一种我现在与他人的现在相合的方式”。关于“共现”，胡塞尔则认为：“在陌生感知中，以体现的原本方式被给予的仅仅是他人身体的部分物理方面，而他的其他物理方面及他的整个心理方面则始终只能被共现出来。”❷这表明，对他们身体和心理的感知是一同被给予的，是一种通过对他人身体的原真性体现而引发对另一个自我内在性的间接认识。由此可见，胡塞尔在交互主体性何以可能问题上花了许多心思，进行了大量思考，即便并未给出一个令他自己及后继者满意的答案，却打开了交互主体性研究的窗口，开拓了一个主体性研究之外的崭新领域，成为后来者一直在争论的本体论和认识论话题。

二、海德格尔的他人“共在”

胡塞尔作为现象学大师，主张通过悬置经验材料、关注事物显示方式、揭

❶ 倪梁康. 胡塞尔的交互主体性现象学 [J]. 中山大学学报，2014（3）：83-91.

❷ 倪梁康. 超越笛卡尔——试论胡塞尔对意识之“共现”结构的解释及其潜在作用 [J]. 江苏社会科，1998（2）：69-76.

示被蒙蔽的意义，“回到事物本身”，对隐藏在现象背后或深处的本体或本质进行研究。现象学中的显现是在意识中发生的，“事物本身”也是在意识活动过程中显现出来的，因而具有先验性和纯粹性。应当看到，胡塞尔开启了西方哲学的现象学运动，这为19世纪末20世纪初由于自然科学“入侵”致使研究对象可能丧失的哲学注入了一支“强心剂”。继胡塞尔之后，海德格尔、梅洛·庞蒂、雅思贝尔斯等人拓展了胡塞尔开创的现象学领域，进而发展出存在主义哲学，对人的存在进行深刻研究。

海德格尔作为胡塞尔的学生，曾被胡塞尔认定为最能承其衣钵的接班人，却在“事物本身”的源头与胡塞尔发生了分歧，导致两个人分道扬镳。按照胡塞尔的观点，事物的本质是在意向活动中呈现出来的，先验自我排除了关于具体事物经验、想象和思维的全部内容，只剩下能够自我显示的纯粹自我，在时间的沉淀中以现在为中心保存过去、延伸未来，成为确定的、绝对自明的真理。海德格尔则认为，任何显现虽然是对人的显现，但其最根本问题并不是显现在人的先验自我中，而是以人的存在为前提。人先要理解自身的存在，才能思考存在的意义，从而使他思考的核心问题由认识论转向存在论。

海德格尔在《存在与时间》开篇就说明：“当你们用‘存在着’这个词的时候，显然你们早就很熟悉这究竟是什么意思。不过虽然我们也曾相信领会了它，现在却茫然失措了。”“我们今天之所以茫然失措仅仅是因为不领会‘存在’这个词吗？不，所以现在首先要重新唤醒对这个问题意义的领悟。”❶他认为“存在”一词虽自古希腊时期就已出现，但是人们却把它当作理所应当的，并未更多追问存在的意义。实际上，存在者之所以被界定为存在者根源就在于他存在。当人领会存在者的存在时，才能真正领会存在者。所以，当人对存在的意义问题进行思考时，就已经进入存在主义的研究视野，存在问题在存在论上具有优先地位。

❶ 马丁·海德格尔.存在与时间[M].陈嘉映，王庆节，译.上海：三联书店，1987：1.

海德格尔进一步用“此在”来界定人这种存在者，并把对人存在的分析作为存在论的起点和基础，指出：“此在的‘本质’在于它的生存，这个存在者为之存在的那个存在，总是我的存在。”[1]这表明，此在实际生存着，人的存在首先是在世上存在，既包括与外部事物打交道、与他人交往，也包括人的内在生活。常人自己的这种非本真的日常生活就是一种“沉沦着展开的、被抛地筹划着的在世”，“这种在世为最本己的能在本身而寓‘世’存在和共他人存在”[2]。因此，海德格尔并不否认人在日常生活中的公众性。“此在”虽在内涵上是“我是”“你是”，但每一个“此在”都是一个单独的自我，总在不断筹划、选择和超越自己。“此在”作为在世的存在处于敞开状态，在与外部世界、他人构成系统结构的同时，又由于处于某种被抛弃的状态，而被许多现实情绪填满，“只要此在是‘在世的存在’，它就彻头彻尾地被烦所支配。‘在世’打上了烦的印章，这烦与此在是一而二二而一的”[3]。可以看到，海德格尔对“此在”的分析是把它置于客观世界当中，同时也关照到社会生活中个人的烦、畏、死亡等非理性因素。“此在”只有超越了非本真状态，才能领会到自己本真的存在。

“此在”只有生存着才是它的自我，必然要生存在日常世界之中，那么“此在”存在的世界就不是只有他自己存在，而是“我和他人共同分有的世界”。针对这一问题，海德格尔分两个层面进行分析：首先，他把与此最相近的周围世界描绘为，“此在”在使用某种工具时与工具随同的他人“相遇”，走着的湿地属于某人管理、用着的书是从某地买来或某人赠送的，连停泊靠岸的小船都会指向一个用它代步的人。“这些在周围世界上手的用具联络中如此‘照面’的他人不能简单地被联想到一个首先只是现成的物上去。这些‘物件’是从这样一

❶ 马丁·海德格尔．存在与时间 [M]. 陈嘉映，王庆节，译．上海：三联书店，1987：53.
❷ 同❶：220.
❸ 同❶：243.

个世界方面来照面的：他们在这个世界中对于他人是上到手头的，而这个世界自始也总是我的世界”❶。于是，通过使用工具，我的世界与他人的世界得以相遇，但是也仅把在世界之内照面的东西界定为工具，即不具备此在性质的存在者。接着，海德格尔指明，他人在世界内的照面与工具的照面方式是不同的。此在的世界是对一种存在者的开放。这种存在者和工具或物与此在的照面方式是不同的。它是按照其自身也作为此在的方式存在的，与此在采取相同的“在世”方式存在于世界当中，又以在此在世界之内的方式同此在来照面。因此，这种存在者不是工具，而是像此在一样存在。它与此在共同在此，即此在的世界是与他人共在的世界。

关于他人，海德格尔给出自己的认识：“‘他人’并不等于说在我之外的其余的全体余数，……他人倒是我们本身多半与之无别，我们也在其中的那些人。”因此，他人作为人不仅同我自己一样具有此在的意义，而且由于这种共同在世之故，世界就是我和他人共同分有的世界，“他人在世界之内的自在存在就是共同存在”❷。

可以看到，海德格尔的他人“共在”思想，肯定了人的存在同时也肯定人生活于其中的自然、社会的存在，它们都具有存在论上的意义。就此在与他人的关系而言，海德格尔认为：“这个存在者是在与他人无涉的境界中存在着，然后也还能‘共’他人同在。”❸这里，“我”并不是因为有和我一样的他人的存在而与他人共在。换言之，“此在不因为他人的存在而共在，即使他人实际上不是现成摆在那里，不被感知，共在是在生存论上规定着此在，此在之独在也是在世界中共在。而且即使有十几个他人出现在我旁边，我也能够独在”❹。这一论述

❶　马丁·海德格尔．存在与时间 [M]．陈嘉映，王庆节，译．上海：三联书店，1987：145.

❷　同❶：146.

❸　同❶：148.

❹　同❶：140.

表明，共在、独在都是此在的内在属性。共在不因他人的存在而改变，独在也不因他人的存在而消亡。

综上，海德格尔的思想从本体论意义上肯定了人在生存上的意义，并通过工具的使用把他人引入此在的世界当中，肯定了人在世界中的共在属性，是对胡塞尔先验唯我论的挣脱，是对他人在世界中地位的认可。

三、"我—非我"交往关系确立❶

主体间性范畴得以成立的前提是脱离自我控制的他人的出现，以及他们作为共同主体的互动。从胡塞尔到海德格尔的思想，已经使他人由自我的设定逐渐演变为现实存在。尽管与自我还有着不可分割的关系，但相对于主体性哲学下他人的隐匿状态，已有巨大进步。

主体间性研究的推进必然要超越主体间关系的空泛论述，转而对他们的交往活动进行更细致的剖析。由于内隐交互性，主体间性就其本质而言并不是单向度的传递与控制，而是交往主体间、与对象间相互作用、相互影响的过程。它们的交往关系更成为交往参与者在此基础上形成的互为参照、互相体认的互动关系。于是，找到可与主体发生交互作用的其他主体是主体间交往关系成立的首要工作，是深化主体间性研究的必然选择。因此，只有从更微观的视角完成对主体间互动关系的考察，才能扭转主体性哲学阶段多元主体对象化、隐匿化的状况，解决多元交往主体缺位的问题。

通观前面论述的多位西方哲学家的代表思想，不难发现，诸多学者纠结于非我从何而来的问题不能自拔。这表明，找寻其他主体的过程基本包括两

❶ 郑克岭，颜冰，苗壮．交往理论历史演进脉络的哲学解读——从交往现象到交往行为的嬗变 [J]. 学术交流，2013（3）：24-27.

条不同路径：一是在自我意识内部对我与非我关系的建构；二是走出自我意识的藩篱，在自我与他者的照应中完成主体间关系向现实的转身。这两条路径作为主体间关系研究的逻辑线索交替出现。后一条路径逐渐占上风暗合了人类思想由原始抽象到具体的演进历程。人逐渐从对主体性的迷恋中摆脱出来，不再以一种否定性态度审视非我或他者，而是将其置于越来越同等的地位进行考察，为主体间性的勃兴奠定了基础。当交往主体与对象日益现实化的同时，交往关系也越发回归于现实的社会情境，逐步发展为一种以劳动为中介的实体性关联。

在自我意识建构交往关系时，许多学者一方面专注于自我的绝对性与先验性，如费希特就倡导无条件的自我意识一般，即绝对的自我，不仅是经验的根据，也是超验知识的根源。以行动为本质特征的自我不仅设定自我，而且也凭借想象力来设定非我。自我在表象世界中，始终处于与非我的相互作用中，即“没有无限就没有限制，没有限制就没有无限，无限与限制是在同一个东西中统一起来的”❶。费希特由此建立了存在于表象世界的自我内部的对立与统一，即便是想象中的对立与统一，也勾勒出了主体互动的辩证形式。但他还主张人的“社会本质”，提出“人（所有真正有限的存在物）只有在人群中才成为人……如果确实应当存在着人，就必定存在着许多人”“社会意向属于人的基本意向，人注定是要过社会生活的”❷。他还提出个体必须依据一切与他有关的其他人的自由概念，限制自己的自由，确定行动界限，从而把个人意志与共同意志统一起来，建构一个自我保存的整体，从而构成国家❸这一共同体。

❶　费希特．全部知识学的基础 [M]. 王玖兴，译．北京：商务印书馆，1986：133.

❷　梁志学．费希特著作选集（第 2 卷）[M]. 北京：商务印书馆，1994：296-297，18.

❸　张志伟．西方哲学史 [M]. 北京：中国人民大学出版社，2004：597.

黑格尔的《精神现象学》不仅延续了费希特“自我意识因对方承认而存在”的思想，还通过主奴关系的引介丰富了可能出现的交往主体及其关系。他强调“自我意识是自在自为的，这是因为它是为另一个自在自为的自我意识而存在的”。也就是说，它所存在只是由于被对方承认。黑格尔阐明在自我意识存在的背后，还隐性地存在另一个自我意识，二者之间是“相互承认”的关系，即“承认它们自己，因为它们彼此相互地承认着它们自己”。这种“承认”实际上指自我意识的认同——主体身份的确认。也就是说，自我意识必须在另一个自我意识提供参照的情况下，才能确证自己的存在，而主体身份的建构也只有在相互承认中才有可能出现。“确认”行动具有双重意义，“不仅是因为既是对自己的也是对对方的,同时也因为一方的行动与对方的行动是分不开的”❶。不仅如此，黑格尔还揭示了“两个正向反对意识形态”在交往关系中的非对等性，即以人们分别居于支配和隶属地位为先决条件的统治（或理性的）功能和服从（或非理性的）功能——主人与奴仆的存在。在二者的交互运动中，“主人是通过另一意识才被承认为主人的”，奴仆则“扬弃了他自己的自为存在或独立性”，不能掌控自己的命运。做主人要求他的事，达到绝对的否定性，也就导致了“片面的和不平衡的承认”❷。然而，与此同时，由奴仆代替主人从事的劳动又能够陶冶心灵，使他们在劳动中意识自身的同一性，即本身是自在自为的存在，自我意识成长起来。这样每个人都视自己为主体，处于自然之外，且尊重对方意志的实在性，受到共同道德法则的要求，存在于共同体中。在这里，黑格尔率先引入了劳动的概念处理人与人之间的交往关系，不仅以劳动为中介达成了主人与奴仆辩证关系的和解，还强调劳动是满足人需要的重要手段，为主体间关系研究的深化开启了崭新的视角。但是，应该看到黑格尔提出的是“主奴”关系，

---

❶ 黑格尔 . 精神现象学（上）[M]. 贺麟，王玖兴，译 . 北京：商务印书馆，1979：124.

❷ 同❶：128.

二者实际上并不具有同等的地位，存在主体对他主体的操纵和控制，因此还不能够算作完全意义上的主体间交往关系。

作为黑格尔精神哲学体系的批驳者，费尔巴哈在他的人本学中以感性存在的人的现实理性为出发点，强调哲学必须摆脱思辨，拥抱自然，介入生活。他主张人只有作为一个“类”，才具有人的本质，即人的真正本质是他的“类本质”。虽然“人的本质只包含在团体之中，包含在人与人的统一之中，但是这个统一只是建立在‘自我’和‘你’的区别的实在性上面”❶。这里的“类”就是把个人自然地联系起来的共同性，把人与人之间的关系作为“我”与“你”互动的统一性。换言之，人不能离开“以人为中心”的社会关系，而且只有在“类”的社会关系中互相补足、改善自己、提高自己，才能成为拥有类本质的人。❷费尔巴哈突破了自费希特以来“我—非我”的框架，赋予交往对象同等的主体地位——“你”的身份，形成“我—你”的互动关系，强调“真正的辩证法并不是寂寞的思想家的独白，而是‘自我’和‘你’之间的对话”❸，使主体间成为一种感性、现实的关系而影响人们的日常生活。

费尔巴哈的“类本质”思想在马克思那里得到了延续。不过，马克思汲取了黑格尔和费尔巴哈的思想精华，充分肯定人的群体性和社会性，将之规定为人类的本质，并进一步推进了他们的理论。他指出，费尔巴哈“除了爱与友情，而且是观念化了的爱与友情外，他不知道‘人与人之间’还有什么其他的‘人的关系’”❹,应从现实人的实践活动——劳动出发探讨人的社会性。“整个所谓的世界历史不外是人通过人的劳动而诞生的过程，是自然界对人来说的生成过

❶ 费尔巴哈 . 费尔巴哈哲学著作选集（上）[M]. 荣振华，李金山，译 . 北京：商务印书馆，1984：185.

❷ 谭鑫田 . 西方哲学教程 [M]. 济南：山东大学出版社，1996：447.

❸ 同❶：185.

❹ 马克思，恩格斯 . 马克思恩格斯选集（第 1 卷）[M]. 北京：人民出版社，1995：78.

程”❶，作为人的本质属性和生存方式，劳动是人类社会生活的本质内容。人之所以与动物相区别，就在于人不仅能够生产满足自己生活的物质资料，还能生产物质生活本身。人的生活方式必须“同他们的生产相一致——即和他们生产什么一致，又和他们怎样生产一致”。“因此，个人是什么样的，这取决于他们进行生产的物质条件”❷。由此，马克思对人与人间的交往内涵进行了说明：“我在这里使用的‘commerce’一词是就它的最广泛的意义而言，就像在德文中使用‘verkehr’一词那样。例如，各种特权、行会和公会的制度、中世纪的全部规则，曾是唯一适应于既得的生产力和生产这些制度的先前存在的社会状况的社会关系。”❸

马克思和恩格斯在他们共同撰写的《德意志意识形态》中第一次提出交往关系理论，强调交往关系既包括人与自然的交往关系，也包括人与人的交往关系，而且二者互为前提，“生产本身是以个人彼此之间的交往为前提的，这些交往形式又是由生产决定的”❹。可见，马克思将人与人之间的交往关系建立在劳动社会性的现实基础之上，从而克服了费尔巴哈“人”类本质的抽象性，以及旧唯物主义脱离物质生产实践考察人类社会发展史的局限，使主体间交往关系血肉丰满地出现在世人面前，这是主体间交往关系研究发展的一个重要里程碑。

马克思与恩格斯在历史唯物主义中将交往与生产置于同等重要的地位，认为交往与生产构成社会实践活动的重要内容，“它表征社会个体或群体之间，以及个体—社会之间相互交换其活动、产品、工具，以及交流、传递其能力、

❶ 马克思，恩格斯 . 马克思恩格斯全集（第 42 卷）[M]. 北京：人民出版社，1979：131.

❷ 马克思，恩格斯 . 马克思恩格斯选集（第 1 卷）[M]. 北京：人民出版社，1995：67-68.

❸ 马克思，恩格斯 . 马克思恩格斯选集（第 4 卷）[M]. 北京：人民出版社，1995：533.

❹ 同❷：68.

观念、情感、意志等以达到理解、协调、合作、一致的相互作用”❶。马克思与恩格斯意义上的主体间交往范畴，“概括了全部社会物质生活和精神生活中人与人之间物质的和精神的变换过程，是交往主体凭借一定方式、手段和工具与交往对象之间交换其活动、能力及成果的过程”❷，这实为认识论上的一次飞跃。马克思极富智慧地把交往关系分为物质交往和精神交往两个层面，是对交往关系内涵的深度提炼。孤立的个人无法生存，必须与他人建立交互作用的交往关系。这一关系又必须以使他们的生存得到保障为前提，即以物质交换为基石。通过物质产品的交换，交换者利益需求得到满足的同时，交换行为在社会生活中才能获得合法的地位，成为经常性活动。为了保证物质交换关系的持续和稳定，超越家庭的现代企业（此时还仅为工场手工业）也日渐兴起，使人在企业中的交往关系得以萌芽。然而，人与人之间的交往不会止步于此。在物质交换过程中，他们还进行认知、情感等方面的交流和沟通，从而建构出人类精神交往的雏形。因此，马克思的交往理论极大地开阔了后继者对社会情境中交往研究的视野，为后续的社会分层理论、社会交换理论等思想的诞生奠定了基础。

简而言之，这一阶段对交往问题的关注集中于从群体（整体）层面对交往关系的探讨，强调人的群体性和社会性。研究主题从自我意识中的相互承认到主奴间的服从与支配，再到追求“我—你”对话统一的“类本质”，乃至以生产为基础的交往关系模式的变换，均表明人们对彼此的交往关系的认识逐渐摆脱意识哲学的窠臼，回归到具体、历史的考察视野。交往关系日益走出人的主体意识活动，成为人与人之间在生活世界中发生的有机联系。

❶ 朱葆伟，李继宗，交往·主体间性·客观性 [J]. 哲学研究，1992（2）：19-28.

❷ 郑召利 . 哈贝马斯的交往行为理论：兼论与马克思学说的相互关联 [M]. 上海：复旦大学出版社，2005：157.

第三节　主体间性的核心维度❶❷❸

近代以降，理性主义哲学一直雄霸于西方思想界。在以理性利剑颠覆中世纪神祇的至高权威后，主体性旗帜得到前所未有的高扬。从认知对外在客体的符合，到对象必须符合主体的先天认识形式，理性的权能不断膨胀。经验作为知识来源因其自身的缺陷并不能自在地成为知识,也被送进理性的加工坊。于是，人以理性为自然、为人自身立法，成为世界的主宰。这一状况使崇尚理性的主体性哲学达到巅峰。人们沉浸于“我是谁”“我来自何方”的主体性追问不能自拔。就其本质而言，主体性哲学一直以自我的抽象同一为预设，倡导人类本质的自我确证，从未考虑与我同类的他人的分化和主体地位。这一状况直到现代哲学对生活世界的回归才有所转变。生活世界尊重充实、具体的人，认为我与他人都具有价值相当的存在意义，应当得到同等关注。因此，主体间性对交往中交互主体的关注，实则奠基于他者合理存在身份的取得。换言之，当他者与自我共在之时，主体间性才得到显示与表达。所以，主体间性得以彰显的过程就是他者确证自身、自我与他者建立交往关系、发挥交往能力的过程。

一、主体与他者

作为交往对象的他者，是主体间性生成的理论前提，也是交往活动发生的基础——为交往提供了不可或缺的主体要素。缺乏他者，就没有了交往的必要和可能，也就无所谓主体间性。

---

❶ 郑克岭，颜冰 . 西方交往理论的哲学审视 [J]. 理论探讨，2013（3）：70-72.

❷ 郑克岭，颜冰，苗壮 . 交往理论历史演进脉络的哲学解读——从交往现象到交往行为的嬗变 [J]. 学术交流，2013（3）：24-27.

❸ 颜冰，苗壮 . 西方哲学视野中交往研究的视角转换及其对多学科的渗透 [J]. 大庆师范学院学报，2014（4）：1-4.

对他者的认识经历了漫长的过程，当主体性哲学一方独大时，即便存在他者，也被强大的主体意识所隐藏，进而被置换为透明的存在。因此，关注人本质生存状态中不同于自我的“非我”存在，仅是他者进入人们研究视野的第一步，还需要在认可他者存在的前提下，审慎考量自我与他者的关系，恢复他者帮助自我建构主体身份的能力，分析生成中的他者承载主体性意义的过程性，从而为主体间性从理论抽象走向实践奠定基础。

（一）完全殊异于自我的他者

通过前面对胡塞尔的“通过移情建构与自我具有一致性的他人”、海德格尔“通过工具与他人世界相遇”、黑格尔的“主奴关系”等思想的阐释，可以看到他人从作为自我的映射，到存在论意义的存在，再到因自我意识的相互承认获得合法性，在内涵上不断丰满，逐渐在主体间性研究中获得认可。然而，也应看到，以上关于他人世界的观点都与自我关系密切，或者以自我反思为前提推演他者，或者即便承认他人的存在却未能确认对此在的影响，人仍然可以“被孤单地关闭在他的孤独、畏惧和作为终结的死亡中”❶，或者虽然强调“自我通过他者才能达到自身”，但否定之否定的辩证思维必然导致其最终关注的是他者与自我达成和解的同一，它们均或多或少地映射了这样一个逻辑假设：他者与自我具有内在同一性，他者往往成为成就自我的重要途径与工具。这一观点固然具有使他者进入主体间性研究视野的重要意义，但如果仅以此视角考察他者就过于狭隘了。

那么，是否存在与自我完全殊异的他者呢？列维纳斯给出了肯定的回答。他打破了主体自我封闭的“主体间性”，认为存在绝对的他者。列维纳斯 1906 年出生于立陶宛的一个犹太家庭，曾师从胡塞尔，并以胡塞尔现象学为研究对

❶ 孙向晨 . 列维纳斯的“他者”思想及其对本体论的批判 [J]. 复旦学报（社会科学版），2000（5）：81-88.

像完成了博士论文《胡塞尔现象学中的直观理论》，成为同时代莱蒙·阿隆、萨特、梅洛·庞蒂等著名学者进入现象学研究的引路人。但列维纳斯并不同意胡塞尔“他人被设定为‘第二我’”的观点。胡塞尔认为，他人之所以能够被认识，是因为他人拥有与我一样的身体，而且先验自我的存在与认识能力是自我对他者社会性认识的前提。在列维纳斯这里，他人不仅仅是“第二我”，他还是我所不是。他之所以是我所不是，不是因为他的性格、外貌或心理，而仅仅是因为他本身所具有的相异性本身。相异性是列维纳斯他者思想的核心。“无法描述他者的相异性，因为他者并非只是简单地拥有一种不同于我的性质；可以说他人所表现的性质就是相异性。”❶

列维纳斯从分析“形而上学的欲望”开始，认为：“形而上学的欲望趋向完全别样的事物，趋向绝对他者。”这种欲望不是通过享用实在之物就能得到满足，从而使自身的他性消失、被吸收在我的同一性之中，而是“一块我们根本不在其中的土地的欲望。……并不是我们的故土，我们也永不能亲自踏上这块土地”❷。这种不能满足的欲望的“他异性”是至高者的他异性、绝对的外在性。因而，形而上学的他者“并非形式上的，并不是同一性的简单颠倒，也不是对同一性的抵抗，而是在同一的一切创始、一切帝国主义之先的他异性……构成他者的内容本身……并不限制同一。因为如果限制同一，他者就不会是严格意义上的他者：凭借界限的共同性，他者就会处于系统的内部，就又会成为同一”❸。也就是说，这里的他者并不渴望与同一性回归，是不能被整合到我思之中的无限。“无限”这一概念的使用表明他者被同化或被拥有的不可能性，“无限超出思考它的思想之外”，而无法被把握或认识。基于此，他者也成为具有

❶ 列维纳斯．从存在到存在者 [M]. 吴蕙仪，译．南京：江苏教育出版社，2006：112.

❷ 列维纳斯．总体与无限：论外在性 [M]. 朱刚，译．北京：北京大学出版社，2016：4.

❸ 同❷：9.

他性的绝对他者。列维纳斯的这一观点表明，他者不在自我之中，我必须走出“自我”才能与他人相遇，他异性是向着绝对不同的他者的超越。这种超越指示一种与实在的关系，这种实在和我的实在无限遥远。这种关系也不会向他者本身靠拢，或者损害同一性。

正是由于这种相异性，我与他者的关系不是融合，而是“面对面”。不仅如此，列维纳斯认为：“胡塞尔的‘另一自我构成’是以他者的存在——超越存在、建立伦理关系的他者的面貌为前提的。”❶在列维纳斯这里，面容是一个非常重要的概念，他者通过面容呈交给我，“面容通过其拒绝被包含而呈现出来。在此意义上，它不会被包括”❷。而且他者的他异性并不依据任何可以把我与他者区别开来的属性来划定，因为如果存在将我与他者区别开来的属性，就证明我与他者之间是存在同一性的，就会取消他者的绝对性。但是，列维纳斯的面容并不是指由眼睛、鼻子、嘴巴所构成的脸，而是完全呈现出来的陌生的人。他摆脱了肉体的意义，只凭借自身，在自身中获取意义。所以，面容“不是认识的根据，也不是被看见的形象。它是一种外在的无限，而只有在它向我呈现时，我才能与他者发生真实的关系”❸。他者突然出现在我们面前，“他者超出他者在我之中的观念而呈现自身的样式，我们称之为面容。这种方式并不在于（他者）在我的目光下表现为一个主题，也不在于（他者）将其自身展示为构成某一形象的诸性质的集合。他人的面容在任何时候都摧毁和溢出他留给我的可塑的形象，摧毁和溢出与我相称的、与其所观念化者相称的观念”❹。基于此，列维纳斯完全摆脱了胡塞尔“他者是先验自我运动结果”的观点。在这里，他者可以完全独立于我的创始与权能，是可以不求助于我的权能与占有的外在性。那么既然以

❶ 港道隆．列维纳斯：法外的关系 [M]. 张杰，李勇华，译．石家庄：河北教育出版社，2001：26.

❷ 列维纳斯．总体与无限：论外在性 [M]. 朱刚，译．北京：北京大学出版社，2016：178.

❸ 杜小真．列维纳斯 [M]. 台北：台湾远流出版公司，1994：43.

❹ 同❷：23.

面容呈现于我的他者具有绝对的外在性，那它具有何种意义呢？列维纳斯认为“他者通过面容向‘我’发出命令”，从而使我需要“为他者”承担责任。

（二）对他者的责任使主体间互动成为可能

列维纳斯认为，他者以面容呈现，一方面向我显示了自身的绝对相异性，另一方面通过面容达成向我的召唤。面容的生命在于消解了形式，“他者的在场就在于将呈现自己的形式剥掉，它的呈现是无能为力的呈现的剩余”❶。他者剥去了自己的外在形式而赤裸、抽象，“是另一个的不在场……而是在未来视野中的不在场……在这个视野范围内，一种超越事件内部的个人生活建立起来……”❷这种对内在性拒绝的超越在从来未曾到场时就已经不可还原地过去了，从绝对的“异域”进入我们的世界。

我与他人的面容相遇，意味着我开始超越原来被欲望充斥的状态，进入一种伦理关系中。列维纳斯指出：“我所说的伦理学是一种关系。在这种关系中，一个与另一个的结合既不是凭借信任建立起来的综合，也不是通过主—客体建立的关系。在这种关系中，一个对另一个或者举足轻重，或者与另一个相关，或者对另一个有意义。它们是被一种谋划联系在一起，既不能使之衰竭，也不能使之结束。”❸我与他者的关系不是认识关系，因为绝对相异性的他者不可认识，无法改变，我与他者是一种超越关系，“面容是一种独一无二的敞开，（胡塞尔意义上的）对超越物的赋意行为并不能消除超越而使它进入内在性的秩序；正相反，超越拒绝内在性恰恰在于超越物的超越已经过去了”。❹由此，列维纳斯的超越摆脱了胡塞尔他者被自我纳入先验自我的内在秩序的可能，虽朝向所

❶ Mark Taylor ed., Deconstruction in Context [M]. Chicago : University of Chicago Press, 1986 : 351-352.
❷ 杜小真．列维纳斯 [M]. 台北：台湾远流出版公司，1994 : 42.
❸ 同❷ : 45.
❹ 同❶ : 359.

有存在者，但又抽身在外，是未曾到场就不可还原的绝对的不在场。

于我而言，面容与我的相遇意味着一种不可违抗的命令，是对我的一种伦理召唤。它的出现使我涌现出伦理意识。列维纳斯曾在回顾《别样于存在》时说："对他人的亲近呈现一个事实，即他者不是单纯地在空间上靠近我，或者像亲人一样亲切，而是在本质上亲近我，就我感到我自己——就我存在而言——对他负有责任。"❶这里列维纳斯并未把"亲近"作为一个空间意义来使用，而是意味着靠近，同时保持着距离，"亲近，直接地，就是通过他人的享受和痛苦。但我能够通过他人享受和痛苦只是因为我是为他者的，这就是超越存在的意义的诞生"❷。

对他人负责是他人通过面容向我们传递的重要信息。"这种责任，超出我对他人可能已犯或还没犯的错误之外，超出任何将可能是或可能不是我做之事的东西之外，仿佛我在奉献给我本人之前已经奉献给了其他的人。"在面容的呈现之中，包含着对我的命令：我要为他人负责。在这种责任面前，我是被动的，尽管没有犯任何错误或者即便有错误也与我无关，我也要在面容呼唤我、要求我、恳求我时，尽到对它的回应之责。于是，我因他者的赤裸无遮而把其看成穷人、孤儿、无产者，他者的软弱与呼救直接向我们宣布其可怜之处。也正是基于此，我愿意回应并为他做一切事情，我对他负有完全责任。正是由于对他者负责成为我最优先的责任，他者意味着一种高度，在呈现中仿佛主人一般对我发布命令。尤其当他者绝对的他性——死亡摆在我面前时，我唯有听从他的召唤，对他者负责。"仿佛我在不得不存在之前就不得不回应他者的死亡，无罪的责任。然而在这种责任中，我却被暴露于一种控诉之前。无论是空间上还是时间上的不在现场的证明，都不能消除这种控诉。"而且"其他人的死亡指控

❶ 孙向晨 . 面对他者：莱维纳斯哲学思想研究 [M]. 上海：三联书店，2008：199.

❷ 同❶：201.

我、质疑我，仿佛由于我的可能无动于衷。我成了这种对于他者来说不可见的、但他者又暴露于其面前的死亡的同谋者。仿佛，甚至在我自己被献给死亡之前，我就必须要回应他者的死亡。”❶此时，自我丧失了中心地位和主动性，成为比任何被动性都更被动的被动性，主体性不是一种为我，而是一种为他。

由此可见，他者作为无限是在我们之外，通过面容向我们亲近、靠拢。我们对他者负责时，才能见证他者。此时，主体与他者的关系发生完全逆转，“仿佛他者建立了一种关系，或者一种关系被建立起来。这种关系的整个的尖锐性就在于，它没有预设一个共同体。这先于我的自由的责任——先于任何于我之中的开端的责任,先于任何当前的责任。（这是）在极端隔离中的博爱”❷。主体不再是支配性的、建构性的力量，不再可以无视或支配他者，而是某种服从于超越和无限的力量，对所有他者负责。

值得注意的是，列维纳斯把他者设定为不在我之中的外在性，向无限敞开了大门。只有当我向他者言说时，我才真正走出“自我”。这样，主体通过超越和放开克服了自我的孤独生存，把我从对他人的防范和敌意中解脱出来。“对他人负责，为他人而在从这一时代起终结了存在的无名的、疯狂的噪音”❸，超越存在，超越自身走向他人，帮助主体间性研究找到了不被主体同化的多元主体。不仅如此，它还使主体与他者的关系发生逆转，确立他者在与主体交往过程中的主导地位。主体要为他者负责，从而在对他人负责的伦理关系上赋予主体间性以非整体性、非对等性内涵。

他者问题的出现凸显了以前交往研究的不足。长期以来，对他者的无视使交互主体失去了见证自身、形构自身的他人，也无法达成自我的完善与超越。

---

❶ 列维纳斯 . 伦理学作为第一哲学 [J]. 朱刚译 . 世界哲学，2008（1）：98.

❷ 同❶：90-100.

❸ 杨大春 . 语言、身体、他者：当代法国哲学的三大主题 [M]. 北京：生活 · 读书 · 新知三联书店，2007：294.

胡塞尔、海德格尔、列维纳斯等学者在现象学、存在主义研究对他者的关照，充分肯定了他者的意义。主体需要他者，他者同样离不开与主体的交往。交往中，他者帮助主体见证存在价值，他者也由此获得独立于主体的身份并保持其异质性，不为主体认识所消解，从而成就了真正的主体间性交往。

交往活动以中介为桥梁，实现多元主体的双向建构与整合。然而，主体间交往的结果并不是要通过压制、利用另一方，建立统一、均质的社会；而是要通过对话与沟通构建一种能包容矛盾、冲突，使协作与对抗共存的常态社会形式。交往活动可达成协作状态是为人们的常识所接受的，关键是主体间的交往已然进行，为什么还会出现对抗？实际上，我们说的交往并非唯一指向协作关系的建立。对抗乃至冲突也是交往活动的结果之一，而非需要否定甚至取消的消极面。这一结果的出现根源于主体基于自身需求而必须进行交流、沟通的预设。交往主体出于对自身利益与需求的忠诚，势必在交流对话活动中占据不同的立场，甚至还会由于坚守不同价值取向而发生冲突和对抗。这就使交往行为不都在和颜悦色的协作中顺利完成，往往形成人与人之间的纷争、竞争和抗争等状态。

实际上，创造性的交往活动总是发生在不同质主体之间，即遵循异质主体原则。交往行为往往以个体独特性作为交往的起点与归宿。“不发生交往，我就不能成为自身存在。不保持孤独，我就不能进入交往”❶，着实体现了主体差异化和独特性的交往原则。个体因其在交往中的独特性而享有存在的意义，作为交往源泉的独特性实为一种关系性建构，并不能在自身中孤独体现，只能在交往中得到彰显，于是交往使孤立的自我走向现实。此外，交往也不是同化，不会消解个体独特性和个性、自由及独特的自我意识会在交往中显现并保持自身，当然也会引发对立与冲突。

❶　梦海．交往时人类大同之路——论雅斯贝尔斯的交往理论 [J]. 求是学刊，1998（5）：40-43.

换言之，无论协作还是对抗都是主体间价值立场平衡的结果。多元主体基于对交往行为的预期，在交往媒介的融通下达成或协作对抗的理性共识。因此，对交往活动的关注一方面要考察协作的可能性，另一方面又要超越对同质化的过分追逐，将重心落实到对多元主体各种利益和价值诉求的协调平衡上，考量交往情境可否为人们营造一个可交往、愿意交往的有效场所。所以，现代社会交往研究并不过分在意某种特定交往结果的达成，更加在意的是有效交往的过程本身。

西方交往研究从自我走向他者，从主客二分走向主体间性，从意识活动走向日常生活世界，在积极回应现代哲学的语言学、日常生活世界价值转向的同时，也直面人在现实生活中的困境，并逐步延展出一个交往的范式与框架体系。然而，这一体系也不是自足完满的，还面临着诸多挑战。

我们强调西方交往理论实现了由自我意识——社会整体关系——日常生活世界的趋向现实的演进路线，回归日常生活世界成为现当代西方交往理论的主要特征。日常生活世界以个人的家庭、天然共同体等直接环境为基本寓所，旨在维持个体生存和再生产的日常消费活动、交往活动和观念活动。它是一个以重复性思维和重复性实践为基本存在方式，凭借传统、习俗、经验，以及血缘和天然情感等文化因素而加以维系的自在的未分化的活动领域。[1]在日常生活世界中，人与环境保持着天然的同一性。人生的目的、意义和价值都融化其中，是人之存在的“真实”领域。而且现代社会人类对工具理性的追逐与利用等困境，很大程度上来自日常生活世界与非日常生活世界的分化与对抗。

非日常生活世界包括科学、艺术、哲学等自觉的精神活动和政治、经济、管理等有组织的社会生活。一般而言，非日常生活世界是日常生活世界自身分化的结果，而且一旦非日常生活世界获得存在合理性后，日常生活世界逐渐隐退，

[1] 衣俊卿．回归生活世界的文化哲学 [M]. 哈尔滨：黑龙江人民出版社，2000：370.

成为人类社会内隐的基础结构，为非日常生活世界的蓬勃发展留下广阔的发展空间。然而，现代社会非日常生活世界，已远远脱离服务于社会发展的初衷，科技理性、功利主义泛滥并获得统治日常生活世界的权力，哲学危机、文化危机乃至人自身的危机不断蔓延。面对这一状况，对日常生活世界的回归成为一种摆脱危机的主要思路。这一诉求就是要回归遗忘了的人的世界，通过人与人、人与物关系的重构找寻内在于日常生活的意义世界，帮助人们恢复与自然共在的本真状态。这是西方交往理论多年来孜孜以求的目标。

但日常生活世界的构型也非尽善尽美，海德格尔就认为日常生活世界是一个人与人交往全面异化的领域，互相怂恿、互相反对、陌如路人、互不关心，都是操持的可能方式。此在与他者处于这种使他们丧失独立性与自由，变得平庸、消极无为的常人状态。新马克思主义者赫勒看到，具有重复性思维和特征的日常生活世界图示往往具有保守性和惰性，会在日常交往中消磨个体的个性与创造性。因此，我们不能仅对交往理论向日常生活世界的转换高唱凯歌，还要在将交往视野嵌入日常生活世界的背景时，慎重对待与反思日常生活世界对交往行为的消极影响。

另外，作为交往重要媒介的语言引起的话语霸权问题也值得深思。语言在交往理论研究中地位的提升，其实是西方语言哲学转向浪潮推动的结果。语言哲学对语言进行了重新定位，改变了语言的工具地位。“语言是存在之家”“哪里有语言，哪里才有世界”[1]，哲学成为语言深处的交谈。语言“并不只是一种工具，或者只是人类天赋所有的一种特殊能力；宁可说它是中介，我们一开始就作为社会的人生活在这种中介之中，这种中介展示了我们生活于其间的那种全体性”[2]。人们并不是通过语言来描绘世界，而是世界在语言中展现出来，在

[1] 夏基松．现代西方哲学 [M]. 上海：上海人民出版社，2009：286.

[2] 伽达默尔．论科学中的哲学要素和哲学的科学特性 [J]. 姚介厚，译．世界哲学，1986（3）：75-81.

语言中蕴含一切关于世界的观念和文化构想，语言成为存在的寓所。哈贝马斯更是将语言作为对话、辩论等交往行为得以发生的必备条件。然而，也应看到，即便我们对语言给予了更多的美好的期待，但语言并不会自在迎合交往对平等、自由的追求，甚至有时候语言往往还隐藏着强制与霸权。实际上，权力与语言无法分开，话语一产生就会受到若干权力形式的控制、筛选和分配。而且在某种条件下，话语本身就是一种权力。因此，当我们将语言作为当代交往研究的主题时，"是谁在说话，说了什么，为了谁而说"，以及主流话语与边缘话语等问题，都是不能无视的重要内容。只有很好地解决这些问题，主体间性研究才会走得更远。

二、多元主体交往能力

主体间性从抽象走向现实不可或缺的条件有两个：积极互动的多元主体及人之交往能力的获得。基于此的交往行为构成人类存在的基础。

如前所述，我们已经涉及为多元主体寻找交互参与者的问题，为何此处还要重提多元主体交往能力？因为这代表了两种不同的研究视角。前一阶段对交往主体的探讨集中在人自我意识内或人之一般，从对象层面上说则关注建立交往关系时对交互作用的需要（即确立交往关系的参与者——他者）及交往关系建立的可能性分析。现今，我们要从更微观的角度考察主体与他者之间的互动如何发生，即主体间行为的现实性，开始将多元主体具化为有行动能力的主体，用他们的行动理性为互动行为找到合理根据。此时，主体间性研究摆脱了对人抽象整体性的本质界定，回归到具有情感意志的、直接现实的人，回到个体对抗、融合共存的社会生活中来。这是对人性的正视，也是对充满复杂性与不确定性的日常生活世界的积极回应。

主体间互动的实现以行为主体的凸显为前提。现代西方哲学的先驱克尔凯郭尔率先颠覆了以往对人的群在性认知，主张将人从压抑的外在环境中分离出来。任何活生生存在的人都是个体存在，具有由情感意志打造的独特个性，“忘记想到自己是一个生活着的个人，就绝不能解释生活。他不过是为了成为一本书或某个客观事物，而不再试图成其为人”❶。这就为主体间互动行为找到了现实的、活生生的施动者。那么，孤立的个体之间会如何相处呢？萨特给出了自己的答案：“如果‘稀有’是存在的，如果这种‘稀有’的消灭在某种情况下会实现的话，那么直到‘稀有’消灭之前，人总是残暴的。”也就是说，人们为了争取获得有限的维持生存所必需的物质资料，必然与他人发生矛盾、冲突、对立等关系，与他人的遭遇就会将我和我的世界剥夺了，于是“他人就是我的地狱”❷。这是继霍布斯对“人对人如狼”的社会交往关系消极认识的再次呈现，也表明协作与对抗一直是主体间互动无可改变的主题。其实，哲学家都是时代的代言人，他们往往见证了社会发展中最深切的痛楚，并发出呐喊。萨特就是在看到了自工业革命以来，个体被从原始、田园牧歌式的生活场景中驱赶出来，“剩下的只是听凭机器来粉碎最后的积极关联”❸。离开了具有丰富情感关联的共同体的支持，个体日益陷入孤寂、烦恼和绝望之中。虽然忙碌的企业生活也会为他们提供些许慰藉，但新兴工厂中“胡萝卜加大棒”的僵化管理方式不仅没有使个体的情感需求得到满足，反而使他们对生存意义和存在价值产生了质疑。而且现代社会及工厂形式的繁荣也要求建立一种超越传统血缘、地缘、姻缘的信任关系，即陌生人间的信任关系。这种社会性的信任体系虽是现代企业运转的“润滑剂”，但刚刚走出生活共同体的个体对他人抱有的并不是信任，而是对

❶ 刘放桐 . 新编现代西方哲学 [M]. 北京：人民出版社，2006：45.

❷ 萨特 . 剧本《禁闭》[J]. 当代外国文学，1980（1）：38. 转引自夏基松 . 现代西方哲学 [M]. 上海：上海人民出版社，2006：290.

❸ 萨特 . 辩证理性批判（上）[M]. 林骧华，徐和瑾，等译 . 合肥：安徽文艺出版社，1998：297.

未来生活毫无把握的恐惧。当“劳动力本身成了商品，而它的大众化最终将工人构成纯粹惰性事物，他们同其他劳动者唯一的关系就是竞争对抗”❶。

为了在陌生环境中求得更多的生存机会，他们不仅高筑交往的壁垒，还可能以伤害他人或社会公益为代价使自身的利益最大化。固然这里展现了人们竞争、对抗交往形式的消极影响，却也可见多元主体已经摆脱了被动受制的状况，开始按照现实世界和自身的需要重新规划、建构自我与他人的关系。这在一定程度上体现了他们的能动性。当现实社会中的真实个体获得交往主体身份后，其自身的交往能力就成为交往行为得以发生的又一前提。

马克思和恩格斯以人具有改造世界的能力这一论点预设了多元主体的能动性。他们把实践作为理论的出发点和基石，注重认识主体及其行为的社会实践性，指出：“从前的一切唯物主义（包括费尔巴哈的唯物主义）的缺点：对对象、现实和感性，只是从客体的或直观的形式去理解，而不是把它们当作感性的人的活动，当作实践去理解，不是从主体方面去理解。”❷费尔巴哈虽强调人属于自然界，却没有看到人也作为主体能动地改变自然界，即人作为实践的主体，他们的实践活动是物质世界中一个具有特殊意义的重要组成部分。实际上，实践与社会互为表里。实践是社会历史的实践，也是结成一定社会关系的人们的共同活动。在实践中，人们率先获得了社会给予的语言、思维等认识世界的能力，通过劳动“部分地以今人的协作为前提，部分地以对前人劳动的利用为条件，”❸建立与外部世界的关联。这种既为我又为他的双重定位，使个体在与他人的合作与冲突中映现、展示自身。

在各种实践中，劳动实践因促成主体与客体的紧密统一尤其具有根基性意

❶ 萨特．辩证理性批判（上）[M]. 林骧华，徐和瑾，等译．合肥：安徽文艺出版社，1998：298.

❷ 马克思，恩格斯．马克思恩格斯选集（第 1 卷）[M]. 北京：人民出版社，1995：54.

❸ 马克思，恩格斯．马克思恩格斯选集（第 25 卷）[M]. 北京：人民出版社，1975：120.

义。劳动是“不以一切社会形式为转移的人类的生存条件，是人与自然之间的物质变换，即人类生活得以实现的永恒的自然必然性”❶。通过劳动，人与周围世界发生关联，完成对其对象性的改造。人这种超越本能自主地、有选择地从事劳动的能力把他们与动物区分开来。换言之，人运用概念化的思维方式对想象中环境的思考和操控，使其获得了人之为人的本质，而这一抽象思考的能力得益于人与人之间交往中语言的运用。然而，值得注意的是，马克思的“劳动”理论主要立足于对宏观社会整体的描述，而没有具体到组成社会的普通人的参与，因而只能是一种整体意义的交往观，对于人与人之间交往的具体细节涉及较少，也没有解决社会整体危机以外的具体交往问题。

哈贝马斯则从普遍语用学角度为交往行为提供合理性证明。他把“交往资质”作为通向“交往行为”的出发点。交往资质是“以相互理解为指向的言说者把完美构成的语句运用于现实之中，并使二者相吻合的能力”❷。实际上，交往资质具有的“以言行事”属性已内置了交往行为的发生，言说者的目标既要为了相互间沟通与理解，也要保持言说之于现实的吻合一致，将语言与语言指向的行为结合在一起。言说者在实施一个言语行为时，可以通过使听者与他发生某种人际联系的方式影响听者，并在此基础上与听者相互认同、相互理解以达成共识。在此基础上，哈贝马斯将交往行为作为与目的论行为、规范调解行为、戏剧行为相殊异，更强调平等互动关系的行为模式，提出交往行为是“至少两个以上的具有语言能力和行动能力”的主体之间通过符号协调的互动所达成的相互理解和一致的行为❸,是行为者基于生活世界,反思性地面对客观世界、社会世界和主观世界的结果。在这里，哈贝马斯不仅注重语言对交往行为的媒

❶ 马克思，恩格斯．马克思恩格斯选集（第 23 卷）[M]. 北京：人民出版社，1972：56.

❷ 哈贝马斯．交往与社会进化 [M]. 张博树，译．重庆：重庆出版社，1989：29.

❸ 郑召利．哈贝马斯的交往行为理论：兼论与马克思学说的相互关联 [M]. 上海：复旦大学出版社，2005：71.

介作用，还将主体间互动及基于理解达成的共识看作划分不同社会行为的标准，指出交往行为并不仅仅是一个以语言为媒介“相互提出可以接受和驳斥的运用要求的理解过程”❶，还是人们参与内部活动，构成他们从属于社会集团的社会化的统一过程，以及行为者在交往过程中构成他们自己同一性，证实和更新他们同一性的过程。在这一过程中，以批判与论证为核心的语言交往所成就的理解和共识，成为人们“行为合作化”的基础。

然而，不应就此将交往行为淹没于一般的社会行为之中。交往行为对于人的作用已被提到生存意义上，成为人存在的重要基础。离开交往单独的个人无法生存，交往是人生存的前提。雅斯贝尔斯❷❸❹❺❻认为，“我只有在与别人的交往中才能存在”❼，个人一方面应摆脱他人、群体和社会束缚，成为独立自主的人，即在“孤独”中保持自己的个性，不能完全淹没在群体或社会之中丧失个性，努力获得与人的本性相一致的真正自由。不仅如此，雅斯贝尔斯将孤独作为彰显自我个性的一种方式，认为孤独是交往的前提，必须保持自身的独特性才能具有进入交往的必要性和可能性。另一方面，个人也不应排斥人与人之间的交往，在保持个性、自由之际与他人共在，因为“如果我只是我自己，

❶ 哈贝马斯 . 交往行为理论（第 1 卷）[M]. 洪佩郁，蔺菁，译 . 重庆：重庆出版社，1994：140.

❷ 雅斯贝尔斯的交往理论是以存在主义哲学为前提的，强调交往是作为个体而存在的自我之间的交往，而非基于人的社会属性，所以交往表现为人本性的一种冲动，是自我存在的方式。雅斯贝尔斯将交往分为存在的交往和生存交往 .

❸ 刘放桐 . 新编现代西方哲学 [M]. 北京：人民出版社，2006. 也有学者将“存在的交往”翻译为“此在的交往”。

❹ 周宏 . 雅斯贝尔斯交往理论探析 [J]. 现代哲学，2000（1）：85-91.

❺ 存在的交往是指人或者消融于集体共性之中，或者与他人完全对立，如同对待他物一样对待自我，是泯灭个性的交往形式。而生存交往则是一种真实的交往，强调个体主体性的真实显现，将“爱和友谊”作为交往的基础，倡导友爱和信任的情感，在“爱的斗争”中，实现心灵与心灵的沟通，人与人之间的彼此平等、相互信赖和共同发展。

❻ 周启杰 . 论雅斯贝尔斯的交往机制与生存历史性 [J]. 学术交流，2005（1）：17-22.

❼ 涂成林 . 现象学的使命：从胡塞尔、海德格尔到萨特 [M]. 广州：广东出版社，1998：91.

我就必然荒芜”[1]。作为社会性的存在，人只有在与他人的交往中才能敞开自己，使孤独得到消解，实现自我与他人的共同自由。

概言之，交往活动相伴于人类社会的产生与发展由来已久，即便作为日常生活的叙事性内容为人们所忽略，交往理论仍在研究者前赴后继的努力下艰难前行。交往能力研究是在对交往现象、交往关系深入分析的基础上逐渐形成的，是对人与自身、人与社会关系深刻反思的结果。在交往研究早期阶段，人们仅把交往活动当作社会的既存背景，虽生活于现实的交往网络中，却未认真关注交往对社会生活的奠基性作用，对交往活动认识的不完全性成为此阶段不可逾越的缺陷。随着对交往现象认识的不断深入，人们聚焦于交往关系的建构，找寻能够将交往活动施于其上的复数主体。从以自我意识为基础的自我与非我的交互作用，到类本质意义上抽象的“我—你”关联，再到回归具体、历史境遇，建基于物质生产上的自我与他者的交往关系，一路寻来，可发现交往关系的价值指向发生了由意识活动——抽象关系——历史情境的视角转换。正是在这一历程中，交往研究得以深入，基本范式与框架逐渐清晰。然而，对交往现象与关系的认知不应成为最终目的，关键是要审慎考察人因之而具有的行为能力及交往有效性等问题，这正是多元主体交往能力研究所关注的根本。主体间交往思维的建立扬弃传统主客二分的认识论思想，以主体间沟通为旨归，意图通过恢复主体间的心灵沟通，达到人与人、人与社会、人与世界的融合与统一。

三、交往理性与企业情境

主体间性对多元主体的认可实际上是对多元主体交往身份、能力的承认。其中，最重要的是，多元主体应当具备并保持一定的交往理性。这是多元主体

[1] 汉斯·萨尼尔 . 雅斯贝尔斯 [M]. 张继武，倪梁康，译 . 上海：三联书店，1988：160.

能够互动、交往的重要前提。

交往理性概念发轫于对韦伯现代社会理性观的批判。韦伯通过解读新教伦理与资本主义精神之间的内在关联，将“事实”与“价值”截然分开，并提出合理性分化为工具理性和价值理性，强调现代社会正处于价值理性让位于工具理性的异变过程中，“在职业劳动领域内的内部活动，只有在社会行动脱离规范和价值，并能根据有成效的方向、目的合理的结果改变各自特殊的利益时，才会在道德上调合”❶。工具理性逐步制度化地走入社会企业与机构，这短期内会带来经济的迅猛发展，却也不可避免地将人物化为经济的附庸，导致意义和自由的极大丧失。

正是看到理性的工具化将使理性走向自我毁灭的绝境，哈贝马斯对韦伯的“合理性”理论进行深入挖掘，解析出交往理性概念。交往理性是所有人彰显潜在具有的申述意见、进行批判与合理论辩的一种能力，它可以“让行为主体之间进行没有任何强制性的、诚实的交往与对话，在相互承认基础上达到‘谅解’与合作”❷。作为对工具理性的重要补充，它可以引导具有健全判断力❸的人合理地行动。哈贝马斯认为：交往“合理性很少涉及知识的内容，而主要是涉及具有语言能力和行动能力的主体如何获得和运用知识”❹。也就是说，“合理性概念仅涉及所描述知识的运用”❺。而且，哈贝马斯将交往理性分为表达理性和行动理性：表达理性是指主体运用语言对事件的论证能力，有助于交往者之间的互相理解与沟通；行动理性则指行为者按照所论证的合理计划，实

❶ 哈贝马斯．交往行为理论（第1卷）[M]. 洪佩郁，蔺菁，译．重庆：重庆出版社，1994：289.

❷ 郑召利．哈贝马斯的交往行为理论—兼论与马克思学说的相互关联 [M]. 上海：复旦大学出版社，2005：7.

❸ 哈贝马斯认为：“具有健全判断力的人才能合理地行动。”健全判断力是指人们能够在工具合理性与交往合理性之间加以甄别与选择的能力，从而对自身行为进行一定的控制。

❹ 同❶：22.

❺ 同❶：24.

施具体目标的行为。[1]哈贝马斯在批判的基础上赋予交往丰富的理性内涵，实现了理性与交往的深度结合。

其实，交往理性植根于当今社会交往行为异化的社会场景中。现代社会是“系统—生活世界”的统一体。但是，由于工具理性的泛滥，系统与生活世界已经发生严重分离。而且系统已殖民到生活世界，生活世界越来越丧失自身的价值判断与标准，被经济组织的金钱和政治组织的权力所熏染而不断走向工具化和碎片化。随着这一价值普遍化[2]过程的弥散，日常生活的交往行为也披上了功利的外衣。人以物化的方式处理主体间的交往关系，造成现代社会道德缺失、文化枯竭，社会危机不断。因此，必须“在日常实践自身中，在交往理性被压制、被扭曲和被摧毁之处，发现这种理性的顽强声音”[3]，以交往理性为核心，唤醒人们参与交往的潜能，鼓励他们拒绝工具理性独白式的决断，合理反思、修正引导日常交往的行为规范，在质疑与辩护的对话中实现生活世界的自我复兴。在此基础上，需要建立主体间相互理解达成共识的未来社会理性交往模型，倡导社会成员真诚地生活在一起，共同完成对生活方式的理想设计。

不仅人类社会存在工具理性与交往理性的紧张对垒，作为社会重要组成部分的企业，也同样面对工具理性的侵蚀问题。作为追求绩效最大化的功利实体，企业内部也存在把成员及企业本身视作完成企业目标工具的倾向，进而忽视企业成员间、企业与多元社会主体间公平、合理的对话平台和机会，造成人在企业中、企业在社会中存续意义的缺失、企业发展无方向感、社会整体无凝聚力的松散状态。对多元社会主体交往理性的关注，就是要改变企业情境中工具理

[1] 郑召利．哈贝马斯的交往行为理论：兼论与马克思学说的相互关联 [M]. 上海：复旦大学出版社，2005：79-80.

[2] 价值普遍化是美国功能主义学派代表人物帕森斯的观点，是指一种价值目标在社会进化过程中不断摆脱具体形式，转向抽象价值的过程，从而成为全社会行为者都必须遵守的价值标准。

[3] 德特勒夫・霍夫斯特．哈贝马斯传 [M]. 章国锋，译．石家庄：东方出版社，2000：101.

性对交往理性的倾轧，强调以一种批判意识和反思精神考察隐匿在合理性背后的管理与被管理的矛盾问题。

当金钱和权力作为普遍化的价值观在生活世界泛滥时，企业同时存在着以交易双方地位的平等为前提的市场关系，以及以等级化权力结构的存在为要件的企业内层级关系，于是，无论是倡导扁平化还是科层制企业结构，成员都会面对是以平等的交换契约关系，还是以权力为标志的决策服从关系进行交往的问题。然而，这两种关系作为企业微观视域下异化了的社会关系，必须经过适时、合理的扬弃才能完成对本真交往关系的回归。引入交往理性概念，可以有效缓解契约关系和权力关系的张力，使成员在企业层级体系中获得充分的交往自由和主体性表达。

其实，交往理性的复苏最终归结为以相互理解为目的的主体间质疑、辩护的交往关系的建立。这是理性完成“以主体为中心”到“以主体间性为中心”的价值转向，使话语性交往行为深入理性，实现理性交往化的结果。现代企业中尤其存在多元主体杂糅、冲突等问题，如主体身份如何取得，主体与他者关系如何确立，主体间交往采用何种形式等令人一筹莫展的难题。因此，要吸纳以言语为媒介的主体间交往行动的思想精髓，提升主体的论辩能力，形构企业内平等、自由的对话氛围。这也正是我们后续考察企业情境中达成责任文化协商共识所遵循的思路。

现代社会，人之社会性越来越体现为与组织的契合、不可分割性，组织已发展成为一种社会的基本交往单元，像一个无处不在的网将人套入其中。人生成于组织，也终结于组织，组织化生活已成为人们生存的基本范式。离开组织的孤独个体不仅丧失生存的可能，而且也会因生活意义的匮乏而落寞。然而，另一方面，困顿于孤寂的组织，缺少与他者的交往，同样会绞杀人的生命力。因此，立足现实的组织背景，努力唤醒、发挥人之为人所具有的内在的交往理性，使他们能够充分调动交往的潜能，反思、解释、论辩生存空间的真相与意义，将对形构人与组织有机融合的图景大有裨益。

基于以上对主体间思想的回顾和剖析发现，多元主体的共存与互相认可是人之为人、人之社会本真的存在方式。个体在社会化进程中需要与他者交往，人内在保有一种渴望交往的理性能力。作为对工具理性的制衡，交往理性是遏制系统向生活世界的殖民入侵、重建赋予人们更多意义和自由交往秩序的重要屏障。这也将为我们从更微观且具体的企业层面考察交往行为及其对形成企业责任文化的影响提供重要的理论指导。

第三章 企业与社会责任的关联性

企业作为重要的社会组成单元，长期以来在经济增长、社会发展中发挥着举足轻重的作用。从最初的手工作坊，到合伙企业，再到现代的公司制企业、企业集团，企业最受人瞩目的就是如何调动、运用多种资源来实现自身延续及利润最大化。在法律允许的框架下追逐可预期的财务目标成为企业责无旁贷的使命与职责。那么，具有极强经济背景与意图的企业是否仅需履行经济责任、法律责任便可实现生存及可持续发展呢？公众、社会组织、政府对企业是否还有其他期待？如果存在其他期待的话，它们是什么？具有合法性吗？企业要接受其他社会主体对它除了经济与法律责任以外的期待吗？对这些看似学理问题的解答，实则是把现代企业置于经济伦理的框架下，深挖企业的本质及其社会性如何实现等问题，从而找到企业与社会责任之间的内在关联，为现实社会生活中大量企业更好承担社会责任提供理论支撑。

第一节 何谓企业

企业不是从来就有的，是社会生产力发展到一定阶段的产物。作为以营利为目的的组织，开始于古代中世纪的商业团体；但作为社会生产的一般组织，则是在近代社会生产力快速发展条件下才为人所认识的。

在人类社会生产力发展的历史上，曾经出现过氏族公社、奴隶主庄园、封建庄园、小农家庭等基本生产单位，但它们都不是企业。它们都是处在自然经济状态下，自给自足的组织，具有封闭性的特征。后来，随着商品经济的发展，生产规模的扩大和生产手段的不断发展，在社会分工和劳动协作的基础上，出现了以简单分工协作为特征的手工工场，并成为资本主义工厂制企业的雏形。

随着商品经济的进一步发展，在近代机器大工业生产的基础上，一种新的生产组织开始出现。它实现了以机器生产为技术基础的分工和协作劳动，并有“兵营式的纪律，这就是成为近代生产力企业典型的资本主义企业”❶。因此，企业的具体发展形态可描述为家庭简单协作—工场手工业—现代工厂—公司—跨国企业或企业集团等阶段，而企业资本的逻辑演进轨迹则可概括为：业主制企业—合伙制企业—公司制企业。❷那么何谓企业呢？

一、“企业”词源分析

在中国古代汉语中并没有“企业”这一词语，“汉语中的‘企业’一词是清末变法之际，由日语词汇借鉴而来。‘企业’是日本在明治维新以后，引进西方企业制度过程中从西文翻译而成的。”❸因此，要想了解“企业”一词的内涵，就需要探究它的西方语境及含义。在英语与法语中，与“企业”一词相对应的均是 enterprise（书写形式一样，语音有差别），原意为企图冒险从事某项事业，寓意经营企业要有竞争和风险，要有一定的场所、一定数量的雇员，还要集合

❶ 刘灿．马克思企业理论与科斯企业理论的比较和再认识 [J]. 当代经济研究，1997（3）：57-61.

❷ 冯志坚．企业起源、规模变迁和企业边界 [J]. 环渤海经济瞭望，2005（5）：40.

❸ 张世明，王继东．企业法律形态理论探赜（上）[J]. 商丘师范学院学报，2016（4）：68-79.

其他一些生产要素，面对社会和市场，并且在承担风险的前提下谋取利益。综合一些英语词典的释义，发现 enterprise 主要有以下三种含义。

（1）“A general term for any organizational engagement in business activities, though often merely referring to larger companies.”❶是指以企业形式参与商业活动，通常指更大型的公司。

（2）“Any entity constituted or organized under applicable law，whether or not for profit，and whether privately owned or governmentally owned，including any corporation，trust，partnership，sole proprietorship，joint venture，or other association.”❷是指依据法律设立的企业实体，既可以是营利性的也可以是非营利性的，既可以是个人私有也可以是国有，具体包括任何法人企业、信托公司、合伙企业、独资企业、合资企业，以及其他联合企业形式。

（3）“A company，organization or business，especially a new one.（尤指新成立的）公司、企业或组织。”❸

可以看出，企业既可以指从事的某种经营活动，也可以指依法设立的企业形式，反而作为“盈利工具和手段”的意思并不是那么明显。于是就出现一个问题：我们通常理解的“谋求经济利益的最大化”为什么在这些概念中并没有体现？企业在何种条件下才会将“逐利”的目的凸显出来呢？

针对这一问题，对英语语境下表达“企业”的“company”“corporation”“business”“firm”的辨析可能带给我们一些启示。

“company”一般也译为“公司”，“an association of persons for carrying on a commercial or industrial Enterprise”，是一种从事贸易或生产活动的个人联合形

❶ Mark Vernon. Business the Key Concepts [M]. London：Talyor & Francis Group，2002：72.

❷ Jerry M. Rosenberg，Dictionary of Marketing & Advertising [M]. New York：John Wiley & Sons. Inc，1995：109.

❸ 朗文高阶英汉双解词典 [M]. 北京：外语教学与研究出版社，2005：379.

式。"company"的这一内涵更多体现了它的演进过程。该词最早可追溯至公元1150年用来表示"军队"。到了1590年，意思演化为"步兵师"；直到1553年才有记录，其作为商业企业；"co."的缩写则最早使用于1759年❶。由此可知，"company"更加注重表达公司企业作为个体的整合形式从事贸易或生产活动。

"corporation"是指"a body formed and authorized by law to act as a single person although constituted by one or more persons and legally endowed with various rights and duties including the capacity of succession"❷，可译为"公司"或"企业"，是法律授权建立的、具有法人资格的独立实体。虽然它由一人或多人建立，但在存续期间被赋予权利并承担一定义务。可见，"corporation"具有依法设立的意思，肯定了企业具有虚拟人格与法人身份。

"corporation"一词来自拉丁语"corpus"，意思为团体或人群 。"corporation"作为商业实体或法律权利的主体，最早出现于古罗马和古印度的孔雀王朝。在现代社会中，一般将"company"与"corporation"都理解为公司，只是在英国用"company"表示公司，而在美国更强调用"corporation"来表示公司而已。

在美国，"company"如果就"公司、企业"的意义而言，与"corporation"通用，但是"company"还可以指协会、合伙或者工业企业的联盟。一般而言，一家公司（a company）可以指"法人企业（corporation）、合伙企业、协会、股份公司、信托公司、基金会或人群的企业形式。无论它们是否具有法人资格，以及（以官方身份）接收破产企业的接收人、信托人，或者相似官方的清算代理人等"❸。

---

❶ Vikramaditya S. Khanna. The Economic History of the Corporate Form in Ancient India [DB/OL].（2015-03-14）[2016-06-07]. https：//www.law.umich.edu/centersandprograms/lawandeconomics/abstracts/Pages/05-014.aspx.

❷ 韦氏大学英语词典 [M]. 北京：中国大百科全书出版社，2014：257.

❸ Bryan A. Garner，ed.，Black's Law and lee Dictionary，Second Pocket Edition [M]. Eagan：West，2001：45.

从更精确的角度看，设立一家企业（corporation）一般通过州政府，通常为州政府的秘书部门填写一份文件并支付一定费用就可实现❶。从责任角度看，“corporation”往往指有限责任公司。

“Business is the activity of making one’s living or making money by producing or buying and selling goods or service.”❷“business”指一种通过生产或者购买、销售物品或服务来谋生或赚钱的活动。此类企业一般没有正式的企业结构，覆盖范围非常广，既包括街头地摊商也指通用汽车这样的企业集团。

可以明显看到，“enterprise”“company”“corporation”和“business”的定义往往更偏重这些不同词语所代表的企业的不同形式，而企业的牟利性质作为现代企业存在的前提，是隐藏在企业内涵的界定当中的。虽未反复重申，但多已肯定企业除获利与维持自身生存外，还涉及特许经营、法人资格、合作等其他方面。

二、企业的内涵

何谓企业？日本学者富永健认为，社会科学中已经列举出来的企业概念至少有 21 个❸。尽管企业概念互不相同、各有侧重，但仍可从中看出当今社会人们对企业属性的基本共识。

其一，企业是“人的因素与物的因素”的组合形式。对于企业而言，劳动者、劳动资料和劳动对象是不可或缺的。唯有合理、有序地把这些生产资源整合在一起，企业才能发挥其经济实体的功能。

其二，企业的生产、经营服务活动必须能够持续，这是企业存续的前提。企业一旦无法与社会、市场资源互换，就只能干涸而死了。

---

❶ Robert W. Hamilton：The Law of Corporation[M]. Eagan：West Publishing. Co.，1996：1.

❷ Burton’s Legal Thesaurus，4E. S.v. “business” [DB/OL]. [2018-05-21]. https：//legal-dictionary.thefreedictionary.com/business.

❸ 富永健 . 经济社会学 [M]. 天津：南开大学出版社，1984：121.

其三，企业与外部资源互动的形式固然重要，更关键的是，企业在互动中获得生存的财务条件。市场经济条件下获利性是企业共同的本性，即“企业是以获得利润为目的而进行活动的个别经济组织”❶。然而，也应看到，当今社会出现许多慈善组织、社会组织。它们的出现代表了社会的发展和进步，但并不能否定企业的获利性质。慈善组织、社会组织可以少盈利或不盈利，但是不能不获得企业生存的基本条件，这是组织存在的前提。

其四，企业是独立的经济企业，表现在以下三个方面：① 设立、变更、消亡都需要依照法定程序进行，因其具有法律关系主体资格——法人资格而以自身名义做出经营管理行为。② 拥有独立财产，企业存续期间，投资者投入财产归企业支配，用于生产经营活动，投资者一般不得撤回。③ 实行独立核算。企业对生产经营过程及其结果独立进行盈亏核算。❷

因此，关于企业概念的一般表述：企业，是指以盈利为目的，综合利用人力和物力资源，从事生产经营和服务经营活动的社会经济组织。❸应该看到，社会管理实践中对企业内涵的表述方式多站在经济立场，并作为企业运营的主要原则，在经营管理实践中根深蒂固。

第二节 企业的起源与本质

那么，有哪些学科领域对“企业是什么、企业为什么存在”问题进行了探索？就目前的状况而言，经济学、社会学和管理学等学科均深入思考了企业的起源与本质，虽未达成理论共识，但多学科视角对企业本质的思索使企业理论研究不断深化。

❶ 王廷栋 . 论企业的概念 [J]. 财经问题研究，1983（3）：39.

❷ 企业的定义和特征 [M]. 经济师，2000（8）：28.

❸ 董开军 . 论我国企业的概念及其法律定义问题 [J]. 江苏社会科学，1990（2）：33-37.

一、经济学视角

经济学理论对企业起源的关注曾长期空白，仅把企业视为一个把输入的资源转化为产出的“黑匣子”❶，既没有指明企业的定义，也没有解释企业存在的原因。这个状况直至1937年科斯发表《企业的性质》明确提出并回答了这一问题，才填补了这个领域的空白。他从制度经济学视角出发，以“交易费用”这一概念指出“企业最显著的特征就是替代价格机制”❷。由于具有协作性质企业的建立，使原来作为原料供应与产品输出链条的企业被包容进企业体系之中，变成企业内部机构，从而大大降低了通过市场配置资源造成的信息不对称、不完全签约、双向依赖、第三方实施的限制等谈判、协调和签约费用。科斯首次把交易费用作为分析工具，深入分析了“企业为什么产生”这一“企业产生之前无人谈及、企业产生之后又被当作理所当然存在的企业形式无人思考”元理论问题，引发了一场企业理论革命。科斯理论的诞生，标志着从经济学视角分析企业起源的开始。

其后，一大批学者对此问题进行了深入研究，形成了关于现代企业理论的重要成果。西蒙通过对有限理性的分析提出企业存在的可能性，他提出：“正因为每个人的知识、远见、技能和时间都是有限的，企业就成了实现人类目的的有用工具。”❸阿尔钦和德姆塞茨则指出，企业为了规避单个生产者的有限性，往往通过投入所有者合作的团队生产方式，以便更好地获得和保持市场竞争中的比较优势。合作生产虽然使团队生产效率大幅提升，总产出会大于他们单独进行生产所得到的产出之和，却无法计算出单个人对团队总产出所做出的贡献。

---

❶ 哈罗德·德姆塞茨.企业经济学[M].梁小民，译.北京：中国社会科学出版社，1999：10.

❷ 罗纳德·H.科斯.企业的性质[A].奥利弗·E.威廉姆森，西德尼·G.温特.企业的性质[C].姚海鑫，邢媛媛，译.北京：商务印书馆，2010：24.

❸ 同❶：120.

为了保证成员对团队目标的投入程度相同或相近，减少偷懒行为，就需要“某人专门作为监督者来检查队员的投入绩效”，并赋予这些监督者剩余索取权，从而使古典企业理论诞生。但是，这些学者自己也反思：“我们所提出的古典企业理论是逐步退出科斯所指引的路径来达到这一目标的。在我们的解释中，对队生产、队企业计量产出的困难，以及偷懒问题的考虑都是很重要的。”❶可见，他们在对企业内部合作生产中偷懒问题充分思考的基础上，确立了团队成员与企业所有者之间的报酬合约关系。这对于回答企业为什么存在的问题是非常重要的。

关于企业的本质，不同的制度经济学家有不同的观点。科斯等人认为，企业是利用权威来配置资源的特殊社会企业，“一个难以被市场复制的专用性投资的网络……围绕关键性资源而生成的专用性投资的网络”❷。阿尔钦和德姆赛茨从不完全合约角度提出，企业是“企业所有者与其他团队成员订立的合约形式”❸；张五常则从“剩余控制权”角度认为，“企业是一种市场制度，其性质在于以要素市场取代中间产品市场，提高了交易效率。企业家或代理人依据合约赋予的有限的要素使用权来直接指挥生产”❹。他们基于交易费用、合作形式及剩余索取权对企业本质的阐释，大大丰富了关于企业产生问题的回答，对充分了解企业的多种属性及职能都具有十分重要的推进意义。

不仅如此，还有学者惊喜于市场经济的诱人之处——分工和交换可以产生效率，认为古典企业是市场分工的结果。

---

❶ 科斯，阿尔钦，诺斯．财产权利与制度变迁 [M]. 上海：三联书店，1994：67，70.

❷ Rajan R，Zingales L. Power in a theory of the Firm [J]. Q. J. of Economics，1998，112（6）：387-395.

❸ Alchian A，Demsetz H. Production，Information Costs，and Economics Organization [J]. American Economic Review，1972，62（5）：777-795.

❹ 段文斌．企业的性质、治理机制和国有企业改革 [M]. 天津：南开大学出版社，2003：115.

其实，关于以合作方式提高劳动生产率的论述早已有之。马克思就曾提出："一个骑兵连的进攻力量或一个步兵团的抵抗力量，与单个骑兵分散展开的进攻力量的总和或单个步兵分散展开的抵抗力量的总和有本质差别……这里的问题不仅是通过协作提高了个人生产力，而且是创造了一种生产力，这种生产力本身必然是集体力。"❶在古典经济学理论形成初期，亚当·斯密就在《国民经济的性质与财富的研究》中用制针说明分工合作的巨大效益："由一个人制针，所有的 18 道工序都由他自己来完成，每天只能生产 20 枚。如果实行分工生产，由 10 个人分别去完成各种工序，平均每人每天能生产 4800 枚。"❷暗示分工合作的规模化发展必然带来崭新生产形式的诞生。

由此可见，经济学视角对企业起源与本质的考察，注重使用了成本、交易费用、团队合作、剩余索取权、分工协作等范畴，细致考量了企业作为经济组织的产生机制，与管理实践中对企业的生存、发展需求相吻合，是对企业追逐经济目标的有力支撑。

二、社会学视角

许多学者认为，企业虽然是经济组织，但只是在功能上以经济功能为主而已，根本上是一种社会组织，是社会这一更大而具体的组织系统中的一员。因此，要把目光从局限于企业内部的经济学维度移开，转向社会学维度揭示企业的起源。

李文祥等学者提出："企业是以和平方式直接从事物质性产品生产及劳务输

---

❶ 马克思．资本论 [M]. 北京：人民出版社，1975：362.

❷ 亚当·斯密．国民经济的性质与财富的研究（上卷）[M]. 郭大力，王亚南，译．北京：商务印书馆，2008：6.

出，并以其交换营利的社会组织。”❶这一界定具有两个维度：一是，以和平方式直接从事物质产品及劳务生产的社会组织。换言之，现代企业产生之前，人们也进行物质产品和劳务的交换，却并不一定总是采取持续、稳定、和平的方式进行，暴力抢夺、战争是前文明社会物质产品与劳务供给的主要方式。二是，以营利为目标则指出了企业的经济性。也就是说，无论何种学科视野下，交换的目的不仅仅是满足自身的需求，更是为了财富的增值。对于企业而言，这两个维度缺一不可。当经济与血亲结合的家族共同体❷❸秉承营利目的，以和平方式直接从事用于物质性产品及劳务的生产及交换时，它的经济功能得到最大彰显，也做好了自身实现企业化转型的准备。

针对该问题，韦伯也认为，家族共同体不是原始的氏族形态，也不是现代意义上的核心家庭，而是族群内部血亲与经济合一的崭新共同体。在这一共同体中，成员拥有更亲近的血缘、亲缘关系，他们彼此依赖、相互信任、依托强烈的归属感、基本一致的价值取向、共同的经济利益而紧密结合在一起。因此，家族共同体可以视作人群组织适应经济社会发展需求的战略调整，使得人的社会属性与人群集合的经济属性得以兼顾。

然而，随着社会生产力的发展，家族共同体的血亲优势在货币经济面前日显苍白，逐渐解体。“一方面，货币经济给予个人单独的收益和消费可计算性；另一方面，由于货币作为中介‘间接’交换的发展，从根本上有可能给予他们自由地满足个人的需求。”“大的家族共同体中整个经济生活的各种制度，周期性地通过契约加以规定。原先对‘零用钱’的规定与商业的组织融为一体，这种情况逐步改变了。持续演变为资本主义的获益成为一种分离出来的、在一个

❶ 李文祥．企业起源的社会维度 [J]. 社会科学战线，2003（8）：248-250.

❷ 依据著名社会学家斐迪南・滕尼斯所言，共同体成员之间是天然的相互依赖关系，共同体是一种持久和真正的共同生活。

❸ 斐迪南・滕尼斯．共同体与社会 [M]. 林荣远，译．北京：商务印书馆，1999：54.

‘企业’内部从事的‘职业’，企业通过特殊的社会化，日益从家庭共同体的行为中分离出来，使原有的家庭、工厂和账房的三位一体瓦解了。现实的家庭共同体作为共同商，这样一来，人们不得不把商业财富与各个股东的私人财产区分开。同时，商业的职员与家庭中个人的奴仆也分开了。最重要的是，商业本身的债务与各个参加者私人的家庭债务不得不分开，股东的连带责任仅限于前者。人们从商业债务中可以看出，他们是以‘公司’即商业企业的公司名义缔结的。”❶正是专注于有序的管理结构、专业化管理人才和生产活动，家庭共同体生产职责淡出，经济功能逐渐弱化，不得不将企业财富与私人财产分开，将企业债务有限连带责任与私人债务无限连带责任分开，将企业管理行为与家庭占有行为分开，通过签订契约等形式逐渐完成经济形式的企业化转变，现代企业由此诞生。

南京大学的汪和建也提出了一个企业起源和转化的社会学框架，在借鉴费孝通《生育制度》和韦伯《经济与社会》的基础上，“将家庭分解成了两个功能不同的结构：上层结构是由家庭成员共同生活组成的亲属共同体，称之为‘家’或‘家庭’（family）；下层结构是由亲属成员和若干亲属成员之外的人共同生活组成的经济共同体，称之为‘户’或‘家户’（household）”❷。一般而言，当家户经济共同体的生产活动不直接满足家庭亲属成员的需求，而是通过提供产品和服务满足市场上陌生人的需求时，它就完成了从自给性生产向市场化生产的转变，自身也完成了家族企业的蜕变。

那么，是什么促使家户经济共同体转向市场化呢？这一观点认为，除家户经济共同体生产能力的提升、市场对产品的认可与需求和家户经济共同体采购、

❶ 马克思·韦伯．经济与社会（上卷）[M]．北京：商务印书馆，1997：426.

❷ 汪和建．企业的起源与转化——一个社会学框架[J]．南京大学学报（哲学·人文科学·社会科学版），1999（2）：1-12.

运营、销售渠道的成熟等影响因素外，关键是“家庭中的亲属共同体（家庭）与经济共同体（家户）在控制—支持的关系上失去了平衡”[1]。家户经济共同体虽然也可由部分非亲属成员组成，但是居核心首脑地位的还是家长。在家长的指挥下，家户共同体共同劳动、用集约化合作的方式取得最大的经济效益，所以家户共同体的合作实际上是由诸多家庭共同体拼插、契合在一起的。一旦家庭共同体的需求增加或发生分化，家户经济共同体又无法同步满足增加需求或个别化需求的能力时，家长就会根据其对生产形式、生产规模、生产目的及外在市场需求的认知，做出使家户经济共同体转向市场的决策。这样一来，家户经济共同体面向市场扩充生产能力，大大提高了生产效率和生产水平，完成了从单纯的农业生产向农业与家庭手工业、商业相结合生产方式的转换。

由上面分析可知，社会学视角对企业起源和本质的研究主要集中在优先考量初级群体——家庭在企业产生和发展中的基础性作用，强调企业脱胎于家庭，发端于家庭经济职能的拓展，成长于家庭作为经济企业形式的社会化。无论家庭还是家户在企业产生之初，完全扮演细胞母体的角色，直到管理理念、方法、手段成熟后，企业才能从家庭的庇护中破茧而出。

因此，社会学的分析框架充分关注企业人、人群的存在与组合方式在管理秩序形成、管理目标实现过程中的奠基意义。企业中的个体尽管并不一定参与企业管理与决策，但企业的任何管理决策都需要落实到企业人、人群的行为当中。如果现有企业的组织形式、目标追求与它们的愿望、目标、需求相疏离，企业人及其群体就会调整自身行为，以水滴石穿的渗透效应影响企业目标的实现。所以，社会学视角的分析成果是对企业起源与本质认知的重要补充。

[1] 汪和建．企业的起源与转化：一个社会学框架 [J]. 南京大学学报（哲学·人文科学·社会科学版），1999（2）.

三、管理学视角

如果说经济学、社会学回答了企业产生的起源和本质问题，管理学则解决了企业运作方式问题。管理学维度以社会系统学派为代表把企业置于一个更广大的系统当中，强调企业是一个具有内在结构、机制和运作方式，又与外部环境不可分割的组织系统。

早在1835年，英国管理教育的先驱安德鲁·尤尔就在《制造业的哲学》一书中指出，在每一个工厂中都存在着“三个行动原则，即三个有机的系统：机械系统、道德系统、商业系统……‘机械原则’指的是生产的技术和过程；‘道德原则’指的是人员的状况”；‘商业原则’指的是通过销售和筹集资金使企业存在下去”❶。尽管尤尔一直为工厂制度辩护，却也关注到工厂中工人劳动强度、健康状况、雇佣童工等问题，为系统化管理思维的形成奠定了基础。作为社会系统学派的创始人，巴纳德在1938年出版的《经理人的职能》中通过对协作体系的深入分析，把企业定义为“有意识地协调两个以上的人的活动或力量的体系”❷。其中，每一部分都以某种重要方式同体系所包含的其他部分关联着，进而成为一个具体的协作整体。企业初始存在的条件是信息交流、做贡献的意愿和共同的目的这三个企业要素是否具备与均衡，但企业最终能否持续存在还要看企业能否同整个外界环境保持平衡。卡斯特和罗森茨韦克则把企业定义为“结构性和整体性的活动，即在相互依存的关系中，人们共同工作或协作”❸。他们认为：作为社会分系统的企业，必须在整个环境超系统的制约下达

❶ 丹尼尔·雷恩.管理思想的演变[M].李柱流，赵睿，肖聿，戴暘，译.北京：中国社会科学出版社，2004：85.

❷ 巴纳德.经理人员的职能[M].孙耀君，译.北京：中国社会科学出版社，1997：60.

❸ 弗莱蒙特·卡斯特，詹姆斯·罗森茨韦克.企业与管理：系统方法与权变方法[M].傅严，李柱流，译.北京：中国社会科学文献出版社，2000：4.

到其目标。如果企业想成功地获得产出，必须顺应社会的制约和要求，但同时企业也对环境系统产生影响。可见，任何企业都不是独立存在的，更不可能自我封闭。企业是存在于环境中、由相互依赖的多种要素组成的一个复杂的适应性企业系统。

巴纳德等学者在企业管理理论方面的创造性研究，奠定了现代企业理论的基础，不仅把企业作为一个相互联系的整体，还把企业置于更广大的社会系统之中，充分肯定了企业与社会在资源、环境、人员的交换和依赖关系，使企业的社会属性得到彰显，为企业社会责任观点的出现做好了理论准备。

以上对于企业起源和本质的元理论分析，是在企业广泛存在以后进行的理性反思，虽带有一定主观推断性，但通过这些学科视角的深入探究，使“兼具经济与社会属性的企业形式如何均衡协调二者关系”问题日益凸显。

第三节　企业承担社会责任的可能与尝试

毋庸置疑，现代企业并不是孤立的、隔绝的社会实体，它与社会发生着深刻且密切的联系：一方面，把物质、信息、技术、劳动力等资源吸纳到企业中进行加工、处理；另一方面，又把大量产品与服务输送到社会系统当中。身处广泛社会互动中的企业，是在维护自身利益的高墙内，通过采购、生产、运输和营销等行为追求效率、效益的极致，抑或把自己置身于社会运行的伦理秩序与法则中，在获取经济利益基础上理性、审慎地回应社会需求。企业应当采取何种态度回应社会的道德期待与伦理要求？这些问题一直存在着争议，也是讨论企业能否承担社会责任问题的前提。

一、企业“法人”身份

如果考察企业是否应当回应社会的“道德期待”与“伦理”[1]要求,最棘手的问题是企业中的每一个人作为道德主体可以为自身的道德行为负责，那么企业作为一种组织形式是否能够成为一个道德主体?能否为自己的行为负责?企业又应当采用何种方式来回应公共利益和承担伦理责任?

（一）企业与个体关系的悖论

一般而言，厂房建筑、机器设备、原材料、电力、能源等保障措施作为物质要素在企业生产经营中至关重要，但是相对于这些物质条件而言，个体劳动者的加入则是开启企业成长密码的钥匙。因为劳动者付出的脑力与体力使原本毫无生命的物质要素流动起来，变成了可以带来源源不断利益的资本。虽然，现代社会信息科学、电子技术的进步为企业发展提供了巨大推力，自动化技术乃至机器人的应用，仿佛使劳动者的素质和能力在企业价值创造中的地位愈显暗淡，但这都无法否认一个事实，企业是由人组建的并在人手中诞生的。

早在巴纳德对企业理论进行开创性研究时，就曾坦言，企业是两个以上人为达到共同目的而建立的协作体系。“复数的人”至关重要，人的活动和行为，产生这些活动的心理因素，以及有限的选择能力并同他们要实现的共同目的，是构成协作体系的关键。换言之，离开了人及其互动关系，企业就

[1] 在日常生活中,“道德”与“伦理”虽然经常混用,但在企业伦理分析中,二者还是具有显著区别的。道德由于多与主体意志相关，即与人在人格、意志方面的成熟程度相关，是主观意志对自身精神境界的高层次要求。道德律令虽具有一定强制性，但是道德主体也具有选择是否听从的自由意志，重个人操守和品德精神。伦理则更多强调人们信奉或遵守的习俗，强调维护社会总体、客观的善的秩序、规则与原则。

只能剩下空荡荡的厂房和一文不值的设备。那么，促成了企业协作的人们一直是企业生存发展的支配力量，能够持续控制企业的所有决策、行为及发展目标和方向吗？

答案当然是否定的。企业固然代表了个体的合作意愿与行动结果，但是企业中的每一个人的价值取向、立场、目标却是独立的、特定的、高度分化的，企业无法与其中的单独个体保持一致。换言之，诞生于个体成员协作行为的企业从产生的那一天起就从他们手中脱离开来，形成了自己独特的生存目标和运行方式，进而作为一种独立的“社会实体”得以出现。然而，应当看到，企业也不能离开企业人的运营和管理，但是此时的“企业人”绝不是企业中的任何一个人或某一特定人，而是保障企业生存、实现企业目标、关注企业利益的“代理人”。代理人发出的声音也不再是他们个人意愿的表达，而是对企业利益的主张和捍卫。由此可见，企业与企业中的人的关系是微妙的，经过企业人的首次触发，企业就像一架自组织的机器在社会环境中运行下去。

因此，我们在讨论企业时不能忽略构成企业的个体的力量，同时又不能把个体意志与企业意识混为一谈：二者既相互依赖、相互影响，也相互独立。

（二）现代企业的“法人”资格

企业虽由人创建、由人组成，通过分工与合作实现了结构化、功能化运作，但是否在其诞生第一天就获得了独立的身份？独立身份又是怎样获得的呢？秉承逻辑与历史相统一的原则，除对企业独立性进行理论推断外，还要从历史维度深入考察现代企业独立身份的取得过程与方式。

从历史的角度看，现代企业萌芽于中世纪后期欧洲一种合资贸易企业康门达（commenda）。16—17 世纪，荷兰和英国的商人为了便于发展海外贸易筹集资本，采取销售公司股份的方式组建企业，由此产生了早期的股份公司。但由于当时西欧各国并不承认贸易自由，所以，这些公司必须获得皇家公司的特许才能从事贸易活动，因此被称为“特许贸易公司”。特许企业建立的条款和条件详细说明了一个企业允许从事的行业、企业的有效期，以及对公共利益需要履行的义务。然而，特许经营对企业的要求绝不仅仅停留在设立时的审批手续，还有企业之外的公共力量——国家、地方政府对企业的管理、监督甚至裁撤，“一些州定期检查管辖区域内企业是否履行其在公共利益中的义务，如果未能履行，则会被取消特许权”❶，企业则因决策权集中在董事手中而可以自由转让股份。

17世纪末，商人们在没有特许状的情况下，模仿特许贸易公司的企业形式建立了合股公司。它具有能够筹集较多资本、股份可转让、集中经营管理等优点，因此深受投资者喜爱。“1837年美国的康涅狄格州颁布了第一部一般公司法，规定公司注册的标准程序，以明确的法律制度赋予和保障了合股公司法人地位。”❷“英国议会也在1844年通过了公司法，指明建立公司不必事先获取特许，只要通过简单程序就可以获准注册登记，并于1856年通过了一般有限责任法案，正式确认了注册公司股东对公司债务只负有限的赔偿责任。”❸公司从特许成立向依据准则成立的重大转变，为企业注入了依法设立、自主经营、独立承担债务等现代法人特质❹。

企业法人身份的取得是现代企业发展的关键一步，是使企业独立于国家特许制度的重要举措。“法人是具有民事权利能力和民事行为能力，依法独立享有

❶ 苏哈布拉塔·班纳吉.企业社会责任：经典观点与理念的冲突[M].柳学永，叶素贞，译.北京：经济管理出版社，2014：4.

❷ 王军，戴萍.美国公司法的发展演变[J].国际商法论丛，2006（10）：38-43.

❸ 邱伟华.国有企业公司化改革失效的原因与对策研究[M].南昌：江西财经大学，2004：3.

❹ 约翰·伊特韦尔.新帕尔格雷夫经济学大辞典（第一卷）[M].北京：经济科学出版社，1996：731.

民事权利和承担民事义务的企业。”[1]也就是说，企业成为具有民事权利主体资格的社会组织。

虽然企业由于法人资格成为民事法律关系的主体，但其与自然人在权利、义务等方面截然不同：第一，法人是社会组织在法律上的人格化，是法律意义上的“人”，而不是实实在在的生命体，依法产生、消亡。自然人是基于自然规律出生、生存的人，具有一国国籍的自然人就是该国的公民。自然人的生、老、病、死依自然规律进行，具有自然属性，而法人不具有这一属性。第二，法人的民事权利能力、民事行为能力与自然人也有所不同。自然人权利始于出生、终于死亡，法人权利始于成立、终于撤销；自然人完全责任能力一般始于18周岁，法人责任能力始于成立；只要法律法规不禁止的权利自然人就可以实施，只有法律法规允许的权利法人才能实施。

2021年1月1日起施行的《中华人民共和国民法典》在第一编总则第三章法人中规定如下[2]：

（1）法人应当依法成立。法人应当有自己的名称、组织机构、住所、财产或者经费。法人成立的具体条件和程序，依照法律、行政法规的规定。设立法人，法律、行政法规规定须经有关机关批准的，依照其规定。

（2）法人的民事权利能力和民事行为能力，从法人成立时产生，到法人终止时消灭。

（3）法人以其全部财产独立承担民事责任。

（4）依照法律或者法人章程的规定，代表法人从事民事活动的负责人，为

[1] 《中华人民共和国民法典》（第57条）[EB/OL].（2020-06-02）[2021-04-02]. https：//www.sohu.com/a/399233016_657668.

[2] 《中华人民共和国民法典》（第58-101条）[EB/OL].（2020-06-02）[2021-04-02]. https：//www.sohu.com/a/399233016_657668.

法人的法定代表人。法定代表人以法人名义从事的民事活动，其法律后果由法人承受。法人章程或者法人权力机构对法定代表人代表权的限制，不得对抗善意相对人。

不仅如此，《民法典》还将法人分为营利法人、非营利法人和特别法人。其中，营利法人为以取得利润并分配给股东等出资人为目的成立的法人。营利法人包括有限责任公司、股份有限公司和其他企业法人等。第86条明确提出“营利法人从事经营活动，应当遵守商业道德，维护交易安全，接受政府和社会的监督，承担社会责任。”由此可见，企业营利法人的属性使其作为现代社会伦理秩序中必不可少的道德主体成为可能。

二、企业“非道德性”神话

作为社会管理的主体之一，企业能否认识和践行社会一般伦理要求的重要前提就是企业本身是否具有道德性。如果企业仅以经济效益为目的，那么根本无法奢谈企业的道德及责任。但实际上，企业自产生那一天起就关注利润、成本、效率和市场等问题，也一直以经济实体自称，于是对企业道德性的考察就演化为标榜追逐自身利益和成长的企业是否受到道德标准约束的问题。

从17世纪中叶英国资产阶级革命开始，全球工业企业便进入一个快速发展时期。虽然企业刚诞生时受到皇家特许制度和政府严格监管的束缚而发展缓慢，但随着其独立经营权的取得而进入迅猛增长阶段，机器大工业生产方式释放出来的巨大经济推动力使自由资本主义在不到一百年的时间内进入鼎盛时期。当时，人们对企业的普遍看法是：企业经营的终极目标是获得收益，企业及其从业人员并不是不认可、不遵守社会一般道德，而是认为在企业经营活动中进行伦理道德考虑是不合时宜的。企业及其自身的行为也与道德无关，即企业经营无须关注伦理道德，被称为企业的“非道德性”神话。

即便多数经营者在经营管理中并不一定会采取违背社会道德的不正当手段，而且很多时候，他们可能也是讲伦理道德的人，但他们认为经营管理并不以遵守伦理道德为目的，而是要最大限度地追求股东的价值收益和回报，构成企业“利润先于伦理”企业社会责任的早期观点。

其中，最有代表性的观点就是弗里德曼多次重申的：“企业仅具有一种而且只有一种社会责任——在社会和规章制度许可的范围内，利用它的资源和从事旨在于增加它的利润的活动。”❶作为自由资本主义的代表，弗里德曼不是不主张企业承担社会责任，而是认为企业应当承担的唯一社会责任就是为股东实现企业利益的最大化。他也用亚当·斯密的观点为自己提供佐证。亚当·斯密认为，每个人都在努力获取自身利益的最大化，并不打算促进公共利益，“他受到一只看不见的手的指导，去尽力达到一个并非他本意想要达到的目的”❷。但当每个人都关注和追逐自身利益时，他就会促进社会公共利益，尽管提升社会利益并不在个人追逐的目标当中。而且这种效果要比他真正想促进社会利益时所得到的效果更大。因此，自由竞争中每个企业对自身利润目标的达成就是它们承担的唯一的、最重要的社会责任。在成就企业自身的同时，社会整体公共利益也能得以实现。

如果让企业在追逐经济利润的同时，还要服务于社会公益的话，那么势必会造成管理者对企业利润的滥用，导致企业经营成本增加，要么通过高价转嫁给消费者，要么减少股东的回报，降低企业的市场竞争能力。企业如果要促进公共利益的话，势必要进入与市场运营管理截然不同的社会管理领域。这样不

❶ 米尔顿·弗里德曼．资本主义与自由[M]．张瑞玉，译．北京：商务印书馆，2006：144.

❷ 亚当·斯密．国民经济的性质与财富的研究（下卷）[M]．郭大力，王亚南，译．北京：商务印书馆，2008：27.

仅会大大增加自身负担，而且还由于欠缺公共事务管理经验与能力而陷入无从下手的困境。不仅如此，企业对社会管理领域的渗透，也必然导致政府相关管制的介入与收紧，使企业丧失经营自主性与活力。

不可否认，弗里德曼的观点有许多符合时代发展状况的有价值思想。首先，他清晰地描绘了企业区别于政府、社会组织、家庭等企业形式的显著特征，也揭示了企业的成长动力在于获取利润。这是企业保持自身独特性的根基，在任何时候都是不可忽略的。如果企业不获取经济利润，生存都成问题，那还何谈承担社会责任？其次，他关于企业承担社会责任可能造成消极影响的观点，代表了古典企业责任观的基本思想与担忧。对自由主义市场经济的推崇，使持有这一观点的学者们渴望专业化的社会主体各司其职地管理公共利益与私人利益，二者互不侵犯；对政府管制的忌惮，使他们极力防止政治权力对经济领域的入侵，从而保障市场经济自由竞争的良性秩序。

然而，以弗里德曼为代表企业“利润优先”思想也具有很多局限性，造成十分严重的社会后果。

第一，企业生存、发展虽以经济利润为前提，但经济利润是企业生存、发展的必要而非充分条件。也就是说，对于企业而言没有利润肯定不行，但是追逐经济利润的企业就一定会成为一个发展状况良好、持续成长的好企业吗？答案未必如此。

第二，如果把企业仅界定为以竞争方式谋求自身利益最大化的企业形式，不免偏狭隘。如前对企业产生的元理论分析中已经述及，企业产生的根源既有经济利益的考量，也有社会组织形式进化的要求，还有团队生产的专业化方式带来的管理优势等因素。企业固然离不开经济利益来保证生存和成长，但也不能把对经济利益的追逐作为唯一目标，那只能使企业沦为攫取利润的工具。所以，企业并非只是经济实体，并非只有经济目的，而且以竞争、利润、生存等理由解释不道德行为的企业更是无法长期维系的。也就是说，“生存固然重要，但不是唯一重要的事。正如不能为比赛的冠军而不择手段。想要急速发财的人很多，但即使他们能够赚很多钱，将来也难以洗脱污名”❶。

第三，弗里德曼也强调企业“从事公开的和自由的竞争，而没有欺骗和虚假之处”❷，把对法律的遵从，对公开、诚信原则的坚守作为企业经营的前提。但由于企业“非道德性”神话已经深深植根于西方个人主义价值取向，而且它强调按照自身行为方式追求个人利益，最大限度地减少政府等外在力量对市场的干预，所以政府除了出台维持市场经济基本秩序的法律法规外，并未在伦理方面提供对企业正当交易、公平竞争的制度规约，反而依靠企业及其代理人的道德自制力与道德素养，缺乏有力的制约手段。不仅如此，当率先打破公开、诚信交易底线的企业无须付出更大代价却能获取高额利润时，这一功利主义、效率至上的价值观在资本运营中泛滥开来，企业也纷纷将公平、诚信的价值标准置于脑后，为了获得成功而不择手段。

所以，弗里德曼是典型的理想主义者，他追求完全充分的自由主义市场经济，期待市场运行中自动衍生出公平、正义、守法、诚信等价值信念。然而，现实总是残酷的，过度的市场化和放任的企业行为方式会带来极其严重的社会后果，行贿受贿、代理人失职、销售回扣、不安全产品等声名狼藉的商业事件层出不穷，“一切市场都会带来非常强烈的逃避责任的动机；将成本转移给社会，不在乎未来的价值，以及能给下一代留下什么。财产权鼓励人们在狭窄的范围内关心人，却是以对社会其余人的漠不关心为代价。而且，当几乎任何行为都能被辩护为对‘市场纪律’的反应，当几乎所有的非道德产品或服务的提供者都能宣称真

❶　李春旺．企业伦理 [M]. 台湾：正中书局，2000：224.

❷　米尔顿·弗里德曼．资本主义与自由 [M]. 张瑞玉，译．北京：商务印书馆，2006：144.

正的错误在于公众的需要时，市场的道德说服力就被侵蚀了”❶。

三、企业在经济与道德中的斡旋

实际上，企业在产生之初就已经开始在追求经济利益与践行一般道德的平衡，力图找到一条既能维护企业自身利益又可得到社会、公众更多支持与认可的长远发展道路。只是在消费者运动之前，这种考量仅停留在个别企业的自发层面，并未在多数企业中达成共识。

（一）父道主义是企业主对社会责任的最早尝试

企业最早在经济属性与道德属性上的对话与融通发生于企业人员在经营过程中的道德尝试，而这种道德尝试又与宗教信仰有关。

一般认为，企业这种大规模的商业活动最早产生于中世纪的欧洲。中世纪第一个大型公司式企业的出现与宗教有着密不可分的关系。为了强化修道院秩序，保证修道士行为端正，公元 525 年，隐士圣本笃在意大利中部建立了“本笃会”，亲自撰写了包括 73 项条款的《本笃规程》，规定加入修道院的修道士必须统一遵守。由于《本笃规程》简单、明晰，很快便被其他修道士团体采纳为管理的基本原则，本笃会也在这一过程中蓬勃发展起来。公元 12 世纪与本笃会齐名的西多会也快速壮大，这两个修士会及一些小的修士会建立了遍及欧洲、中东和其他地区的几千处会所。16 世纪欧洲宗教改革时期，修道院控制着欧洲约 1/3 的可耕种土地，广泛涉足制造业和贸易。❷当战争爆发时，修道院就成为唯一能够为民众提供安全与保障的社会机构。因此，这些修道院尽管并未被冠

❶ 鲍曼 . 生活在碎片之中：后现代伦理 [M]. 郁建兴，等译 . 上海：学林出版社，2002：306.

❷ 摩根 · 威策尔 . 管理的历史：全面领会历史上管理英雄们的管理诀窍、灵感和梦想 [M]. 孔京京，张炳南，译 . 北京：中信出版社，2002：44-48.

之以“企业”的名称，但它们已经采取了企业的经营方式，并且承担着保护公众的社会责任。

中世纪的公司在15世纪中期达到巅峰状态，此时的企业基本上都是显赫的家族企业。这些企业由家族经营，家族的血缘、亲缘关系和信任感成为运作的主要机制。即使在一些没有血缘关系的企业里，人与人之间类似亲属关系的信任纽带也受到鼓励。不仅如此，雇主往往把自己当作雇员的父亲，鼓励他们之间建立亲密的私人关系。

欧洲宗教改革以后，基督教新教逐渐转向经济理性主义，强调“宗教和道德美德中最高尚的不是从这个世界退出，而是认认真真履行好管理事业的职责”❶。马克思·韦伯认为，16—17世纪在荷兰、英国、法国等国引发大规模政治与文化斗争的基督教新教中，卡尔文教派以独特的“上帝预选”教义为资本主义精神的诞生奠定了基础。“每个人都有义务相信自己是（上帝的）选民，并且将任何怀疑都视为魔鬼的诱惑而加以拒斥……谆谆教诲人要以孜孜不倦的职业劳动作为获得自我确认的最佳手段。而且唯有这样，才能消除宗教的疑虑,并且带给人恩宠状态的确证。”❷这就使教徒内心充满荣耀上帝的理想，放弃唯利是图、不择手段的赚钱方式，转以诚信经营、诚实劳动、合理回报等光明正大的方式从事各种职业劳动，从而使他们作为商人的个人德性得到提升。

“在一个信奉基督教的国家里，宗教道德要求所有的人都正直无伪……尊重契约是商人们特殊荣誉的一个组成部分，也是与他们的地位相称的。由于尊重

❶ 托尼．宗教与资本主义的兴起 [M]. 赵月瑟，夏镇平，译．上海：上海译文出版社，2006：144.

❷ 马克思·韦伯．韦伯作品集Ⅻ：新教伦理与资本主义精神 [M]. 康乐，简惠美，译．桂林：广西师范大学出版社，2008：92-93.

契约，他们就比被看作没有道德准则的平民高出了一截。”[1]而且“由于天命的关系，基督徒必须具备的美德——勤奋、谦虚、严肃、节约——正好就是最适合商业成功的品德”[2]。这样，带有宗教情结、自律勤勉的企业主具有关怀、体恤劳工、雇员及消费者的同情与救助精神，愿意像父亲一样满足雇员的基本需求，并给予他们提高工资、带薪休假、改善工作条件等方面的温情。

然而，应该看到，父道主义是个别企业主基于自身的道德准则而做出的改变雇员生活状况的尝试，虽然在企业内部营造亲密关系、增强雇员对企业忠诚度等方面效果显著，但这种行为毕竟基于个别有产者的慈善理想和道德体验，并没有辐射到整个产业及社会，也没有切实改变其他企业主的经营方式和经济领域存在广泛道德真空的状况。

（二）工业民主进程的推进在改善劳资关系的同时，也重新规划了企业与雇员间的交往关系与管理方式

在西方早期的工厂制度中，军队式的命令传导方式与严格管制思维，使企业主与雇员完全处于相互对峙的紧张状态。机器大工业生产需要大量的熟练工人，但是最初进入工厂工作的雇员却是一大批并不具备机器使用技术和生产经验的农民、退伍军人及手工业者。他们没有受过专门教育，很难掌握高级的生产技术。面对这种状况，当时企业主在对雇员进行培训的基础上，普遍采用罚款、责骂甚至解雇等高压手段逼迫雇员像机器一样努力工作。在这一过程中，即便也经常使用提升工资、发放奖金等方式提高雇员积极性，但在多数情况下更多的是使用消极的制裁手段。这一时期，人们对利润构成与

---

[1] 菲利普·迪里巴尔纳．荣誉的逻辑：企业管理与民族冲突 [M]. 马国华，等译．北京：商务印书馆，2005：93-94.

[2] 托尼．宗教与资本主义的兴起 [M]. 赵月瑟，夏镇平，译．上海：上海译文出版社，2006：147.

人性的认知直接形成了工厂管理的主要精神风气。大卫·李嘉图在《政治经济学及赋税原理》一书中指出，工资与利润是成反比例的，工资越高，利润就越低[1]。基于此，企业主与雇员在利润分配上存在不可调和的矛盾。不仅如此，他还提出经济人的群氓假设，认为“社会由一群无组织的个人组成，他们以一种计算利弊的方式为个人利益思考和行动，因而需要使用绝对的、集中的权力进行管理”[2]。以这一经济思想为支撑，当时工厂管理中弥漫着严苛的管理氛围，工人生活得极度贫苦，“贫困把教育局限到可耻的地步，因而使人们的智慧埋没在黑暗里。贫困经常使人们牺牲个人的尊严，而且几乎总是由贫困来决定这种牺牲。贫困使具有独立人格的人降到从属的地位，因此，贫困就在人类的道德中隐藏着一种新的痛苦，并且把人们内心所具有的慷慨心变为怨恨”[3]。于是，雇员从毁坏机器、消极怠工开始争取自身合法权益的保障，成为工厂快速发展的重大掣肘。

因此，现代化工业进程的开启并不仅在于工厂生产方式的出现，而是要以一种更先进的工业民主思想对工厂管理理念和方式进行革新，化解雇员与雇主的矛盾，促成二者合作与共赢。大卫·李嘉图认为：“通过一切人的自由协作和他们之间兄弟般的团结，可以使一切人在精神方面和物质方面进行改善。”[4]在“现代管理学之父”泰罗眼中，企业主与雇员的关系也不应仅停留在斗争层面，而需要进行一场“思想革命”，即“劳资双方不再把注意力放在盈余分配上……将注意力转向增加盈余的数量上，使盈余增加到使如何分配盈余的争论成为不

---

[1] 彼得·斯拉法．李嘉图著作和通信集：政治经济学及赋税原理（第一卷）[M]. 郭大力，王亚南，译．北京：商务印书馆，1981：15.

[2] 郭咸纲．西方管理思想史（第三版）[M]. 北京：经济管理出版社，2007：52.

[3] 路易·勃朗．劳动企业 [M]. 何钦，译．北京：商务印书馆，1983：5.

[4] 同[3]：8.

必要。”❶ 劳资双方利润分配时不应只关注各自所占的比重，“当他们用友谊合作、互相帮助来代替敌对情绪时，通过共同努力，就能创造出比过去大得多的盈余”。这样就可以在不增加甚至减少工人工资所占比例基础上，做到既增加工人工资又增加资方的利润，实现双方的合作共赢。所以，泰罗希望通过科学管理转变劳资双方的思想态度：双方合作尽到生产最大盈利的责任。

就责任问题而言，泰罗在科学管理中对企业管理的责任进行了划分。他认为“企业中巨大的、非常繁重的新责任与负担都由管理方面自觉的承担起来”。基于此，他把管理人员的责任划分为四种：“第一，根据长期实践积累的知识和诀窍编制管理守则；第二，科学地选择和不断培训工人；第三，把科学与选拔培训工人真正结合起来，进行最佳动作、最佳工作数量的设计；第四，由管理人员专门承担管理工作。”❷ 当管理人员很好承担责任时，工人只需根据自身的体力、专长做好生产工作，各司其职，就能达到雇主与工人合作的理想状态，即“工人不再把雇主看作对头而是看作自己的好朋友，他们懂得了友谊和合作比冲突更好些”。

然而，现实是残酷的，在推行科学管理的工厂中，工人工资水平虽有改善，但劳动强度、工作任务数量大大增加。在资方主导下，工人的劳动能力被最大化为“一双手”。劳动者的工具化倾向重重打碎了泰罗“思想革命”的理想化愿景，显露出科学管理看似温情、实则严酷的物化管理思维。因此，唯有把劳动者从“一双手”还原为“一个人”时，平等、公平和权利等理念才有可能注入工厂管理当中。

现代工业民主是“一种以工厂为中心的微观民主”❸，是由经济共同体中的

---

❶ 泰罗．科学管理原理 [M]. 冯凤才，译．北京：中国社会科学文献出版社，1984：239-241.

❷ 同❶：241-242.

❸ 陈微波．工业民主理论的发展、困境及其变革 [J]. 社会科学，2012（6）：57-64.

工人取代政治共同体中的公民的管理思维，体现了民主思想在经济领域中的渗透与融合。其实，在泰罗时期就有一些雇主“思想比较开通、心地比较厚道，真诚希望他们的雇佣人员生活得比他们竞争对手的雇佣人员好些，……使用各种办法使他们的雇员得到更高些的工资，……工人的反应则是表现出真正的主动精神，忠心地努力工作”❶。但是这种行为在当时的工厂管理中却并未普及，除像父道主义一样代表个别雇主较高的道德水平外，并未得到推广和广泛应用。

因此，工业民主其实是要摆脱个别雇主的“恩抚效应”，通过“联合劳工经理委员会”等集体形式介入工厂管理，在劳资协商、对话中以更加完备、更具示范性的制度安排保障工人权益、改善工人福利和工作条件，这从逐渐修订完善的《国际劳工企业公约》可以管窥一斑。如《国际劳工企业公约》中的第 29 号“强迫劳动公约”（1930 年）、第 87 号“结社自由和保护企业权利公约”（1948 年）、第 98 号“企业和集体谈判权利公约”（1949 年）、第 100 号“同工同酬公约”（1951 年）、第 105 号“废除强迫劳动公约”（1957 年）、第 111 号“（就业和职业）歧视公约”（1958 年）、第 138 号“最低就业年龄公约”（1973 年）、第 182 号“禁止和立即行动消除最恶劣形式的童工劳动公约”（1999 年）❷等内容，多角度地保障了工人在劳动自主权、集体谈判、自由结社、男女同工同酬、最低年龄、职业安全与健康、童工等方面的权益，使公民的民主权利不仅在政治生活中得到实现，而且在工业生活中也受到保障，从而改变“社会民主而企业不民主、政治自由而员工不自由、制度公正而产业不公正的局面”❸。

不难看出，工业民主代表了所有企业人平等参与管理活动的形式或程序诉求，即便在民主进程中并不一定增大某个群体的私人利益，却体现了对某

❶ 泰罗 . 科学管理原理 [M]. 冯凤才，译 . 北京：中国社会科学文献出版社，1984：243.

❷ 任荣明，朱晓明 . 企业社会责任：多视角透视 [M]. 北京：北京大学出版社，2009：288-289.

❸ 李萍 . 工业民主对管理哲学研究的时代意义 [J]. 中国人民大学学报，2006（4）：10-16.

一群体充分尊重的价值追求，使原本处于对抗两级的劳资双方架起交流、沟通的桥梁，以至于“把集体的力量看得重于领导者个人的作用，强调职工参与决策”。[1]不仅如此，由于企业在该阶段的核心目标是协调内部劳资关系，所以在经济与道德的斡旋尝试主要在如何划定企业运营底线、化解劳资矛盾、革新管理方式上。企业的责任担当也集中于内部生产任务的完成，以及其对雇员基本权益的保障，并未顾及企业在社会一般道德规范体系中的角色、地位和作用。

（三）消费者运动和环境保护主义的伦理压力推动企业重新定位其道德属性与伦理责任

现代企业虽然自成系统，但并不是孤立的、完全自足的系统。作为社会不可或缺的组成部分，企业需要与个体、人群及其他组织进行资源、信息、产品、技术的交流与互换。在短缺经济条件下，企业作为产品的供应方在市场中处于支配地位，集中主要力量关注内部劳资关系改善、生产效率提高无可厚非，而且也会降低生产内耗和运营成本。但随着市场经济的深入发展、过剩经济及买方市场的到来，企业不得不转变原有专注生产的内向化思维，把视线投向宏观的市场经济情境，在认真思考如何降低上游采购成本、中游运营成本及下游销售成本时，更要考虑在与同类企业日益激烈的竞争中如何获得消费者认可、赢得更多的市场占有率和份额，如何处理好与政府部门、所在社区、社会媒体间关系。这些问题的出现表明，企业不能再按照原有的仅关注企业内部生产过程的经营轨道继续追逐利润的最大化，而需要把自己真正契合于社会运行的一般规范当中，在通行的社会道德规范框架下，找到、找准自己的位置。

[1] 孙耀君 . 西方管理学名著提要 [M]. 南昌：江西人民出版社，2005：465.

提及企业应当遵守社会道德规范时，隐藏着一个问题，就是企业为什么要遵守社会一般道德规范？其实，在理论上，所有社会行为都被预设为存在于一定道德背景中，经济行为也不例外。社会是由各种利益、价值取向并不相同的个体、群体乃至组织构成的，它们之间是合作的、互助的还是抵触的、对抗的，其关键在于必须存在一个能够把异质主体容纳于其中的规则体系。这一规则体系既包括像不杀人、不抢劫、不伤害他人等以法律形式存在的制度底线，也包括像诚实、信任、公平等以道德形式存在的行为法则，在得到社会主体认可与尊重的同时，又约束着它们的行为。在规则体系中，法律、法规诉诸国家权力机关的强制力，保障其具有至高的权威性、神圣的不可侵犯性和对社会底线的塑造性。所以，法律对违背人类集体生存法则行为的大力惩戒构成了社会运行的最基本要求，建构了社会秩序的基本框架。然而，应当认清的是，完全按照法律、法规运行的社会虽一定不是一个人人自危的“坏”社会，但也不一定是一个尽善尽美的“好”社会。因为“好”是具有相对性的关系范畴,代表高出底线标准的更高追求。作为社会底线的法律、法规构建的是社会运行的最基本框架，不能面面俱到，也不会尽善尽美。于是，道德规范及其要求作为社会乃至经营活动的“润滑剂”，即便不具有外显的强制力，却以一种日常化的方式渗透于社会成员思想、行为及价值观念当中，作为社会运行的内在原则与尺度，形成社会生活的精神氛围和舆论空间。其实，公平、诚信、守诺、负责等道德原则的通行不仅是一种理论上对美好社会的强烈追求，而且也具有降低交易成本、提高生产效率、提升团队合作效能等经济学意义。

然而，值得注意的是，事实与应当之间存在着巨大差距，“企业应当遵守道德原则”并不能等同“企业自主遵守道德原则”。由于企业“非道德性”神话在西方社会具有非常广泛的社会基础，追逐企业利润、股东利益最大化已成为企业的基本经营原则，开明商人自发的道德行为根本无力改变企业界逐利的整体状况，唯有强大的外部力量才可迫使企业修正原有的经营观念和价值判断。

实际上，在片面逐利价值观指引下的企业存在着产品质量缺陷、环境污染、商业欺诈、贿赂等问题，在社会上引发了不良后果，并能直接导致声势浩大的消费者运动。

1844 年，英国的“罗齐戴尔公平推动者协会”通过开办平价商店、在会员中分享自助服务的廉价商品来揭露和限制销售商的暴利，成为世界上最早的消费者联盟企业。这一行动很快波及其他欧洲国家，并获得极大发展，建立了许多消费者生活协助企业。20 世纪初，美国围绕产品安全、设计缺陷等问题的消费者运动开始出现。1906 年，辛克莱在《丛林》一书中揭露了芝加哥食品加工车间和包装的恶劣卫生状况，引起了消费者的广泛关注，直接推动了《纯粹食品和药品法》的诞生。[1] 1965 年，拉尔夫·纳德出版《任何速度都不安全》一书，揭露了美国汽车工业把利润和款式置于乘客生命、安全之上的巨大安全缺陷。这些缺陷曾导致多起交通事故和人身伤亡。在与通用汽车公司的官司胜诉后，他成功组建了汽车用品投诉网络，并积极推动立法保护消费者权益。不仅如此，20 世纪 60 年代，美国内陆城市开始衰落，污染、有毒物质及核废料等生态问题日趋严重。1967 年的《肉类卫生法案》、1968 年的《确保健康安全辐射控制法案》、1972 年的《清洁水法案》及 1976 年的《有毒物质控制法案》[2]等，都是在消费者运动和环境保护运动中颁布并通过的。由此可见，随着健康和维权意识的增强，公众往往通过大规模抗议、投诉、抵制和起诉等方式对

---

[1] 李萍．企业伦理：理论与实践 [M]. 北京：首都经济贸易大学出版社，2008：46.

[2] Archie B Carroll，Ann K Buchholtz. Business and Society：Ethic and Stakeholder Management [M]. Cincinnati：South-Western，2006：452-455.

食品、药品等日常生活必需品等领域展开联合维权运动。

20世纪七八十年代，一大批出于公益、道义目的组建的志愿者组织，如绿色和平组织、环境保护组织、慈善组织、妇女儿童权益保护组织等，纷纷加入到对公众权益的伸张和维护活动中。1985年，联合国将美国肯尼迪总统提出的、经由国际消费者组织联盟扩展的八项权利——满足基本需求的权利、安全消费的权利、知情权、选择权、意见表达权、申诉权、教育权、健康环境权，纳入《保护消费者准则》。为了纪念肯尼迪总统发布《消费者权利咨文》，规定自1983年起，每年的3月15日都被作为“世界消费者权益日”，从而使企业在产品与服务方面的责任意识都得到显著增强。

政府、非营利组织、普通民众对企业经营活动的监督，使企业界开始反思：对于企业而言，单纯追求利润最大化能否使企业的经济利益最大化？面对伦理失当，企业是自我管制还是引入政府管制？哪一种能带来企业利益的最大化？

1991年11月，美国国会通过《联邦企业量刑指南》（以下简称《指南》），首次提出以法律形式鼓励企业采取行动，开发有效的内部法律与伦理合规项目，防止失范行为发生。《指南》强调，企业与政府管制机构一起采取行动，防止失当行为，从而敦促企业为了避免处罚，不断修正与开发自身的价值体系，执行合乎社会一般道德规范的内部伦理原则，也使企业社会责任进入更多业内人士与研究者的视野。

第四章 全球化交往与企业社会责任规制

发端于消费者运动与环境保护主义的企业社会责任，在产生时就难以避免外在力量的约束与规制。这些规范虽然限制了企业的自由成长，似乎成为企业发展的桎梏与负担，却也为企业走出一国边界、融入国际经济体系、展开全球化交往，提供了可以弥合地域文化、民族特质、产业属性、经营方式等方面差异的共同平台。在近 70 年的时间里，企业社会责任不仅促进自身理论体系发展与成熟，而且也实现了从学院走入业界的嬗变。然而，作为一种可持续的治理模式，企业社会责任不仅需要政府、社会组织对企业的外在规制，而且更需要把企业、企业成员乃至社会公众作为社会责任践履的共同主体，在对社会责任的慎思与担当中确立企业社会责任的主体间性考察路径。

第一节 全球化与全球化交往

当今时代，全球化作为一种社会发展的客观进程，以一种势不可当的趋势席卷全球，在成为人类进入全球变革时代精神符号的同时，也成为塑造社会政治、经济、文化生活的巨大动力。个人、企业乃至国家均可感受到商品、资本、价值观念、思想成果和意识形态的广泛传播与流通。原有作为贸易交往方式的全球化内涵不断被改写，政治上的共赢、科技上的共享、文化上的共鸣不断为全球化注入新的“血液”，使全球化日益成为个人、企业、民族国家和社会的交往方式。

一、全球化及其实质

自20世纪80年代“经济全球化”一词在西方报刊出现以来，全球化就作为全球经济、政治、科技融合共生的一种崭新方式，进入媒体和公众视野，成为不断引起热议的话题。一般而言，全球化发端于经济领域。经济活动的全球扩张极大彰显了全球化对经济空间的延伸作用，“商品、服务、资本和技术在全球范围内的广泛流动和配置”，使全球化概念和思维得到最为迅猛的发展。国际货币基金组织把经济全球化定义为“通过贸易、资金流动、技术涌现、信息网络和文化交流，世界范围的积极高速融合，即世界范围各国通过正在增长中的大量与多样的商品服务的广泛输送，国家资金的流动，技术被更快捷地传播，而形成的相互依赖现象。其表现为贸易、直接资本流动和转让”❶。

其实，到目前为止，全球化已经不仅实现资本、劳动力和技术的全球流动，而且还不可避免地带动文化、意识形态、生产方式的交流与对话。因此，全球化的影响是多方面的。

经济生活、政治生活、文化生活的频繁互动与融通交流，促成了经济、政

❶ 国际货币基金企业．世界经济展望 [M]. 北京：中国金融出版社，1997：45.

治及文化的全球化。"从经济上说，全球化意味着跨国公司、国际资本、全球贸易，即生产和流通过程的国际化；政治上说，是原有的民族和国家不再是自明的分析单位，跨国家、跨地区的国际企业在全球事务中的作用日益重要；从文化角度说，是全球化的文化市场的形成（包括国际资本介入各民族和国家内的文化市场，对其投资和制约，国内文化制作与国际性的文化消费市场的关系），消费主义的全球性蔓延。而全球化的步骤则由经济与金融界扩散到文化界，由西方波及东方。"❶所以，全球化是全球生产要素、意识形态、文化观念的重新组合，是超越国家、民族界限的一体化机制的呈现。

追溯全球化进程的开端，有学者认为，与基督教产生相关的《圣经》中"整体性世界"思想、15—17世纪欧洲原始积累时期的"地理大发现"，在传播思想意识形态、开辟世界市场的同时，结束了世界各地的割裂和孤立状态，使世界各国的思想交流和贸易活动逐渐密切联系起来。毋庸讳言，信仰的传播、地理上的发现、贸易上的往来必然为世界各地的沟通和交流提供了物质媒介和渠道，也为全球化生产、贸易、投资和金融的实现准备了条件，但并不足以为全球化发端于此提供充分论据。因为当时即便有遍布世界各地的传教和贸易活动，却并没有生成当前频繁使用"全球化"❷概念。虽然我们不能用一个词语的存在与否来完全评判当时的历史事实，但词语并不能凭空产生，一定是某一种现象在社会中已经相当普遍、广泛且深入人心时，才需要找到合适的语言形式进行表达。20世纪80年代，"全球化"一词出现并迅速得到世界各国的认可和使用。这在一定程度上表明，单纯为历史上经济活动的全球流通冠以"全球化"之名

❶ 赵允福．文化交往与文化全球化研究 [M]. 北京：中国时代经济出版社，2014：2-3.

❷ 全球化这一概念发端于西方话语体系，20世纪60年代著名的传播学者马歇尔·麦克卢汉率先提出"地球村"（global village）概念，并出现"全球的"（global），"全球性"（globality）等词语。1985年，泰奥多尔·莱维首次在《谈市场的全球化》中使用"经济全球化"（economic globalization）一词，用以说明当时世界经济呈现出的全球化趋势。

是有失偏颇的，直至社会发展进程中各国的贸易流通和文化交流均呈现出与前不同的特性，全球化才可谓产生。那么，剥离全球化纷繁复杂的各种表象，全球化“是其所是”的核心特征有哪些？

（一）突破民族和国家的界限，实现生产要素等资本的全球扩张

跨越构成现代世界体系的民族和国家边界是全球化的第一前提。现代民族和国家边界包括两个维度：一是地理边界，即国家领土范围的有形界线；一是文化心理边界，即民族文化国民心理塑造的心理边界，是以国家和族群认同为基础，对自身文化归属身份的认知。全球化以便利的交通条件为基础实现资本、技术、信息和劳动力等各类生产要素以空前的速度和规模，跨越民族、国家界限，相对自由地流动和配置，是资本全球扩张的结果，也是全球范围内最佳的资源配置方式。因此，个别国家的生产要素配置活动不能称其为全球化，而是通过生产资料的全球流通，推动世界各国的生产、交换、分配、消费等环节的相互联系和依赖，使国家日益融入世界经济整体。“随着贸易自由的实现和世界市场的建立，工业生产以及与之相适应的生活条件的趋于一致，各国人民之间的民族分割和对立日益消失。”❶诚然，这是一种全球化的理想状态，无论全球化最终能否消弭民族间的分割与对立，并不妨碍全球资本、政治观念、文化意识沟通与交流的整体节奏和步伐。

（二）采用整体化视角推动政治、经济、文化在全球范围的整合

全球化不仅关注跨越空间障碍、制度及文化障碍进行生产要素的全球扩张，而且更强调在全球范围内实现物质、信息的充分沟通，不断取得共识，在众多领域制定共同遵守的规则，采取共同的行动。慕尼黑大学教授乌尔利希·贝克

❶ 马克思，恩格斯．马克思恩格斯全集（第 1 卷）[M]. 北京：人民出版社，1995：291.

在《什么是全球化》一文中指出："全球性描述的是这样一个事实：从现在起，在我们星球上发生的事情失去了地域的局限。所有发现、所有胜利与灾难都与整个世界息息相关。我们必须把我们的生活与行动、我们的组织与机构，按照地方——全球的坐标重新定向，重新创建组织。"❶这表明，全球化使不同国家和地区在保有各自独特性的同时，在政治、经济和文化等领域的共性在增加，在国家交往、地区和平、生态失衡、资源枯竭、环境污染、人口爆炸和恐怖主义等领域，共同参与合作的范围逐渐加大。

（三）现代化物质媒介的发明和应用成为全球化的实现动力

全球化进程的实现依托于能够将世界各个国家和地区密切联系的手段。乔治·索罗斯就曾指出，全球化主要是指资本的自由流动、全球金融市场及跨国公司对各国经济支配的日益加强。❷金融市场和跨国公司的发展与繁荣，在一定程度上促成了经济全球化的出现。如果没有世界范围内的资本、金融市场及跨国集团，全球化也就失去了具体的物质载体，无法真正发挥所用。所以，正是这些把一个国家与其他多个国家密切联系起来的物质媒介的发展，才使全球共享资本、信息、技术，从可能走向现实。

依据物质媒介变迁对全球化进程的推进，全球化可分为三个阶段：第一阶段是 18 世纪以蒸汽机和电动机发明和应用为主要标志的西方产业革命的兴起。这一巨大的物质进步，使一些国家率先发展起来，打破地方和国家自给自足和封闭自守的状态。开拓世界市场，虽与当时的殖民体系密不可分，却也由此使世界经济具有了真正意义上的全球性。第二个阶段是电子技术的迅猛发展。19 世纪中期，西方国家电子技术突飞猛进，即时传播的通信手段相继诞生，运输

❶ 王献福，李德全．全球化趋势与国家文化安全 [M]. 郑州：河南人民出版社，2014：4.

❷ 乔治·索罗斯．索罗斯论全球化 [M]. 王荣军，译．北京：商务印书馆，2003：156.

和通信成本大幅下降，使世界各个角落的同步沟通成为可能。各国间的经济贸易、技术交流更密切，全球化成为不可阻挡的社会发展进程。第三阶段是20世纪末信息技术革命的到来。在信息技术革命背景下，技术创新、制度创新的全球扩散，资本的全球流动，信息的全球共享不断赋予全球化以新的内涵。当前，以互联网为标志的全球信息革命冲破了民族和国家的文化壁垒。多元民族文化在网络上碰撞、贯通，极大地促进了交流、沟通和融合，使区域文化资源汇聚成人类共享的资源，促进文化的全球化交流进程和步伐。

由此可见，全球化不仅是一个历史性的社会变迁过程，而且也是当下世界政治、经济、文化所处的现实境遇。它在不断给各个民族国家提供机遇和发展动力同时，也使国家、企业及个人交往面临如何跨越不同文化价值理念、融入全球化进程等问题。

二、全球化语境中的企业交往

一个企业能否生存和不断发展，在一定程度上取决于它是否顺应时代潮流，积极成功地回应各种内外挑战。企业在产生、成长、壮大的过程中时刻都需要应对外部生存境遇和内部运营问题。企业与政府部门、社会机构、服务对象、竞争对手间的交流与互动，企业内部成员间的沟通与合作，共同构成企业交往的主要形式。

就内涵而言，企业交往是与企业有关的交往形式和行为，实则是把交往的主体固定在企业及企业中的人身上。也就是说，企业情境下以企业中的人和企业本身为主体，与个体、其他企业的交互作用行为。企业交往是其存在的基本形式，是利用内外部资源达成自身目的的现实活动，所以无论物质要素的配置、使用，抑或成员的信息分享、协调沟通，甚至企业对服务对象要求的满足，以及企业间的竞争与合作，都是其生存和发展必备的前提。如果没有丰富、连续的内外部交往，企业就只能成为生产要素的堆砌。

（一）企业情境中的交往

企业情境中的交往是人际交往的一种特殊形式，是成员在企业这一营利性组织中相互联系的活动方式。在此情境中的交往，并不仅指企业信息单向度（自上而下或自上而下）的传递和控制，而且还同时包含企业与成员作为交往主体，围绕企业目标与个人目标、效率与公平、企业发展与个人成长等问题，进行双向、交互的信息共享，情感交流以及行为沟通。我们经常讲“人是社会关系的总和”，在现代社会，人的“社会性”或“社会关系”很大程度上具体表征在职业组织当中。作为有效的社会实体，企业为满足人类物质与精神生活需求提供了物质条件。可以说，每个成年人都通过加入一定职业群体而使自身的社会属性得以展示和完成。正是通过与企业内其他成员大量、频繁、深入的交往活动，成员才逐渐摆脱逐利目标对其意志的消极制约和束缚，在企业中建立彼此交融、互济的交往法则和秩序，弥合个人与企业的罅隙。

进一步而言，企业中多主体的交往与互动也是形构企业文化的重要因素。在此选取企业文化理论创始人沙因对企业文化的经典定义来做一分析。沙因认为：“企业文化是群体在解决其外在适应与内部整合的问题时，学到的一组共享的基本假定。因为它们运作得很好，而被视为有效，所以传授给新成员，作为当遇到这些问题时如何去知觉、思考及感觉的正确方法。”❶ 也就是说，文化基本假设作为企业文化的核心，是通过成员间的示范、学习和传承确立起来的。如果没有成员间的交往，就不会有文化的生成。其实，“企业文化存在深层假设”的观点早已被学界广为吸纳，并内化到企业文化理论的基本内核之中。即便在

❶ 埃德加·沙因．组织文化与领导 [M]. 陈千玉，译．台湾：五南图书出版股份有限公司，2005：12.

有些学者的文化理论中被换称为“价值观”，仍不能改变其驻足于企业文化深处的地位。沙因的文化理论在开启企业文化研究的同时，也为企业行为学研究向成员参与、企业学习、企业认同、企业承诺等新界域的拓展奠定了基础。那么企业文化的深层精神内涵如何在成员中学习、认可、接受和传播？这就需要确立企业文化和企业认同的对接并使其契合，也是后面着力要解决的问题。

（二）企业的全球化交往

企业交往不仅指企业内部成员个体间、成员与企业的交往，也包括企业与政府部门、社区、服务对象、媒体和公众等其他利益相关者的交往。企业外部交往的对象范围很广，指向所有企业生存、发展涉及的国家、社会组织及个人。

不仅如此，随着全球化发展进程的不断加快，政治、经济和文化的民族性与世界性关系越来越紧密，不同生产方式、消费方式、观念意识在相互渗透、相互吸收中呈现出某种同一化趋势。企业也日益面对可能来自世界各地的交往需求，与不同国家、地区、民族的企业及个人进行沟通与合作。只有开放的、具有应变意识和能力的企业，才能突破自身的视野局限，勇于面对多元社会的经济、政治与文化要求，在尊重、平等的基础上与外部环境相匹配，达成共享价值。

不可否认，在全球化进程中，可能存在某种强势的社会理念或强势的社会经济和文化力量所支撑的文化价值系统，会被强行作为全球化运动的目标强行推进。这难免会使面对多元文化问题的企业感到乏力，无所适从。但也应看到，全球化并不是所有地域政治、经济和文化的雷同化，而强调保持多样文化体系的对话性和开放性，是在保持个性化、多元化前提下，在深入了解不同地域风俗、习惯、规则和法律体系基础上，相互融合、相互吸纳，达成的某种价值共识。实际上，“文化全球化是民族文化通过交流、融合、互渗和互补，不断破坏本民族文化的地域和模式的局限性而走向世界，不断超越本民族文化的国界并在人类的评判和取舍中获得文化认同，不断将本民族文化区域的资源转变为人类共享、共有的资源”❶。

在此背景下，企业交往就不能仅立足于企业内部的狭小空间，而应放开眼界，从其自身和交往对象的民族、国家情境考察交往活动和行为，深入了解全球化进程中资本、技术、人才、知识和信息等生产要素跨国流动的规则和机制，了解各民族文化和价值观的多样性与差异性，在碰撞中吸收彼此的优势，形成并彰显一些如平等、互助、诚信、效率和公平等具有普遍意义的价值取向及道德标准。由此，全球化背景下的企业交往有以下三方面尤其引人注目。

第一，企业的全球化交往不仅是交往范围扩大，交往对象增多，更是强调企业的开放性和应变性。换言之，企业的内部管理与运作固然重要，但企业并不是一个孤立存在，必然存在于一定政治、经济和文化场景之中，必须熟悉一定地域、国家乃至民族的文化规则，并且与它们并行不悖，这样才能最大限度为服务对象及社会公众所接纳。因此，企业的全球化交往，除了要求更大程度地接触其他地域、国家的文化形式，了解它们的风俗、习惯和交往原则，还要求企业打开封闭的企业边界，使先进的管理理念和方法、社会通行的一般道德、国际运行惯例在企业中有效交流，使企业成员具有审慎认知和评价自身与外部价值系统的能力，从而保证企业具有持续的创新和发展能力。

第二，企业的全球化交往要将企业文化、社会文化和其他民族文化的相互交融，实现多元化与一体化的并进。通常情况下，企业交往发生在三种文化环境之中：一是企业内部的文化环境。二是企业所归属的社会文化背景。企业虽生长在一定的社会文化环境，但由于企业的逐利性和目标性，企业内部具有的

❶ 藏学英，张东．有关“文化全球化”问题的思考 [J]. 天津师范大学学报（社会科学版），2001（5）：15-18.

伦理守则、价值判断与其所在的社会文化通行的一般道德规范、价值准则之间往往并不一致；换言之，企业为了自身目标的实现、利益的最大化，往往把公众利益、社会公德放在企业私德之下，从而造成企业对社会一般道德的背离和无视。所以，企业与所处社会文化背景的交往就是要努力弥合企业道德与社会道德标准的距离，使企业在享有获取利益的权利时也能够较好地履行作为社会主体的义务，真正成为社会公德的践行者和载体。三是与企业相关的其他民族文化环境。企业不能仅与自己所在的国家、民族文化打交道，跨越国家界限的经营管理活动，必然把不同国家、民族的文化规则和惯例带到企业面前。企业，尤其是跨国运营的企业或集团，往往面对异质文化的冲击和碰撞时，保持自身的固有文化思维和理念还是接纳异质文化体系，成为一个让很多企业手足无措的问题。企业对全球化交往的恐慌多来自对多元文化差异的无意放大。所处地理位置的疏离、语言上的交流障碍、价值观的差别、经营管理方法的迥异，都成为造成企业跨文化交往紧张的重要原因。其实，企业的全球化交往并不存在无法跨越的障碍，“文化是个人和机体组织起来并从时间和空间上建立认同概念的中介。当人们把文化的主体定位于社群、民族和国家的时候，他们所看到的只能是多元文化、异质文化；但是当人们把文化现象定位于人类主体的时候，文化的共同性就是难以否认的命题”❶。也就是说，如果企业总是站在自身、本国和本民族立场上来看待全球的交往活动，那么文化的差异永远像山峰那样无法逾越。但如果企业立足于管理行为、交往行为、服务于社会公众等对各民族具有普遍意义的“共享价值”时，全球交往就会变得简便易行。因为固然企业所处的民族文化背景不同，但是它们期望达到的社会终极目标是一致的，都是为了增加服务对象的利益和福祉，实现企业长期和稳定的发展，所以企业在这三种文化环境中的交往，是企业交往的重要内容，也是推动企业融入全球交往体系的举措。

❶ 花建．软权力之争：全球化视野下的文化竞争潮流 [M]. 上海：上海社会科学院出版社，2001：261、247.

第三，全球化交往并不是吞噬企业的个性，而是帮助企业更好地了解全球化的交往规则，在生成并保持自身独特性的同时成为与外部世界契合的有机体。全球化交往使企业可以面对多种文化式样，认识和了解更多经济运营规则和管理方法，使企业在实用性方面能够与世界潮流同步，更好地成为世界政治、经济和文化体系的组成部分。然而，也应看到，全球化的同质化是有限度的。企业在实用性方面与全球同行标准的靠近，虽可为融入世界体系提供便利，但并不一定真的能够改变企业的文化特质。也就是说，企业根深蒂固的思想观念、思维方式、行为准则即便在全球化进程中有所调整，可如果希冀能够全面改变企业骨子里所具有的民族文化、国家文化特质并不现实。而且如果企业在全球化过程中纯粹、彻底地接纳全球化同行的价值体系，也会使其失去自身的个性和独特性，而被本国、本民族文化孤立并变得不伦不类。所以，企业的全球化交往面对最多的应当是文化差异的相互挑战、相互对话和相互激荡，在捍卫本土价值和接纳多元文化的双重过程中，企业形成独特的并为世界所接纳的价值体系。

第二节　企业社会责任的内涵

那么，何为企业的社会责任？企业承担社会责任是企业的内在本质要求，还是政府、社会强加给企业的沉重负担？企业社会责任这一范畴自产生那一天起，这些问题就一直困扰着企业的经营者、管理者及研究者。在当今社会，即便已经达成“企业应当承担社会责任”的普遍共识，但哪些责任是企业应当承担的，哪些责任是企业无力承担的，企业应当做出或不做出何种行为才能更好地履行自身的社会角色和功能，也成为摆在每一个试图获得长期可持续发展机会与竞争优势的企业不得不审慎思考的问题。其实，这些问题勾画出当前企业社会责任领域的关键，即企业社会责任的内涵、企业社会责任的范围，唯有澄清这些核心内容，才能够真正解决当今社会企业社会责任在缺失与泛化中摇摆不定、虽有理论支撑却在实践上进展缓慢等现实困境。

一、何为责任

“责任”一词来源于拉丁文“respondo”，意为“我作答”，即对另一件事情的回应。现代社会理解的责任，一般包括以下两个维度。

第一，责任是指“行为主体对行为及其后果的担当，是一种对行为及其后果的问责”[1]。这一观点实际上最大限度关注了行为与责任的因果关联性。“首先，责任的最一般、最首要的条件是因果力，即我们的行为都会对世界造成影响；其次，这些行为都受行为者控制；最后，在一定程度上他能预见后果。”[2][3]无论自愿还是强制性责任，均与特定地位、角色、能力和行为存在直接或间接的因果联系，从而使“谁来承担责任”的责任主体能够得到追溯与确认，使“是否履行责任、在何种程度上履行责任”的责任边界更加清晰，为责任及其履行找到一条较为科学的分析路径。

第二，责任有“应做”和“分内之事”之意，如“责任是指一个人的资格（包括作为人的资格和作为角色的资格）所赋予，并与此相应地从事某些活动，完成某些任务及承担相应后果的法律和道德要求”[4]等。这一维度既指明了与角色、职位相契合的责任本身的内在规定性，又把对责任履行情况的监督推进一步，如未能做好分内之事就要承担相应的否定性后果。

[1] 田秀云，白臣 . 当代社会责任伦理 [M]. 北京：人民出版社，2008：1.

[2] Hans Jonas. The Imperative of Responsibility [M]. Chicago：University of Chicago Press，1984：90.

[3] 曹南燕 . 科学家和工程师的伦理责任 [J]. 哲学研究，2000（1）：45-51.

[4] 沈晓阳 . 西方伦理学中的责任根据理论探析 [J]. 杭州师范学院学报，2002（3）：33-37.

值得注意的是,责任是具有实践品格的。无论是自愿性责任还是强制性责任，当对自身责任内容进行说明时，我们说它们仅是理论上、潜在的责任，并不具有现实性。唯有当责任相关主客体在具体实践活动中相遇、依照社会或企业通行的道德与行为准则显现和成就自己，才使责任获得现实性。

在现实生活中，当责任主体与客体在日常生活中相遇时，未必都能完美地履责，可能出现并未履行分内职责或履责不利的情况。未履行分内责任与不利性后果的叠加更加富有深意。对未能做好分内之事的问责是对责任行为不当或过错的追究，是责任由“应当”变为“现实”过程中对偏颇问题的矫枉和纠正，使责任的实践品格得到了更切实有效的保障。对责任的否定性后果一般采取惩罚或谴责形式。惩罚性责任主要是对由特定行为引起的损害承担补偿、强制履行或接受处罚等特殊义务，往往表现为外在社会强制力量对责任主体失责行为的具体惩戒，如我们通常所说的经济制裁、法律制裁等。这在一定程度上体现了责任所具有的他律属性。此外，当责任主体因过往行为过失或不当后果而受到来自舆论、道义或良知方面的谴责与评价时，谴责往往成为道德责任的主要追责方式。虽也有来自责任主体之外权威或群体的舆论与压力，却更多地受到责任自律属性引导、发挥内在约束作用。所以，责任是在遵从社会规则要求的他律与自律的统一。

首先，谈及责任具有的自律性质，其实就已经在一定程度上把责任归于伦理学研究视野中了。法律对责任的规定是一种底线要求，通过强大外力保证实施；责任的自律性则对责任主体提出更高要求，即便可以以法律底线为准绳行事，但更多时候则表现为更高层次的道德要求，是基于人们对自身行为动机、已发生或未来将发生行为后果的道德考量和价值判断，对事情发生前的前瞻性追问，是以长远眼光审视应当承担的道德责任。因此，道德责任的确立及实践来源于行为主体道德性的觉醒，但“对德性只知道是不够的，还要力求应用或者以某种办法使我们变得善良”❶;也就是说，仅具有德性不足以触发道德责任，还需要在恪守责任的过程中，以高度的自觉性践行社会通行道德法则，或为自己制定道德规则，在怀有对社会发展、人们幸福和自我完善等普遍价值基础上，才能实现责任担当。正如马克思·韦伯所言:“能够深深打动人心的，是一个成熟的人（无论年龄大小），他意识到了自己行为后果的责任，真正发自内心地感受着这一责任。然后，他尊重责任伦理采取行动，在做到一定程度的时候，他说：‘这就是我的立场，我只能如此。’这才是真正符合人性的、令人感动的表现。我们每一个人，只要精神尚未死亡，就必须明白，我们都有可能在某时某刻走到这样的一个位置上。”❷

马克思也认为责任是人本身的内在要求，他指出:“作为确定的人、现实的人、你就有规定，就有使命，就有任务。至于你是否认识到这一点，那都是无所谓的。”❸因此，责任是与人性相关的，是人与生俱来的品质。即便可能现在未能认识到自身的责任，但是这并不能否定责任，因为责任是无条件的、绝对的。当人意识到自身承载的责任并努力去践行时，“如果我自己承担一切责任，我就此捍卫了自己作为人的可能性”❹，人性也在人自主承担责任的过程中生成和完善。

其次，责任是一种关系范畴。责任不能自我言说，责任的履行或担当必须以责任主体、客体的存在及发生联系为前提；换言之，“责任”一词蕴含着某种责任关系，责任不能仅停留于责任主体的内在体验，而需要在现实的社会关系中得以体现。因此，我们在充分认可责任的内在性与普遍性时，还要把责任与个人的身份、地位和职业，企业的社会角色、功能衔接起来，为责任赋予更为生动、具体的内涵，使责任丰满而有的放矢。

在我国 2019 年修订的《中华人民共和国宪法》第 51~56 条规定：“中华人

❶ 亚里士多德 . 尼各马可伦理学 [M]. 苗力田，译 . 北京：中国社会科学出版社，1990：230.

❷ 马克思 · 韦伯 . 学术与政治 [M]. 冯克利，译 . 上海：三联书店，1998：116.

❸ 马克思，恩格斯 . 马克思恩格斯选集（第 3 卷）[M]. 北京：人民出版社，1960：329.

❹ 伊 · 谢 · 科恩 . 自我论 [M]. 佟景韩，译 . 上海：三联书店，1986：460.

民共和国公民在行使自由和权利的时候，不得损害国家的、社会的、集体的利益和其他公民的合法的自由和权利；有维护国家统一和全国各民族团结的义务；必须遵守宪法和法律，保守国家秘密，爱护公共财产，遵守劳动纪律，遵守公共秩序，尊重社会公德；有维护祖国的安全、荣誉和利益的义务，不得有危害祖国的安全、荣誉和利益的行为；保卫祖国、抵抗侵略是中华人民共和国每一个公民的神圣职责；依照法律服兵役和参加民兵组织是中华人民共和国公民的光荣义务；有依照法律纳税的义务。”可以看出，当责任与公民身份匹配起来以后，公民身份和责任被贴近公民政治生活的各种质料所填充而变得充实、有效，社会公众对自身所具有的公民身份和承担的责任也更加明晰，大大增加了公民履行法定义务的操作性与现实性。

最后，责任具有不同种类。责任因承担的主体不同可分为个人责任与整体性责任。所谓个人责任，是个体无论在私人生活还是公共生活中完成任务并承担的积极和消极后果。个体责任从个体对责任的履行与担当开始，是责任在行为主体身上的细化，使对行为后果的追溯落实到个体头上，但责任确立的初衷却并不一定以个体利益为核心。换言之，个体基于社会身份、角色和地位所应履行的职责，对私人利益的维护并不能优先于其行为所触及公共利益。不仅如此，当个体履职时，如果把私人利益置于公共利益之上反而是对当前社会责任体系的颠覆，要受到社会舆论的谴责及同行社会规范的制裁。

所谓整体性责任强调，当社会作为复杂系统出现大量问题时，仅关注个体性道德规则是无法维护整体社会秩序的。因此，“责任原则试图解释的义务种类，是并非作为个体而是作为我们政治社会整体的那种行为主管的责任”[1]。整体性责任不仅在责任主体上强调超越个体的整体，而且在责任客体上也多指涉及有统筹性、规划性和前瞻性的目标对象，在责任履行的期限和程度上多涉及完成

[1] 甘绍平．应用伦理学前沿问题研究 [M]. 南昌：江西人民出版社，2002：118.

任务的长期性和复杂性。

基于责任人行为与后果的关联性可分为直接责任与远距离责任。直接责任是行为人与行为后果之间具有直接联系，个体完成某项任务或职责过程中，其他行为主体或不参与其中，或他们的活动对行为后果的影响较小，以至于旁观者可以较清晰地辨认行为发出者对活动的履职路径，追责、问责相对容易。相对而言，远距离责任是指“从时间上看，不仅目前活着的人是道德的对象，而且那还没有出生、当然也不可能提出出生之要求的人也是道德的对象。从空间上看，人不再仅仅是对人才有义务，对人类以外的大自然、作为整体的生物圈也有保护的义务。而且，这种保护并不是为了我们人类自己，而是为了自然本身”[1]。因此，从宏观上说，远距离责任带有时间上的延后性和空间上的拓展性，往往是多个行为主体共同作用的结果，是一种履责后的综合效应，影响深远的同时，追责也十分困难。

二、何为企业社会责任

谈及企业社会责任，就是把某些社会责任的担当归于企业，是对企业“应做之事”的概括和总结。那么，企业是否应当履行社会责任？企业具有责任担当主体身份，还是责任规制客体身份？企业对社会责任的践履是企业发展的目标，还是企业谋求更好发展的手段？对这些问题的解答必然以企业社会责任内涵的清晰界定为前提。

长期以来，由于企业社会责任最早发端于个别企业家的管理实践，开明自利的企业家实践总结的经验性，大大延长了企业社会责任的理论化过程。1851 年，提图斯 · 索尔特在索尔泰尔镇兴建住房实施“慈善家住房计划”时，就认为，“企业有义务促进社会发展”“商人应肩负社会责任”。1899 年，美国钢铁集团

[1] 甘绍平 . 应用伦理学前沿问题研究 [M]. 南昌 ：江西人民出版社，2002 ：115.

创始人安德鲁·卡内基在《财富福音》中提出："富人有回馈社会的义务，应该捐赠财富以为社会谋取福利。"❶他也用自己的慈善行为向社会诠释了企业社会责任的"应有之义"。他毕生共向社会捐款3.5亿美元，创建了2811个公共图书馆，向教堂捐赠了7689架风琴❷，身体力行地实践了一位企业家对社会责任的使命与担当。1908年，美国钢铁公司和国际收割机公司董事伯金斯也提出："公司越是大型化，则它对全社会的责任就越重。"1916年，美国学者克拉克教授在《改变中的经济责任基础》中认为，"企业经济活动与周围环境相互影响，失业、贫民、污染和犯罪等社会问题都与企业经济活动有关，因而社会责任中有很大一部分都是企业应当承担的责任"❸。基于个人经营实际和研究旨趣，提出企业社会责任观点的企业家和学者还有很多，不胜枚举。虽然他们的观点在当时工业社会发展中具有十分耀眼的先进性，却并未把企业社会责任当作一个独立的对象研究。

目前，学界通常认为，英国学者欧利文·谢尔顿在《管理哲学》一书中详细分析了"企业应承担社会责任"的思想。谢尔顿以生产和分配服务与满足社会需求为前提，认为工业是为共同体❹（community）服务而存在的。这种服务不仅具有经济属性，而且还具有伦理属性。为满足人的需要而存在的工业管理"不仅对工业中的人的因素负有责任，而且对工业所服务的人的因素负有责任"。谢

❶ 任荣明，朱明晓．企业社会责任：多视角透视 [M]. 北京：北京大学出版社，2009：13.

❷ 王成军．第三次分配中慈善捐赠的经验性探讨 [J]. 合肥工业大学学报（社会科学版），2006（5）：46-53.

❸ Clark J. Maurice. The Changing Basis of Economic Responsibility[J].Journal of Political Economic，1916，24（3）：56-72.

❹ 谢尔顿使用的 community 一词，有学者将其翻译为"社区"，有学者将其翻译为"共同体"。"共同体"从社会学或伦理学角度有"社会有机整体"之义，更符合全书的主旨。谢尔顿认为，企业应服务共同体需求，曾引用希辛斯的话"所有的工业问题，都是自身转变为伦理问题，我们在何种程度上解决这些问题，依赖于共同体已经达到的道德自觉的程度，因此，不能解决我们工业方面的问题意味着我们在道德上的失败。"因此，在伦理学意义上，它使用"共同体"指代社会。

尔顿认为，企业的视线不应仅关注内部关系，而且还要投放到企业的服务对象上，即“服务的理想是把财富及它的创造与分配从属于更高的福祉需要——不是个体的福祉需要，而是共同体的所有构成部分的福祉需要”，关注企业的社会属性和社会效益，并把它们作为企业的责任。“除非把工业真正理解为一种为国家的服务，在其中，每一个个体都为了共同体的事业而以最好的能力履行自己的职责，都把私人利益服从于公众利益。一言以蔽之，在其中，我们为他人履行我们的责任——除非我们以此为基础从事建设；否则，我们就没有希望创建美丽的家园。”因此，工业不是置身于社会之外的存在，以满足社会产品需求为契机，更多、更好地为社会服务。应该说，谢尔顿认为企业应当关心人的因素，而且应把对企业人与外部社会公共利益的关注上升到伦理层面，看到企业在社会伦理道德体系建构中的重要地位与意义，“当工业在日常运转中开始被超越个人利益的动机所驱动时，我们共同体的道德进步就可以说是已经开始了。建造人间天堂的花费将不会在工业盈亏账簿中找到，而只有在每一个人诚心诚意的服务记录中才会找到”❶。然而，应该看到，谢尔顿在其著作中虽有对“企业应关注社会公益，承担更多道德责任”的表达，但并未明确提出“企业社会责任”概念。

另一部可被看作企业社会责任奠基之作的则是鲍恩所著的《商人的社会责任》。也有学者认为，相对于谢尔顿的《管理哲学》，这部书才是企业社会责任的“开山之作”。谢尔顿在《管理哲学》一书中通篇研究管理行为，仅在第三章“管理的社会责任”中提出工业具有服务职能且更应服务外在于企业的社会公共利益。而鲍恩的《商人的社会责任》则把企业社会责任作为独立对象，深入剖析企业社会责任产生的社会背景、理论渊源、当时美国企业界的社会责任、企业社会责任的法律和原则、企业道德议题等，是对企业社会责任问题全面而深入的考察，为企业社会责任独立研究领域的确立奠定了重要基础，他的许多

❶　奥利弗·谢尔顿．管理哲学 [M]. 刘敬鲁，译．北京：商务印书馆，2013：75，79，77，100.

观点现在仍具有较大的指导意义。

鲍恩首先从18世纪脱离政府特许后企业的蓬勃发展入手，分析自由放任主义经济背景下个人虽然热衷追逐私利和参与竞争，但也需要遵守财产权、履行契约、避免欺骗和欺诈等道德原则。此外，在工会、经济团体和政府的监督与管控下，还要关注消费者、工人的健康、安全、自由与人权等。“在美国当代资本主义背景下，商人的责任远远超过了自由放任主义的道德原则。他们承担的额外责任主要有两大类别：首先，做商业决策时，越来越多地要求商人考虑这些商业决策对经济和社会的广泛影响，以及能否在商业决策时预防或缓解这些影响。其次，由于政府已经成为并有必要继续成为所有经济事务的伙伴，人们期待商人能与政府合作，共同制定并执行公共政策。”[1]

实际上，鲍恩对企业社会责任的说明符合20世纪50年代企业[2]和学术界对企业社会责任问题产生极大兴趣的社会状况。在此之前，企业管理者虽然也不乏有关注雇员权利、热心公益的慈善尝试，但是并未在如此广泛的范围引起普遍关注。当企业社会责任作为独立研究领域出现时，越来越多的管理者意识到企业需要把更多社会利益纳入商业决策当中，进而使企业对社会责任的担当从商人的自发行为逐渐转变为企业发展战略与管理决策的重要对象，得到现代企业管理层的重视。按照鲍恩的观点，19世纪形成的自由放任经济体系的重要原则，就是个体精力充沛地投入竞争与生产，对职业、雇主、工作地点、企业经营方式、处置具有所有权的土地及物质资源等拥有广泛的自由权利，政府、社会政策部门对企业产生最小影响。但是进入20世纪以后，当商业欺诈、完全竞争的失败、高额垄断利润、对工人的不平等待遇、对消费者健康甚至生命的

[1] 霍华德·R.鲍恩.商人的社会责任[M]肖红军，王晓光，周国银，译.北京：经济管理出版社，2015：30.

[2] 当时企业界的许多高层管理者都公开发表企业社会责任言论，在鲍恩的《商人的社会责任》中就列举了近百位对企业社会责任问题十分关注的美国知名企业管理者。

漠视等，使自由放任主义经济原则逐渐衰退。社会公众期待政府加强对经济事务的管理，以及企业对公共政策及公共利益的践行与保障。这一思维方式的改变，不仅使社会责任成为企业经营管理范围中的决策对象，而且还变相赋予了政府对企业的管制权利，使企业社会责任的履行与监管由原来企业自律，扩展为行业协会、委员会等自律企业内部监管，再到倡导引入政府通过立法进行规范。

因此，企业社会责任一直挣扎于是企业的自律行为还是外在强制力量监督的界限之间。企业对社会责任的自律性承担，实际上对企业管理者及其从业人员的道德素养都提出了更高的要求。在没有任何外在力量监督的情况下，企业通过对自身公民身份及社会一般道德的践行达到一种自利与利他的平衡，获得企业私人利益与社会公共利益的双赢。这在理论上一定是一个理想的完美状态，但是现实可能并不能令人完全满意，因为自由放任经济体系的衰退表明完全自律的企业社会责任状态无法实现。

那么，引入政府、公共部门对企业进行监管虽然可以通过颁布相关法令、法规对企业经营管理行为提出要求，以强制性手段防止了企业忽视、损害员工、消费者、供应商、社区等利益相关者合法权益情况的发生，但实际上无形之中也为企业作为独立自主经营主体的经济活动套上了责任的枷锁，划定了企业经营的规则边界，不可避免地增加了企业成本，降低了企业的经营自由度。即便不会重蹈 18 世纪中叶企业需要得到政府特许才能建立的覆辙，却也成为许多企业管理者心中十分抗拒和排斥的政策安排。

于是，在企业自律与外在强制约束之间找到一条中间道路，处理好政府、企业与社会的关系是企业社会责任研究的核心问题，蕴含在许多学者对企业社会责任内涵的界定之中。

迄今为止，有关“企业社会责任”的定义有很多，不下百种，基本上可归结为四个维度：

① 作为对社会期待的回应。

② 作为企业对外在底线法规的强制遵守。

③ 作为企业的自愿承诺，并主动为社会做出贡献。

④ 服务于企业核心业务和使命，是企业与社会共享价值的管理策略。

企业社会责任的界定见表 4-1。

表 4-1　部分学者对企业社会责任的界定

企业对社会期待的回应（回应性企业社会责任）	“企业有责任为社会进步做出贡献，社会责任意味着商人应该监督经济体制的运行以满足社会的期望，促进社会的进步。”❶
	“企业对超出其狭义上的经济、技术和法律要求的问题进行考虑并做出回应，从而在实现传统上企业追求的经济利益的同时，实现社会效益。”❷
	“某一特定时期，实现社会在经济、法律、道德和自由决定等方面对企业所寄予的期望。”❸
	“社会对企业行为的一种期望：利益相关者声称，这是社会所期待的或道德所要求的，并因此要求企业所要做出的行为。”❹
企业对外在底线法规的强制遵守（强制规范性企业社会责任）	“企业既为私有利润也为公共利益服务。企业应平衡七方利益相关者的合法诉求，具体为：顾客、雇员、投资者、供应商、社区、社会和股东。”❺（美国商业圆桌会议企业发表的《企业责任声明》，1981）
	“那些超越企业利益、促进社会公益的行为和法律上要求的行为。”❻

❶ Frederick W C. The growing concern over business responsibility [J]. California Management Review, 1960, 2（4）: 54-61.

❷ Davis K. The case for and against business assumption of social responsibilities [J]. Academy of Management Journal, 1973, 16（8）: 312-322.

❸ Caroll A. A three- dimentional conceptual model of corporate social performance [J]. Academy of Management Review, 1979, 21（4）: 497-505.

❹ Whetten D A, Rands G, Godfrey P. What are the responsibilities of business to society? [A]. A. Pettigrew, H. Thomas, Whittington R（eds）. Handbook of strategy and management [C]. London：Sage, 2002：373-408.

❺ Thmas A. Hemphill. Legislationg corporate social responsibility[J]. Business Horizons, 1997, 40（2）: 53-58.

❻ Mc Williams A, Siegel D. Corporate social responsibility：a theory of the firm perspective [J]. Academy of Management Review, 2001, 26（1）: 117-127.

续表

企业对外在底线法规的强制遵守（强制规范性企业社会责任）	“企业超越规章制度和公司治理所规定的对利益相关者最低义务的方式。”❶
	“是指企业在创造财富的同时，要能够保护或者提升社会资产，同时避免对社会的任何伤害。”❷（约翰·斯坦纳，乔治·斯坦纳，2009）
企业自愿承诺，并主动为社会做出贡献（承诺性企业社会责任）	“通过自愿的商业实践和企业资源捐助，致力于改善社区状况的义务。”❸
	“企业做出承诺：要和员工、员工家庭、当地社区和全社会一道，促进可持续的经济发展并改善他们的生活质量。”❹
	“企业社会责任是一种观念。企业在自愿基础上，将它们对社会和环境的考虑，整合到企业经营中和跟利益相关者的互动中。”❺
④服务于企业核心业务和使命，使企业与社会共享价值的管理策略（战略性企业社会责任）	“企业社会责任可以给企业带来长期的战略利益。当企业社会责任（政策、计划或流程）能够给企业带来大量商业利益时，具有战略性，尤其是它可以通过支撑企业核心业务活动，服务于企业自身使命实现的有效性。……战略性企业社会责任包括五个维度：中心性——企业社会责任政策或计划与企业目标和使命的接近性；特异性——企业捕捉或内化社会责任利好的能力；主动性——在预测经济、技术、社会和政治发展趋势和不引人注意的危机状况时公司行为的计划程度；自愿性——企业的任何决策都不应受到外在强制要求的影响；可见性——获得内、外部利益相关者认可的经营活动或企业能力的可观察性。”❻

❶ Johnson G，Scholes K. Exploring corporate strategy [M]. 6th edn. Harlow，Essex：Person Education，2002：3.

❷ 约翰·斯坦纳，乔治·斯坦纳 . 企业、政府与社会 [M]. 诸大建，许艳芳，吴怡，译 . 北京：人民邮电出版社，2015：110.

❸ Kolter P，Lee N. Corporate social responsibility：doing the most good for your company and cause[M]. Hoboken，NJ：John Wiley & Sons，2005：24.

❹ World Business Council. Corporate social responsibility [EB/OL].（2007-03-15）[2019-05-22]. http：//www. partnerships.gov.au / 企业社会责任 / corporate.shtml.

❺ European Commission. Promoting a European framework for corporate social responsibility.[EB/OL].（2007-03-15）[2019-05-22]. http：//www.europa.eu.int/comm/employment_social/soc-dial / 企业社会责任 . Accessed 15 March 2007.

❻ Burke L，Logsdon M J. How corporate social responsibility pays off [J]. Long Range Planning，1996，29（4）：495-502.

续表

④服务于企业核心业务和使命，使企业与社会共享价值的管理策略（战略性企业社会责任）	"企业既不能对世界上的问题负责也没有资源解决这些问题，但是企业可以通过承担社会责任建立一种竞争优势，与社会共享价值。"[7]
	"企业内部的委托代理关系能够影响企业关于如何使用企业社会责任资源的决策，这些资源服务于把企业社会责任活动与利益相关者可能的偏好连接起来的目标。"[8]

资料来源：关于企业社会责任的部分界定转引自苏哈布拉塔·博比·班纳吉的《企业社会责任：经典观点与理念的冲突》[9]。

通过对以上定义的简单梳理，可以确认一些企业社会责任的关键问题。

首先，这些内涵所界定的维度并不是后者取代前者，而往往是叠加在一起使企业社会责任的内涵更加丰富，反映了该领域研究重心的调整与发展。企业社会责任最开始进入社会公众视线，虽然受工业化早期个别开明自利商人慈善行为社会示范效应的影响，但实质上发端于声势浩大的消费者运动。早在1790年，英国消费者就曾经抵制过东印度公司使用奴隶生产的糖[4]，但这一活动的偶然性与非持续性并未引起社会公众对企业用工方式乃至社会责任的关注。当消费者运动和环境保护主义日渐形成规模时，企业除解决自身生存问题外，还需面对越来越大的社会压力，必须在工人工作条件、消费者权益、环境保护、福利待遇等方面做出承诺和采取措施。因此，企业社会责任的最初定义来自对社会期待的回应。比如，为企业社会责任研究奠定重要基础的Caroll就认为，企业社会责任包括"社会在特定的时刻对于企业所期待的经济责任、法律责任、

❶ Porter M E，Kramer R M. Strategy and society：the link between competitive advantage and corporate social responsibility [J]. Harvard Business Review，2006，84（12）：78-92.

❷ Hemingway C A，Maclagan P W. Managers' personal values as drivers of corporate social responsibility[J]. Journal of Business Ethics，2004，50：33-44.

❸ 苏哈布拉塔·博比·班纳吉．企业社会责任：经典观点与理念的冲突 [M]. 柳学永，叶素贞，译．北京：经济管理出版社，2014：12.

❹ 任荣明，朱晓明．企业社会责任：多视角透视 [M]. 北京：北京大学出版社，2009：23.

伦理责任和自由裁量责任”❶。其中，经济责任是最基本的责任，即生产社会所需的产品和服务，通过销售而获得利润；法律责任则是企业在开展业务活动过程中，必须履行各级政府颁布的法律和规范所要求的责任，具有强制性；伦理责任和自由裁量责任虽然没有严格意义上的定义，但企业行为符合社会伦理道德规范，或者企业参与社会公益活动，提升社会福利。❷也有学者（Frederick，2006）把企业社会责任分为企业社会责任 1（企业社会责任）和企业社会责任 2（企业社会回应）。企业社会责任 1 从应然角度说明企业应该做什么，企业社会回应则是当企业面对亟待解决的社会议题时做出反应、制定政策和采取行动的能力。❸因此，但从回应角度而言，此维度的社会责任相对消极、被动，多具有应激性而非系统建构性。

其次，单有企业对社会责任的事后回应是不够的。为了遏制和预防企业产品或行为的负效果，制度层面上的规则体系应运而生。“社会给予企业合法性和权力，从长期来看，如果企业不能以社会认可的方式行使权力，它们将失去这些权力。”❹如果企业不能履行自身对社会的责任与义务时，就需要对企业进行惩罚。从理论上讲，股东、政府、顾客和雇员赋予企业进行合法经营的权利。当企业未能履行社会责任承诺时，可以收回经营权利。然而，在实际运营过程中，利益相关者很难收回已经赋予企业的合法性身份，除非企业产品或行为触犯法律并引起社会的极力诟病。因此，一般情况下，制度层面对企业社会责

❶ Caroll，A. A three-dimentional conceptual model of corporate social performance [J]. Academy of Management Review，1979，21（4）：497-505.

❷ Caroll，A. The pyramid of corporate social responsibility：toward the moral management of organizational stakeholders [J]. Business Horizons，1991，34（4）：39-48.

❸ 苏哈布拉塔·博比·班纳吉．企业社会责任：经典观点与理念的冲突 [M]. 柳学永，叶素贞，译．北京：经济管理出版社，2014：16.

❹ Davis K. The case for and against business assumption of social responsibilities [J]. Academy of Management Journal，1973，16（8）：312-322.

任的强制执行往往以某一贸易体系、经济体制中准入门槛要求的形式出现，解决雇员、消费者、当地社区、政府与企业间的部分冲突，却不会给社会公共利益、边缘群体的福祉带来高于底线要求的大幅改善。

最后，企业在承担社会责任时，不应仅仅满足于履行法律及其规定的“最低限度义务”，而是应在自愿基础上超越底线要求，把对社会、环境的考量整合到企业与利益相关者的互动中，并把代表企业更高道德素养的社会责任观念应用于公共事业促销、社区志愿服务、企业慈善等实践活动中。比如，中国电建集团自 1999 年进入赞比亚电力市场以来，全力协助赞比亚政府致力于能源、道路、建筑等基础设施建设，提出“坚持依法经营诚实守信、不断提高持续盈利能力、切实提高产品质量和服务水平、推动自主创新和技术进步、保障安全生产、加强供应链管理、维护客户（业主权益）、维护员工权益与促进职业发展、参与社区发展和公益事业、切实保护环境”这十大社会责任主题，通过向当地缴纳税费、增加当地就业岗位和机会、进行本土化采购等方式，带动当地经济发展，提升居民收入水平，为居民生活条件的改善提供助力。❶因此，企业作为“道德的行动者”，在对社会议题进行识别、分析的基础上，通过在资源节约、循环经济、生态保护、帮扶弱势群体、缓解社会矛盾等方面的投入，真正把企业社会责任与区域可持续发展整合到一起。

然而，也应看到，“企业自愿承诺，并主动为社会做出贡献”在许多企业中并未得到真正的认可。当“企业需要承担社会责任”这一观点在社会广泛传播以后，尽管企业在资源使用、环境保护、劳动用工、社区服务和弱势群体救助等方面做出了许多努力，可是就经济学角度而言，企业社会责任固然可以给企业带来社会绩效。然而，由于社会绩效的见效周期长、考量指标较抽象、操作性不强

❶ 钟宏武，叶柳红，张蒽．中资企业海外社会责任研究报告（2016—2017）[M]. 北京：社会科学文献出版社，2017：38.

等局限，所以它与企业财务业绩关联性很难衡量。而且业界也长期存在着社会责任履行得好的企业并不一定经济效益丰厚，以及“极少有研究描述什么样的企业社会责任举措能真正地取得长远的社会效益”❶等观点。所以，如何把企业社会责任融合于企业经营管理决策问题的思考促进了战略性企业社会责任的诞生。波特和克雷默（Kramer）曾提出把企业社会责任分为两种：回应性社会责任和战略性企业社会责任。回应性社会责任，是企业应对一般社会议题或具有价值链负面影响的社会议题时所开展的社会责任实践活动；而战略性企业社会责任议题是指，企业应对具有价值链积极影响或钻石模型社会议题所展开的社会责任实践活动。因此，战略性企业社会责任把企业社会责任包含在企业战略设计当中，使其成为企业自身发展规划的组成部分，从企业长期发展的视角重新考量社会责任履行与社会绩效及其对企业核心利益、核心业务的影响，创造能够为企业与社会共享的价值，化解企业在承担社会责任时公益与私利、社会目标与企业目标的差异问题。正如威廉姆·克莱·福特（William Clay Ford），把向普林斯顿大学捐助500万美元作为履行《碳排放倡议》一部分时所说：“我坚信，企业能够并且应该成为21世纪解决环境和社会问题，包括气候变化问题的一支主要力量。我们的合作不仅仅是向着使用替代能源的可持续交通方式转型迈进的前瞻性一步，也是保护自然资源、为下一代保留美好未来的重要一步。”❷

其实，关于企业社会责任内涵的界定，是以对企业社会责任属性的认知为前提的。把企业社会责任定位为具有伦理导向的规范性，抑或经济导向的工具性，决定了企业履行社会责任的动机和立场。以此为标准，可对企业社会责任的内涵进行剖析。见图4-1。

❶ Margolis J D, Walsh J P. Misery loves companies：rethinking social initiatives by business[J]. Administrative Science Quarterly, 2003（48）：268-305.

❷ Ford W C [EB/OL].（2000-03-15）[2018-06-04]. http：//www.princeton.edu/main/news/archive/A94/88/20Q00/index.xml.

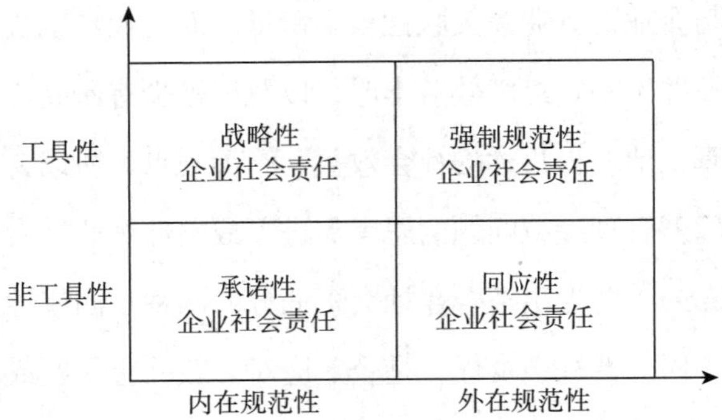

图 4-1　企业社会责任内涵

所谓企业社会责任具有伦理导向的规范性[1]，是指企业社会责任要达成的伦理标准具有规范性，即“伦理标准不只是在描述我们实际调节行为的方式，还向我们提出了要求。它们能够命令我们、强迫我们、建议我们或引导我们。或者，最起码，我们在使用这些标准的时候，是在相互提出要求”[2]。也就是说，当企业担当某项社会责任时，企业一定认为它是对的，是应当做的，是值得向他人推荐并选择的。因此，规范性告诉企业应该想些什么，应该说些什么，应该做些什么，以及应该成为一个什么样的企业，确认了社会责任对企业的道德要求，实际上也就是确认了企业社会责任的规范性问题。这种规范性会强制要求或命令企业按照一定标准去行事，无论是法律规范还是道德规范均内在地包含强制性，只是程度强弱不同而已。履行法律规范及道德规范要求的行为就构成了一种义务或责任。

但是，由于践履道德规范的动力源不同，道德的规范性可分为外在规范性和内在规范性。“外在规范性是指如果一种道德要求或命令是由道德行为者之外

[1] 所谓规范性，是一种行为标准、行动指导、规则所具有的属性。

[2] 克里斯蒂娜·科尔斯戈德．规范性的来源 [M]. 杨顺利，译．上海：上海译文出版社，2010：9.

的主体提出来的，这种规范性就是外在的；这种行为者之外的主体可能是超人的神，也可能是握有权力的统治者或组织，也可能是他人。如果一种道德要求或命令是由道德行为者自身提出来的，是出自行为者自身的理性或情感，这种规范性就是内在的规范性。”[1]科尔斯戈德的这一观点，为我们考察企业社会责任的内涵提供了一个有益的分析框架。企业社会责任作为一种道德规范，当把企业承担社会责任作为握有权力的统治者、组织或他人的外在要求时，它就具有外在的规范性。也就是说，外在力量强制企业达到某种其认可的社会责任标准时，企业需要按照外在力量的要求做它们认为应当做或正确的事情，这表现为回应性和强制规范性的企业社会责任；如果企业从自身角度对自己提出道德要求并积极履职时，企业社会责任则表现为承诺性或战略性，它们来自企业的反思认同，是企业对自己施加的自律法则。

企业社会责任属性的另一维度是，经济导向的工具性立足于企业对社会责任践履的作用与绩效的分析。无论是回应性还是战略性企业社会责任，都把企业社会责任作为消除负面社会影响、缓解内外部危机、达成企业可持续发展目的的途径或手段，借助企业社会责任对企业目标实现、绩效水平提升起到推波助澜作用。相对而言，强制规范性由外在力量确立了对企业的底线要求。承诺性企业社会责任由于立足于与企业经济绩效无关的社会公益立场，而采取公益捐赠、慈善赞助、志愿服务等实践形式，均没有明显的工具性。

所以，笔者同意卡罗尔（Carrol）的观点，认为企业社会责任可以分为经济责任、法律责任、道德责任和慈善责任。其中，经济责任和法律责任均属于强制规范性企业社会责任，具有外在规范性和工具性，由法律、法规等外在力量主导；道德责任和慈善责任均属于承诺性企业社会责任，具有内在规范性和非工具性，以企业为主导依赖企业自愿承担与实现。

---

[1] 克里斯蒂娜·科尔斯戈德．规范性的来源 [M]. 杨顺利，译．上海：上海译文出版社，2010：3.

总之，社会责任与企业具有内在的同一性。它内隐于企业的经营活动、企业的行为当中，虽未必时时显现，却在企业生存、发展中扮演着重要角色，成为企业做大做强、融入世界经济体系必不可少的环节。因此，企业与社会责任关联性使我们更加清楚地认识到，要想让企业社会责任在当前“企业—政府—社会”多元治理框架下发挥更大的作用，就需要以更加审慎、细致的态度剔除企业承担社会责任过程中的障碍，找到更加有效的方式处理好企业与社会的微妙关系。

第三节　全球化背景下的企业社会责任规制

对于现代企业而言，全球化建构了一种崭新的合作与交流模式，缩短了企业间物质与信息交换的时空距离，也使一些经营理念和以生产守则为代表的企业标准、行业标准均超越国家界限，成为全球企业生产的基本守则，为企业的全球化资本运作行为提供了可以被普遍接受的价值与规则体系。

一、以生产守则运动、消费者运动和环境保护运动为契机的企业社会责任规制

19世纪60年代，席卷全球的第二次工业革命带动了工业化生产方式的大幅升级与革新，在为企业带来蓬勃生机的同时，也使企业陷入充满争议的社会运动当中。这些社会运动的产生与高涨促使企业及公众对社会责任投以更多关注，也敦促企业社会责任由个别企业家的慈善行为不断升级为企业融入全球化经济秩序的重要途径。

在企业资本运作中，劳动者就劳动条件和待遇等问题一直与资方进行着尖

锐的斗争。这时的劳工运动主要关注减少工时、改善对劳动者身体健康不利的工作条件、提升劳动报酬等与企业内部劳动者权益密切相关的企业管理行为。但是，通过频繁、广泛的集体谈判才能达到效果的劳工维权运动，往往造成劳资双方的激烈冲突，迫切需要出台科学的、合理的且对劳资双方具有普遍约束力的国际标准。

1919年第一次世界大战结束后，依据《凡尔赛合约》在随后召开的和平大会上国际劳工企业（International Labor Organization，ILO）宣布成立，并通过《国际劳工企业章程》。国际劳工组织是成立最早、历史最长的世界性、专门国际组织，主要通过缔结国际公约的方式制定国际劳工标准，确定了维护基本劳工权益的最低标准，包括结社自由、企业权利、集体谈判、废除强迫劳动、同工同酬、最低就业年龄、禁止和消除童工劳动及其他规范整个工作领域、工作条件的标准。[1]国际劳工组织以公约形式对各会员国施加影响。国际劳工组织公约经国际劳工大会表决通过后，由会员国自主决定履行时间，一经批准便对该国产生法律约束力。相反，对未批准国家不具有约束力。目前，国际劳工组织共有187个成员国，是联合国处理有关劳工问题的专门机构[2]。我国目前已经批准了22个国际劳工组织公约。

进入20世纪90年代，全球供应链形成以后，跨国公司把部分生产流程外包给生产成本低廉、劳工标准薄弱的发展中国家厂商，使这些国家劳工的权益受到侵害。以劳工组织、人权组织、女权组织为代表的一些西方非政府组织（NGO）发起“反血汗工场”运动，要求跨国公司不能只关注自己企业内部的劳工标准是否达成，还要清洁供应链，保障自己供应链体系中的所有供应商也

[1] International Labour Standards on Employment promotion.ILO.[EB/OL].[2018-06-14]. http：//www.ilo.org/global/standards/subjects-covered-by-international-labour-standards/employment-promotion/lang--en/index.htm.

[2] About the ILO [EB/OL]. [2018-06-14]. http：//www.ilo.org/global/about-the-ilo/lang--en/index.htm.

不能提供包含“血汗”成分的产品，制定并严格遵守符合国际劳工标准的生产守则。这就使企业对劳工权益的保障从企业“自我约束”的“内部生产守则”，发展为对跨国公司及其上游公司均具有外在约束力的“外部生产守则”❶，也使企业对劳工应承担的社会责任内容和范围基本成型。

基于此，1999 年 1 月，科菲·安南在达沃斯世界经济论坛年会上发表演讲，提出“商业领袖无论个体还是集体都应采取行动，在人权、劳工标准和环境实践三个领域内接受、支持并制定一套核心价值观”❷，号召联合国和商业领袖之间建立一个新的全球性契约（UN Global Compact）。2007 年 1 月，正式推出的全球契约为承诺在人权、劳工、环境和反腐败方面自愿遵循十项原则进行运作的企业提供一个标准框架。如今，已经有来自 164 个国家的 9792 家企业等利益相关方加入了全球契约，它已成为世界上最大的自愿性企业责任行动倡议。❸

联合国全球契约要求企业在各自的影响范围❹内遵守、支持及实施人权、劳工标准、环境和反腐败方面的十条原则，这些原则分别来自《世界人权宣言》、国际劳工组织的《关于工作中的基本原则和权利宣言》、关于环境和发展的《里约宣言》，以及《联合国反腐败公约》。联合国全球契约十项基本原则，见表 4-2。

❶ 郑功成，郑宇硕 . 全球化下的劳工与社会保障 [M]. 北京：中国劳动和社会保障出版社，2002：133.

❷ 大卫·格雷森，简·尼尔森 . 企业社会责任联盟过去、现在和未来 [M]. 殷格非，于志宏，译 . 北京：企业管理出版社，2014：379.

❸ United Nations Global Compact [EB/OL]. [2018-06-21]. https：//www.unglobalcompact.org/what-is-gc.

❹ 全球契约要求公司在其“影响范围”内接受、支持，并贯彻十项原则。对于公司的“影响范围”，可将其视为一系列的同心圆，随着圆圈的半径增加，影响力也随之减弱。最小的同心圆包括公司在工作场所及市场中的核心业务活动，在这一范围内，公司拥有最强的控制力，能够影响 ESG（环境、社会、管理）绩效。第二个较大的同心圆是公司的供应链，公司的控制力减弱，但在某些情况下还是具有很强的影响力。第三个更大些的同心圆是公司的社群互动、社会投资及慈善活动。最后最大的同心圆为公共政策对话和宣传活动。

表 4-2 联合国全球契约十项基本原则❶

人权	原则 1：企业界应该尊重和维护国际公认的各项人权
	原则 2：绝不参与任何漠视和践踏人权的行为
劳工标准	原则 3：企业界应该维护结社自由，承认劳资集体谈判的权利
	原则 4：消除各种形式的强迫性劳动
	原则 5：有效废除童工制
	原则 6：杜绝任何在用工与职业方面的歧视行为
环境	原则 7：企业界应对环境挑战做到未雨绸缪
	原则 8：主动增加对环保所承担的责任
	原则 9：鼓励开发和推广环境友好型技术
反腐败	原则 10：企业界应反对各种形式的贪污，包括敲诈勒索和行贿受贿

资料来源：联合国全球契约官方网站。

从表 4-2 可以看到，全球契约融合了国际劳工组织、人权组织的许多有益理念，帮助世界各地的企业植入和传播负责任的商业行为，在企业、政府、政府间机构和民间社团组织之间建立集体行动平台，从而支持了全球可持续发展目标的实现。全球契约从建立的那一天开始，就以自己独特的运作方式而引人注目。

首先，全球契约是完全自愿性的，通过企业首席执行官签署契约加入，以协同方案应对企业和社会面临的根本挑战，通过道德权威和号召力帮助企业产生自愿性的集体行动。

其次，全球契约仅有十条基本原则，并没有更细化的具体指标。这使许多诟病该契约的批评者认为：过于宽泛的原则造成全球契约缺乏可度量性，且没有授权也没有资源对参与企业的工作成果进行详细的检测，给考察企业是否履

❶ The Ten Principles of the UN Global Compact. UNGC [EB/OL]. [2018-06-21] https：//www.unglobalcompact.org/what-is-gc/ mission/principles.

行全球契约带来了困难。但是，也应看到，这一较为宽松的规则设计，其实给践履契约的企业许多开发潜力、设计行动方案的空间，更加符合企业社会责任是体现更高道德要求的责任理念的定位。

最后，全球契约要求成员企业依据十项基本原则每年提交“年度进展报告”，对公司在过去一年所采取的实际行动进行描述，以表明公司正努力地履行承诺，并基于公司战略、流程及管理系统有所行动，具体涉及培训计划、公益宣传活动、审计、调查或其他监控行动、运营计划、合作项目等。这一报告会在这种企业向全球契约组织提交年度进展报告却并未有专门机构审议的方式，也被一些批评者质疑缺乏透明性，认为其有为企业“漂绿”的嫌疑。为了回应这些批评，全球契约一直致力于修正自己的治理结构，补充制衡措施。它还规定会员企业如未能在 12 个月内提交“年度进展报告”，将被列为“无沟通企业”。如连续两年未提交报告，全球契约将会把该企业除名，详见表 4-3。

表 4-3　2014—2017 年联合国全球契约参与者、提交年度发展报告、除名企业数量统计表

统计数据截止时间	企业参与者总数（家）	非企业参与者总数（家）	年度进展报告总数（份）	除名企业总数（家）
2017.12.31	9670	3165	51166	7572
2016.12.31	9269	2983	43142	6754
2015.12.31	8381	4943	35548	6041
2014.12.31	8323	4482	29349	4893

资料来源：联合国全球契约官方网站[1]。

[1] Monthly Bulletion. UNGC [EB/OL]. [2018-07-20]. https ://www.unglobalcompact.org/library/search?search[content_type]=4.

不仅如此，全球契约还通过建立地方网络的方式，在具体环境和集群中鼓励全球契约履行的“地方化”，使这些企业能够针对十项基本原则采取集体行动，成为地区社会责任的良好传播平台和先锋力量。全球契约的这些“完整性措施”，督促参与企业能够致力于保持良好的社会绩效，成为企业社会责任的倡导者和践行者。

由此可见，全球契约一直秉承社会责任是企业自愿性承诺的原则，并不考虑变成或替代法律法规，只是带领企业、推动企业认真思考、切实参与到与利益相关者的对话中来，使企业用自己更优秀的行为超越各种标准或法规的最低要求。因而，全球契约代表了企业对自身的更高道德要求，体现了现代生产守则的包容性、开放性，对扩大负责任的商业实践的社会影响意义深远。正如全球契约长期观察员马尔科姆·麦金托什和桑德拉·沃德克所说：“全球契约已明确地采纳了学习方式引导企业变革，而不是采取监管模式；它由一个网络型的企业构成，而不是传统等级制/官僚制的形式。这些独特的（对于联合国而言）特点致使契约的批评者们严重低估了它的潜力。同时，它的支持者也对它寄予了过高的期望……在诸如全球契约这样复杂的自适应系统中，矛盾、模糊性和惊奇都是它固有的特点。”❶

与生产守则运动一样，催生企业社会责任的第二种社会运动就是由消费者发起的声势浩大的消费者运动。在现代工业体系中，消费者一直都游离于工厂机器的轰鸣声之外，并未受到足够的重视。从17世纪开始到19世纪中叶，随着劳动分工的细化和职业生产的专门化，人们对产品的消费方式也发生了巨大变化：从传统的以对产品的交换与赠予为主，逐渐发展为对商品的消费和市场的创造上。这并不是说在物品稀少的社会不存在产品的简单交换与礼物的赠予，

❶ 大卫·格雷森，简·尼尔森．企业社会责任联盟过去、现在和未来[M].殷格非，于志宏，译．北京：企业管理出版社，2014：395.

而是相对于之前社会产品的有限性，大规模消费社会要提供大量、充分、满足更多消费意愿、创造更多消费需求的产品。因此，围绕产品生产所必需的人力、物质资源的取得与保障必然受到社会的高度重视。这也就不难解释前面提及的生产守则运动在全球生产体系建立和维持中具有举足轻重能够的地位和作用。

不仅如此，当社会物质发展到一定程度时，丰富的物质产品在改善人们生活质量的同时，也使人们对于消费产品的质量、满足需求的程度等方面提出了更高要求。然而，19 世纪 60 年代的企业界并没有意识到消费者消费需求的微妙变化而调整生产策略，而当大量带有质量缺陷、对消费者人身财产权利带来侵害的产品投入市场时，则受到消费者的强烈质疑与抗议。1906 年，推动食品、药品法最终制定的“导火线”是辛克莱所写的《丛林》，该书揭露了芝加哥食品加工车间和包装的恶劣卫生状况，唤起了公众的广泛注意。此后，随着行业中的其他事情的相继曝光，愤怒的消费者强烈要求加强对食品、药品生产、加工、包装等的监督，从而直接推动了美国日益高涨的消费者维权运动。

1960 年，一些来自美国、澳大利亚、英国、荷兰、比利时等国的维权专家在海牙成立了“国际消费者组织联盟”，大力倡导世界各地的消费者开展广泛的维权活动。1985 年，该联盟更名为“消费者国际”，主要开展商品试验报告和试验方法的情报交换、消费者教育等国际性活动，特别是积极推进发展中国家消费者运动的进程，对这些国家消费者维权意识的诞生与保障做出了重要贡献。

除消费者运动外，对企业责任理念产生具有重要推动作用的是环境保护运动。环境保护运动最开始发端于工业化早期企业对自然资源有限性的无视。实际上，自工业革命以来，西方国家快速上升的经济指标上都沾染着大量毁林开荒、无度排污排废的污点，资源耗竭、环境污染成为当时经济发展的注脚。应该说，环境问题的显现不是立时性的，唯有当环境无法承受人类社会的疯狂掠夺时，才会以剧烈的形式表现出来。当水土流失、资源短缺、自然灾害加重等问题进入人们视野时，说明近、现代工业化的大步发展已经给自然环境带来难以逆转的伤害。于是，在一大批抗议企业环境污染、要求赔偿因废水、废气、废渣排放造成居民身体伤害的进步人士推动下，环境保护运动在全球展开。绿色和平组织、环境保护组织等一大批非政府组织积极投身到抵制污染、倡导有序使用能源的活动当中。

正是在这些范围广、影响大、辐射力强的社会运动作用下，政府、企业乃至社会公众日益认识到企业或企业活动本身就是一个双重性存在。一方面，它可以带动就业，促进经济发展，为人们带来更富足的生活和繁荣的社会；另一方面，它也可能滥用经济上的自由权限，被片面追逐利益而蒙蔽双眼，丧失基本道德底线，使社会在蓬勃发展过程中走向自我毁灭。于是，SA8000、ISO2600、OHSAS18000 等一系列全球性企业社会责任、环境责任标准的出台表明，企业应当承担社会责任已经成为所有业界和理论研究界的共识。

二、全球化企业社会责任的披露、认证规制

通过前面分析可知，企业社会责任依托于不断觉醒的公民意识，产生于蓬勃发展的社会运动。但是，这些由特定事件诱发的社会运动只能带来企业针对社会需求的应激性反应，并不能够保证企业在生产经营中关注消费者、供应商、环境、社会公众利益行为的长期性和有效性。换言之，企业在社会运动多发时期对社会责任的承担，实际上是一种对市场竞争做出反应的结果。在市场经济条件下，市场行为一定处于主导地位。那么，企业对市场需求能否做出快速、有效的反应，就体现出企业把握和掌控市场、承担经济职责的能力。在经济影响面前，其他一切都是苍白的。也正因为如此，来自于居民、消费者、环保组织的社会运动，才会给企业带来如此大的触动，让它们能够迅速投入大量的人

力、物力，对自己的产品、服务、生产行为、牟利行为进行改良，使市场经济环境得到改观。

但是，基于经济利益的市场行为同样会被更大的经济利益所诱惑。当欺诈、压榨、垄断等不当行为能够给企业带来更多利润时，它们可能就会调整行动策略，采取隐瞒、造假、打击报复等手段维持不正当的利益获取方式。因此，企业承担社会责任的行为应该在社会中得到固化，变成企业的应做之事、日常行为，这样才能形成一个良性的市场经济秩序。

于是，政府在社会公众的呼唤下，介入对企业市场行为的监管当中。这是一种利用政府权威和法律的强制性监管方式、最大限度地保障企业社会责任担当的手段，对企业具有极大的威慑力，却遭到企业的抗议与抵制。因为现代企业得以产生的关键就在于它能够脱离政府特许的管理方式，获得自由发展的权利。而且西方国家 20 世纪三四十年代以前，一致奉行自由资本主义，保护私人财产，鼓励经济自由，反对政治机构对经济行为的干涉。因此，即使完全自由的经济行为可能给公众利益带来侵害，无论企业还是社会也都无法接受政治力量对市场经济运行的再次介入。那么，采取何种方式在保障社会公众权益不受伤害的同时，还能够对企业行为有所约束，让他们主动承担社会责任呢?

为了平衡各方利益，政府、企业与社会公众达成协议，将目光投向了第二种策略，即由非政府组织、行业协会主导设立并出台相应的规范文件、设立自律的行业行会、发布报告、接受审计、参加国际标准认证等方式对企业行为进行规制，从而提高企业对社会责任的敏感度，增强责任意识，激励、鞭策企业家在生产经营过程中的责任情怀，把企业对社会期待的良性行为固化下来，变成市场经济运行的基本原则。比如，“1984 年 12 月 3 日凌晨，印度中央邦博帕尔市贫民区附近的博帕尔农药厂发生氰化物泄漏，至少造成了 2.5 万人直接死亡，55 万人间接死亡，20 多万人永久残废，而幸免于难者几乎都有呼吸问题，无法从事重体力劳动”❶。这一人类历史上最惨痛的化学工业事故，也成为推动各个国家、国际机构重视与监管企业环境污染及治理的重棒。此后，美国成立了“化工行业责任协议协会”，国际劳工组织也制定了第174号《预防重大化学事故公约》，加拿大化学品制造商协会也发起了推广“责任关怀”的活动。❷

值得注意的是，企业社会责任虽在消费者、公众、社会组织的强烈抗议甚至谴责下产生，但此时社会责任运动还仅是在一个国家范围之内，并未对其他国家的企业产生影响。现今，引起广泛关注的企业社会责任理念是在经济全球化土壤中成长壮大的。随着现代信息化技术的发展、全球化进程的加剧，越来越多的企业可以跨越国界进行生产和经营活动，但熟知不同国家的经济政策、劳工政策、环保政策、生产标准、投资条件、文化背景、社会风俗、惯例等，并不是容易做到的事情。跨国公司需要有一个能够为多数国家认可的行业、企业标准作为它们生产经营的蓝本，才能为他们资本的全球化流通提供便利。

更重要的原因则是，跨国企业在资本经营和扩张中，往往利用资本规模大、内部技术流通便利、得到他国政策优惠及全球性供应网络等有利条件获取高额利润的同时，也引发了一系列严重的社会问题：对劳动力的压榨和剥削，对环境资源的高消耗、高污染，供应商、分销商的价格垄断，对中小竞争者的冲击等。因此，一个国家的监管力度是无法给跨国企业以更有力的约束的，亟须出现能够容纳不同国家、不同地域、不同人群利益的全球化企业或非政府机构对跨国企业进行监管，使它们在谋求经济利益的同时也能为当地民众带来更高的生活质量。所以说，跨国企业的全球化发展推动了企业社会责任的普遍化。

---

❶ “我没想再当个人”：印度博帕尔毒气泄漏事件30周年 [EB/OL].（2014-12-03）[2018-06-21]. http：//news.163.com/14/1203/16/ACI9J8KV00014SEH.html.

❷ 李雪平 . 企业社会责任国际法律问题研究 [M]. 北京：中国人民大学出版社，2011：25.

（一）企业社会责任报告

定期进行信息披露是企业发布经营状况、引导投资人或公众舆论的重要手段。年度社会责任报告是对企业本年度所做社会贡献和不足的概括和总结。它的发布属于自愿的、非财务信息披露，虽然没有固定的格式要求，也没有强制措施保障实施，却是企业定期对履行社会职责进行自我评估的重要举措，对于企业消除公众疑虑、避免环保团体质疑、展示企业信誉和良好形象都具有重大作用。规模越大的公司企业社会责任信息披露的程度越高。

但是，由于社会责任报告发布的自愿性和多平台性（企业可以把社会责任报告上报给监管机构、认证组织，也可以直接发送给媒体或者发布在企业网站上），所以很难统计每年我国撰写和发布的企业社会责任报告的总体数量。当然，可以通过行业协会、非政府组织、监管机构或信息调查机构来了解企业发布社会责任报告的部分情况。见表 4-4，表 4-5。

表 4-4　2015—2018 年“中国工业行业企业社会责任报告会”信息统计表[1]

发布时间	“中国工业行业企业社会责任报告会”主题	《中国工业行业企业社会责任报告综合评估报告》集中发布社会责任报告企业数（家）
2018.7.5	创新提升中国制造，有效应对全球挑战	106（2017 年度）
2017.6.26	负责任的中国制造	99（2016 年度）
2016.6.26	责任引领创新，管理推动发展	100（2015 年度）
2015.7.26	适应新常态，解决新问题，开创企业履责新局面	78（2014 年度）

资料来源：历年“中国工业行业企业社会责任报告会”宣传网页。

[1] 2018 中国工业行业企业社会责任报告正式发布 [EB/OL].（2018-07-02）[2018-07-10]. http：//www.heb 企业社会责任 .org/plus/view.php?aid=3415.

表 4-5　2015—2017 年“金蜜蜂中国企业社会责任评估体系”收集的社会责任报告信息统计表

年度	搜集到的社会责任报告（包括发布信息）
2017	1541（2017 年前 10 个月）
2016	2613
2015	2265

资料来源：《金蜜蜂中国企业社会责任报告研究 2017》《金蜜蜂中国企业社会责任报告研究 2016》《金蜜蜂中国企业社会责任报告研究 2015》。

2018 年 4 月 28 日发布的《2017 中欧企业社会责任（企业社会责任）报告》指出：“2017 年，沪深两市共有 792 家 A 股上市公司披露其 2016 年度企业社会责任报告（含可持续发展报告），较上年增长 49 家，同比增长约 6.59%。”❶但是，截至 2016 年 5 月，沪深两市共有 A 股上市公司 2845 家，还有超过 70% 的公司并没有公开披露企业社会责任信息。

应该看到，企业社会责任报告还有以下四点问题值得注意。

第一，由于发布企业社会责任报告是企业的自愿行为，没有专门评价机构对报告内容及效果进行评估，企业具有完全的话语权主导报告的内容与风格。那么，如果报告期间出现重大安全事故、利益相关者利益受损、监管部门的警告或行政处罚等事件或行为，企业能否客观地写入报告就有待考量。所以，企业自主发布的社会责任报告可能存在真实性方面的问题。

第二，由于企业社会责任报告没有统一的格式规范，每家企业只是按照自己的理解把为社会服务的原则、行为、实践活动展示出来，因此企业社会责任报告的规范性、专业性方面有待商榷。这种尚缺乏统一撰写标准的报告本身的可比较性较差。

❶ 2017 企业社会责任报告发布：互联网行业竞争延至公益领域 [EB/OL].（2017-04-16）[2018-07-13]. http：//csr.mofcom.gov.cn/article/csr news/csr news2018/201804/20180402736348.shtml.

第三，企业社会责任报告信息发布的公开性。也就是说，企业应把社会责任报告发布在公开的信息平台上，所有社会公众均能够在任何时间、任何地点、不附加任何条件的情况下，随时随地浏览，进而保障该报告与公众的零距离接触，并接受公众的监督。

第四，还应当关注企业社会责任报告的延续性和系统性。撰写、发布企业社会责任报告也是一项需要投入大量的人力、物力的工作。一份好的企业社会责任报告的颁布，不仅是企业在服务利益相关者领域表现优异，而且还需要同样专业的报告编制和撰写人员。因此，企业需要把这一信息披露当作一项重要的工作交予专人负责，不能需要时就临时拼凑、不需要时束之高阁。要使报告真正反映规定时间内企业承担社会责任最新、最近的实践活动和行为。

（二）社会责任 SA 8000

社会责任 SA 8000 是美国的社会责任国际（Social Accountability International，SAI）制定和推广的一套社会责任认证标准，它是全球第一个可用于第三方认证的社会责任标准，最早制定于 20 世纪 90 年代末，是一种自愿性社会责任标准。2014 年，SCI 对该标准进行修订，标志着跨国企业由各自设立标准向拥有统一的国际标准的重大进步。

第一，适用范围广泛。在 SA 8000 前言中明确说明保护所有自愿加入公司所控制和影响范围内的全部生产或服务人员。由于这种论述有些宽泛，难以把握，又进一步解释为最大限度容纳跨国企业供应链上的所有企业及员工，如供应商、分包商、分包方雇用的员工，甚至包括家庭工人。对家庭工人条款的说明与强调，体现了 SA 8000 标准对为雇主提供产品或服务而取得报酬的家庭生产者权益的保护，这一问题在经济欠发达国家表现得尤为明显。标准强调自身不受地域、产业类别和公司规模的限制，具有普遍适用性。

第二，SA 8000 标准制定的依据在不同版本的修订中逐渐增加。2008 年修订的 SA 8000 标准有制定依据 22 个，到 2014 年再次修订后依据增加 2 个，分别为《国际劳工组织公约第 181 号（私营职业介绍所）》和《关于联合国商业和人权指导原则》。这表明 SA 8000 标准的国际化接轨程度非常高，而且在不断增加对认证企业的要求，见表 4-6。

表 4-6　SA 8000 标准 2008 年版本与 2014 年版本制定依据变化一览表 ❶

序号	SA 8000 标准制定的依据	2008 年版本	2014 年版本
1	国际劳工组织公约第 1 号（工作时间 - 行业）及建议 116 号（工时减少）	√	√
2	国际劳工组织公约第 29 号及第 105 号（强迫性劳动及其解除）	√	√
3	国际劳工组织公约第 87 号（结社自由）	√	√
4	国际劳工组织公约第 98 号（组织和集体谈判权利）	√	√
5	国际劳工组织公约第 100 号及第 111 号（男女工人同工同酬；歧视 - 雇佣和职业）	√	√
6	国际劳工组织公约第 102 号（社会安全 - 最低标准）	√	√
7	国际劳工组织公约第 131 号（最低工资确定）	√	√
8	国际劳工组织公约第 135 号（工人代表公约）	√	√
9	国际劳工组织公约第 138 号及建议条款第 146 号（最低年龄及建议）	√	√
10	国际劳工组织公约第 155 号及建议条款第 164 号（职业安全与健康）	√	√
11	国际劳工组织公约第 159 号（职业康复与就业 - 伤残人士）	√	√
12	国际劳工组织公约第 169 号（土著人）	√	√
13	国际劳工组织公约第 177 号（家庭工作）	√	√
14	国际劳工组织公约第 181 号（私营职业介绍所）		√
15	国际劳工组织公约第 182 号（最恶劣童工）	√	√

❶ 参见：SA 8000 标准（2008 版）和 SA 8000 标准（2014 版）。

续表

序号	SA 8000 标准制定的依据	2008 年版本	2014 年版本
16	国际劳工组织公约第 183 号（孕妇保护）	√	√
17	《世界人权宣言》	√	√
18	《联合国儿童权利公约》	√	√
19	《联合国消除一切形式歧视妇女行为公约》	√	√
20	国际劳工组织关于艾滋病及就业守则	√	√
21	联合国消除一切形式种族歧视公约	√	√
22	关于经济、社会和文化权利的国家公约	√	√
23	关于政治和民主的国际公约	√	√
24	关于联合国商业和人权指导原则		√
合计		22	24

资料来源：SA 8000 标准（2008 版）和 SA 8000 标准（2014 版）。

第三，在 2014 年最新修订的 SA 8000 标准中，增加了有关社会绩效的相关要求。将社会绩效界定为一个组织取得全面且持续符合 SA 8000 标准要求和不断提高的成绩。为了保证认证企业具有持续的社会绩效，标准要求公司组建社会绩效团队（SPT），用以实施 SA 8000 标准要求的所有内容。标准还明确规定社会团队绩效包括 SA 8000 工人代表和管理层人员。SA 8000 工人代表则是由工人自由选举出来，就 SA 8000 相关事宜与管理层代表和高层管理人员进行沟通。这样的人员组成力图保证 SA 8000 能够对公司的社会责任行为保持足够监督。

除了 SA 8000 以外，还有国际标准化组织发布的 ISO 系列标准，如 ISO 26000（社会责任指南标准）和 ISO45001（职业健康安全管理体系）。ISO 26000 强调其仅为“社会责任指南”，不是管理体系，不能用于第三方认证，不能作为规定和合同来使用。这就消除了发展中国家在 ISO 26000 出台前的疑虑。因为它们认为，如果 ISO 26000 作为质量认证体系会成为国际贸易中限制发展中国家出口的贸易壁垒。2018 年 3 月 21 日，新颁布的 ISO 45001 将取代已被广泛采用的 OHSAS 18001（职业健康安全管理体系），规定了职业健康安全的要求，强调需要最高管理者与员工共同参与，主动改进职业健康安全绩效，确保组织能够提供健康安全的工作条件，防止工作环境、条件对员工造成的健康损害，使工作场所更安全、更健康。

这些标准、认证体系、指南的设计和出台，就是为了对企业社会责任行为进行科学、合理的监督。这些方式多数仅对于自愿加入的企业具有约束力，但对并未参与的企业约束力很小。当频繁出现各种由于企业不履责造成的社会问题时，就需要采取更具强制力和惩罚性的规制措施了。

三、各国对企业社会责任立法规制

从企业社会责任的立法来看，自 20 世纪 30 年代的“哈佛论战”之后，多德的观点逐渐得到认同，一些鼓励或许可企业承担社会责任的制定法（成称成文法）迅速增加。1984 年，美国法学会向社会推出建议性蓝本《企业治理的原则：分析与建议》，明确提出“负责任的经营行为可以被认为是首要因素”“可以把合理数量的资财用于公共福利、人道主义、教育和慈善的目的”[1]，为法律规范企业社会责任提供了理论上的支持。在法学界的推动下，欧美国家出台了大量与企业社会责任有关的法律法规，如美国的利益相关者条款、欧盟国家的职工代表制度等。在软法[2]对企业社会责任治理问题上，弗朗西斯·斯奈德（Francis Snyder）是研究企业社会责任软法治理的专家，其在利用软法推动欧盟规范企业社会责任过程中发挥了重要作用。欧美国家在软法治理理论与实践方面都走在了前列。

[1] 张国平．企业社会责任的法律意蕴 [J]. 江苏社会科学，2007（5）: 55.

[2] 关于软法，弗朗西斯·斯奈德认为是指“原则上没有法律约束力但有实际效力的行为规则”，包括宣言、决议、守则、准则、标准等规范化表现形式，并在制定主体、产生方式、表现形式、适用后果等方面区别于道德、习惯、潜规则、法理、政策和行政命令等。

就我国而言，国际上普遍关注的企业责任问题，在我国的法律法规中也都有所体现,如《劳动法》《安全生产法》《工会法》《职业病防治法》《环境保护法》《工伤保障条例》《最低工资规定》《禁止使用童工的规定》等。但是，我国尚未出台单独统一、权威的企业社会责任标准或法律法规。

进入 21 世纪以来，我国在部分法律中明确写入了要求企业承担社会责任的内容。例如，2018 年 10 月修订的《公司法》第 5 条就规定了公司必须遵守相关法律法规，遵守社会公德、商业道德，诚实守信，接受政府和社会公众的监督，承担社会责任。2006 年修订的《合伙企业法》第 7 条也规定：合伙企业及其合伙人必须遵守相关法律法规、商业道德，承担社会责任;但是，并未对公司、合伙企业及其合伙人应以何种方式承担社会责任进行说明。

在这一立法精神的指引下，基于上市公司通过发行股票方式募集资金规模大、影响深远，2006 年 9 月深圳证券交易所发布了《上市公司社会责任指引》，明确说明上市公司应当按照指引要求建立社会责任制度，定期检查和评价公司社会责任制度的执行情况和存在问题，积极履行社会责任。其中，第 5 条规定则具体要求，上市公司应定期评估公司社会责任的履行情况，自愿披露社会责任报告。

2008 年，上海证券交易所发布了《关于加强上市公司社会责任承担工作及上海证券交易所上市公司环境信息披露指引的通知》，鼓励上市公司在关注股东利益及自身健康发展的条件下，应关注包括员工、消费者、社区在内的利益相关者的利益，促进经济社会的协调发展。

2011 年，证监会发布第 41 号公告，倡导上市公司应增强社会责任意识，积极主动地发布企业社会责任报告，并努力发现和披露公司履行社会责任时的不足，不能回避自身的社会责任问题，有选择性地披露信息。不仅如此，2016 年 9 月，证监会还发布了《中国证监会关于发挥资本市场作用，服务国家脱贫攻坚战略的意见》。该文件号召上市公司除了勇于承担国家关于精准扶贫、脱贫的战略要求，努力承担帮扶贫困地区、贫困人群脱贫的社会责任，还要做好自身承担扶贫责任信息的披露工作。

由此可见，我国在相关法律中容纳企业社会责任思想、鼓励所有企业在履行自己的基本职能的同时，本着“大企业占有社会资源更多，获利能力更大，应当承担更多社会责任”的原则，对上市公司提出以自愿为基础的特殊要求。这是与我国经济社会发展水平和实际相符合的，是我国在思索如何规制企业承担社会责任之路上的重要尝试。

四、主体间性视野中的企业社会责任的多元主体及交往

《商业伦理》杂志每年都会公布“年度商业伦理与企业公民奖”，奖励那些在企业社会责任或企业社会表现领域取得辉煌成就的企业。该奖项的重要评选标准是：“企业在社会责任方面要有计划或行动方案，这些计划或行动方案展示公司内部最深入的真诚和持续活力。获得荣誉的企业必须至少在某一个领域的社会责任具有突出表现。”❶

这表明，理论上对企业社会责任所覆盖的利益相关者或社会公共利益的保障并不具有实际意义。企业社会效益实现的关键在于，企业如何在追逐自身经济利益的框架下，富有实效和操作性地把企业社会责任的社会效益实现出来。这是企业社会责任摆脱目前空洞说教现状，把社会责任理念渗透于企业全部经营与管理思维的重要思想前提。

制订计划或行动方案并实施，看似简单，但是计划或行动方案是否科学？

---

❶ 维恩·维瑟，德克·马特恩，曼弗雷德·波尔，等．企业社会责任手册 [M]. 钟宏斌，等译．北京：经济管理出版社，2014：71.

能否调动企业内部的有效资源？企业是否注意到社会责任兼具企业整体责任和成员个体责任的属性？企业成员对社会责任行动持观望态度还是参与态度？实施是否能够收到预期效果？诸如此类深刻影响企业社会责任效果问题的出现和解答，关键在于对企业社会责任主体及其协调互动关系的元理论分析。

（一）企业社会责任的多元主体

虽然主体间性倡导多元主体，但并不是要消解主体，而是要把原来的一元强势主体转换为多元对话主体。因此，以主体间性考察企业社会责任就是要打破一元主体思想和理论框架，发现并确认承担社会责任的多元主体身份，从而唤醒企业的社会责任意识，在多元主体的互动中，实现企业经济效益与社会效益的最大化统一。

通过前文对主体间性及企业的分析，笔者认为把企业承担社会责任过程中所涉及的企业（整体意义上的）、成员（雇员）、消费者、供应商、社区、竞争者、政府、媒体等——“任何能够影响公司目标的实现，或者疏导公司目标的实现影响的团体或个人”❶，都可列为企业社会责任的主体。但是，这些主体在承担社会责任过程中的地位和扮演的角色是不同的。具体可分为以下五种情形。

1. 企业整体（企业担责主体）

企业是包含一系列活动和机构的广义概念，包括管理、制造、金融、贸易、服务、投资及其他活动。就企业本身而言，就是要通过提供满足人们需求的产品和服务来获得利润或者继续生存下去的条件和资源。如前文所述的，企业作为一种法人机构，具有自己的名称、组织机构、经营场所和人员，能够以自己

❶ 爱德华·弗里曼．战略管理：利益相关者方法 [M]. 王彦华，梁豪，译．上海：上海译文出版社，2006：30.

的财产对自己的行为负责、为社会诸多主体负责。因此，企业当仁不让地成为承担社会责任的主体。因为消解掉企业承担社会责任的主体性身份，是不切合实际的，所以企业必然是首选的担责主体。

但是，应该注意，企业仅基于它占有社会资源、享有经济权利就被强制执行社会责任的话，这对企业来讲也是不公平的。其理由在于：依据“付出与回报相等价”的原则，企业生产所需要的人力资源、物质资源都是支付过代价的。如果企业有偿取得资源进行生产，而且是等价交换的话，那么理论上就无须再付出额外成本承担社会责任。

当然，如果企业占有资源所付出的价值与这些资源的真正价值之间不具备等价关系的话，或者说，企业以远低于这些资源价值的价格获取它们的话，应属不当得利，那么必然需要为这种有失公平的行为付出额外的代价。

这种使用资源的价值由谁衡量、如何衡量，也是一个无解的问题。而且随着资源被开发使用得越来越多，资源也越来越稀缺。比如，伴随着水、空气、石油等可再生或不可再生资源使用程度、污染程度的加剧，必然会导致价格与价值的偏差，所以，用理性能力计算企业是否应当承担社会责任的问题是无解的。其实，无解的原因不是因为计算不清楚，而是由于社会责任在本质上是内生于企业的。站在本质主义的立场上，社会责任就是企业范畴本身所包含的，并不是外在力量强加的，是企业及其代理人、员工内心时刻存在并永远保持敬畏的道德法则。

但是，在市场经济条件下，在投入产出原则深藏于理性经济行为的今天，企业使用资源都是在等价交换的前提下获得的。那么，这个时候再让企业强制性地承担社会责任，实际上是有悖于交换原则的，对其也是显失公平的。

因此，当政府、社会和公众要求企业承担社会责任时，就需要把社会责任进行划分：哪一部分社会责任属于必须强制履行的责任，比如，不能进行商业欺诈、不能以次充好、不能行贿受贿等，一旦发生这些问题，就应使用最严厉的权威和手段，严格监管；哪一部分社会责任是出于企业的善良意志、慈善关怀而应担当的社会责任，就应当给予企业最大的自由度，让它具有承担道德责任的自由意志，把社会责任承担好。所以，可以看到现在许多国家在制定基本法律法规强制企业承担基本社会责任之外，还留给企业自由发挥的很大空间，可以根据企业关注的焦点和伦理决策的能力承担社会责任。

总之，唯有当企业能够支配自己的行为，行使选择权利，能够决定在某种条件下承担或不承担，选择承担何种社会责任，这时企业才具有名副其实的主体身份，才能焕发出它的自主担责意识。否则，其他对于企业的要求，无论其来自于政府、社会组织、公众，还是来自企业内部员工，对企业而言都是负担。

2. 企业成员（认同主体）

企业虽然作为社会责任担责的主体是责无旁贷的，但是企业只是一个法人机构。换句话说，它只有一个组织框架和物质资源，真正在企业发挥作用的却是企业中的人。无论是企业的高层管理者、中层管理者，还是基层普通员工，都应该成为企业社会责任行为的发出者和执行者。因此，单纯强调企业对社会责任担当本身是空洞的，企业本身不能够做出任何行为，前文提及的企业整体实则是一种拟人化的说法。企业的法人身份只是给企业提供了一个参与市场经济、能够与他人进行谈判的机会和平台，在企业中真正发挥作用的则是企业的代理人及其成员。所以，企业社会责任的第二个主体——认同主体责无旁贷地落实到成员身上。

这也是企业社会责任能否实现的一个很重要的原则和基础。企业作为整体担当社会责任时，是表明企业只能就企业资源做出这些行为。而真正能够调动、支配、使用、监管这些的，都是由企业中具有不同身份、扮演不同角色的人去完成，既包括高层管理者，也包括普通员工。因此，本书中消解掉他们身份、地位、职责的差异，均以“企业成员”一并称之，就是看到他们对社会责任担当具有关键作用。但是，在长期关于企业社会责任的研究与实践中，并没有人真正关注到企业成员对于社会责任践履的这一巨大作用。

笔者把企业成员作为企业社会责任的认同主体，是有非常深远的考虑和打算的。因为企业成员，虽然被冠之以“成员”的名称，但实际上他们是一个个独立的个体，具有自己的价值观、人生追求及宗教信仰等。他们并不一定时时、事事与企业的核心利益保持完全一致。那么，具有如此差异化身份的个体，如何能够融入企业并把企业的目标与个人目标契合起来，完成从独立个体向企业人的转化，这是企业成员建立社会责任意识的第一个阶段。

当成员完成组织身份认同以后，他们还要把企业的责任文化观念认同到自己的内心当中，或者说内化成自己的价值观念和行为准则，这样才能使企业在任何时间、任何地点都能呈现出对社会负责任的状态，企业才能摆脱承担社会责任就是大规模捐钱、捐物的“怪圈”，真正成为社会责任的担当者。

所以，成员对于企业责任的认同是企业社会责任实施的关键，也是本书后面几个章节要论述的核心问题。书中使用大量的篇幅来论述企业中的人如何从独立的个体成长为与企业目标保持一致、具有企业身份的企业人。

当个体完成自己身份的转化以后，他就能够把企业的价值观内化为个人价值观，约束自身行为，把企业要承担的社会责任细化为自己要履行的职责，从而使企业全方位、多角度地与利益相关者沟通，满足他们的需求，承担相应的责任。

为什么要建立企业社会责任文化呢？笔者认为，企业社会责任文化的内容并不重要，因为它随着企业的不同千差万别，关键是如何让企业成员认同企业的责任理念和观点。功能主义视角的文化具有最大限度感染、濡化个体的作用，因此，如果企业建立了为成员所认同的社会责任文化，那么企业社会责任的基本假设就能够在所有成员当中得到最大限度的体现和最深刻的贯彻，才能使企业社会责任真正做到实处。

3. 政府及其相关部门（监管主体）

政府是在社会中有权利制定并实施政策与规则的部门，具有十分巨大的强制力和政治权威。因此，企业社会责任一旦纳入政府的治理当中就必然具有强大的执行力。

因此，政府及其相关部门应作为监管主体承担监管社会责任践行的工作。但如前文所述，企业社会责任包括经济责任、法律责任、道德责任和慈善责任，它们不能都受到政府的强制监管，因为它们对于企业而言性质是不同的。经济责任和法律责任是企业应当履行的最基本的责任，是企业得以存在的前提。假如不承担经济责任和法律责任，企业就没有存在的意义。它们理应由极具权威的国家机器来保障实施。一旦这些责任没有达到底线要求，抑或损害相关利益相关者合法权益，就应该受到政策、法律法规最严厉的处罚。

正是因为在企业社会责任中有这样两种必须强制执行的责任，才使政府这一主体被纳入企业社会责任监管主体的视野中来。实际上，企业诞生之初，最需要逃离的就是政府的监管，因为当时的政府特许状使很多企业丧失了经营自主权。但是，时代发展到今天，完全没有政府监管的企业会沦为滋生市场经济腐朽细菌的温床。迄今为止，许多国家均通过立法手段，对企业社会责任进行规制。

因此，对于政府的监督主体，作为对社会责任实行立法及监管的国家机器，应充分发挥其工具性效能，保障社会责任能够按照法律、法规的相关规定得以有效履行。

当然，政府作为监管主体，还要考察它的监管能力如何，制定的法律法规是否符合企业实际，是否存在诱发寻租等行为漏洞，以及能否达到预期的效果。这都需要政府及其相关部门以一种负责任的姿态，全心投入与社会公众息息相关的日常生活中来，了解利益相关者的多种需求，协调好它们之间的关系，为履行企业社会责任的营造一个公开、公平、有序的政策环境。

4. 非政府组织、行业协会（扶助主体）

非政府组织和行业协会在企业承担社会责任过程中扮演着政府、公众期待收集者、标准制定者、规则解释者、鼓励企业加入认证的宣传者等多重角色，发挥着弥合政府与企业担当社会责任愿望差异、柔化政府监管手段的强制性、引导企业认同社会责任担当等作用。

它们多通过行业自律准则、标准体系认证等方式对企业承担社会责任加以规制，也取得了非常显著的效果。一方面，非政府组织、行业协会，并不从属于任何级别的政府及相关部门，不具备法律上的强制力和政治上的威慑力，却能够对企业是否承担社会责任进行一定的约束与督促；另一方面，非政府组织、行业协会又不是社会责任的真正承担者，却要告诉企业应该承担何种社会责任，以及如何按照标准来承担社会责任，并且承担着制定标准的作用。因此，它们最了解政府、公众及企业关于承担社会责任的真实想法，是企业社会责任得以践履的重要扶助主体。因为该问题不是本节的论证重点，故在此不进行深入分析。

5. 作为他者的利益相关者（回馈主体）

关于利益相关者的内涵、范围及与企业的互动机制，在其他书籍、论文中已有太多论述。笔者主张利益相关者在与企业的社会责任互动当中，是见证企业及其成员主体身份的他者。换言之，正因为有了利益相关者，企业的社会价值才能够得以体现出来，这是主体间性理论对作为社会责任受惠对象的利益相关者做出的深刻认知。

不仅如此，主体间性理论还把一个崭新身份赋予利益相关者，即在利益相关者与企业互动过程中，交互具有主体性身份。

应该看到，一般情况下都是企业对利益相关者承担责任，满足他们的需求，甚至以更多的资源、利益来迎合他们更高的期待。此时，企业是主体，利益相关者是客体。但是，利益相关者也不能一味对企业提出过度要求，其会给企业带来沉重的经济和社会负担。不仅如此，利益相关者应作为回馈主体，在接受企业大量的、牺牲利润的投入以后，应以一种开放、接纳、感恩的心态，通过公开、坦诚的交流和对话，甚至是质疑的方式，与企业一道共同找出履行社会责任方面存在的问题。唯有这样，才能使社会责任的担当，由一个企业、一群人的事业变成全社会所有人、所有企业的事业，通过每一个微小的力量把这份责任与担当传递出去，在全社会建立承担社会责任的良性循环与集体态势。

按照利益相关者与企业核心业务联系的密切程度，可将其划分为直接利益相关者和间接利益相关者。这里“直接”与“间接”的区分，意在说明直接利益相关者是企业价值创造链条上的核心因子，如雇员、消费者、供应商、社区、竞争者、政府和媒体等；间接利益相关者则指与企业价值创造关联性不大、但可使社会整体绩效得到提升的远期相关者，如扶助弱势群体、捐资助学、对不发达地区的技术支持等。可以看到，这里提及的利益相关者，可能包含前面的认同主体、监管主体等。这正体现了主体间性理论视野下企业社会责任多元主体具有交互主体性身份的意义与价值。

（二）社会责任多元主体的对话与交往

前文运用大量篇幅分析了企业应当承担社会责任，提及“企业作为社会单元理应承担社会责任”“依据权利与义务对等的原则企业占有、使用大量社会资源故理应承担社会责任”“企业迫于工人运动、消费者运动、环境保护运动而不得不承担社会责任”“为了实现企业与社会的可持续发展，企业必须承担社会责任”等。诸如此类的观点都是从社会利益、企业之外的旁观者，甚至是从道德制高点角度，对企业应否承担社会责任的判断与声明。但是实际上，真正拨出大量资源履行社会责任的企业，它们本身对企业社会责任的看法才是社会责任能否得到践行的关键。企业发自内心地认为应当承担社会责任抑或被逼无奈不得不履行社会责任，企业意识到自身获得巨大社会财富应当回馈社会抑或投入金钱塑造社会形象和声誉，都会直接影响企业社会责任的实施效果。

因此，企业自身对社会责任采取何种态度至关重要。美国当代哲学家艾伦·格沃斯在《新不列颠百科全书》中说：“只有当且仅当具有某种责任的人同意承担该责任时，有关行为才能成为相关人的责任。也就是说，只有当有关人通过直接的、间接的或隐含的、心照不宣的方式自愿地接受了这种责任的时候，有关行为才能构成责任。”❶唯有企业就承担社会责任进行深度对话与交往，才能保证企业社会责任的有效实施。

企业交往是交往理性和交往行为在企业情境中的现实化。企业与交往的对接和契合并不是兴起于这一理论的提出，而是来自现实世界中企业生于交往过程这一事实。企业虽具有非人格的实体属性，但仍然不能缺失人与人、人与企业间实物、信息、情感的交流和互换。正是由于具有批量且有效处理物质和精神交往关系的优势，企业才能在当今社会如此繁荣。同样，交往也不会放弃企业情境这一重要领域。如若排除企业境遇中的交往，企业本身及企业成员所具有的与现代社会有关的属性也将被消解。它只能退回到家庭、学校、邻里等简单、朴素的情感关联中。其实，企业与交往的作用是互为条件、互相支持的。企业境遇为交往提供了现实的场景和空间，交往不仅间接为企业的物质交换和精神交流活动提供理性支撑，而且也直接转化为企业多元主体间的交流和融通。所

❶ 格沃斯．新不列颠百科全书 [M]. 北京：中国大百科出版社，1980：510.

以，企业交往是交往理性和交往行为现时代的样态，其与现代企业相契合，远远超越了传统共同体交往的领域和范围，是保障现代社会正常运转的重要机制。但这并不意味着企业交往就是交往的完美形式，企业交往会受到企业中诸如工具理性、科学主义等因素的影响，企业交往往往表现出唯令是从、陌生人不信任、人际冷漠等弊端。

企业交往研究摆脱了社会学、传播学等学科将其具象化为企业传播、人际沟通的经验性考察路径，对企业中交往主体界分、交往形式及其后果均进行了深入思考。

首先，在企业情境下，交往活动多发生于企业与个人及个人之间。这就使交往活动的主体被界分为企业这一结构实体和履行企业职责的个体成员两类。相对于企业活动中其他主体而言，企业体❶在交往关系中具有优先性和支配性。企业虽是以秩序建制、整合为特征的人为创造物，但它一经产生就获得了独特的拟人化特性，逐渐演变成能够独立承载法定权利和义务的实体，进而与成员产生无法割裂的关联。企业框架中的交往虽采取人际交往等形式，可其核心要点仍是围绕企业目标和企业任务展开的。在这种情况下，当对企业目标和运作具体事宜进行交流和沟通时，企业体肯定要比成员更有发言权。然而，也应看到，企业体固然比成员拥有更多的交往优势，却不能由此产生企业至上的结论，默许企业内部的强权和信息壁垒；而应通过分权、畅通沟通渠道等途径倾听成员的意见和建议，为企业及成员间的积极对话营造良好的组织氛围。

其次，企业中虽不乏存有大量的人际交往形式，但除此以外，企业与成员间也进行一种异质主体间的交往。它超越了直接现实的人与人之间的交往（人际交往）形式的生理界限，将企业体置于与个体同等的交往地位，进一步彰显了企业情境中的交往区别于一般人际交往的独特性。就企业中的个体而

❶ 此处运用“企业体”一词来表述企业，力图强调此时之企业是与个体具有同等交往权力的实体。

言，在日常生活世界中形成的自我意识与个性使他们首先以生活主体自居，可生活主体并不能直接置换为企业主体，还要经历充分的企业化过程。正如哈贝马斯所言："只有采用他者的角色，我们才能回到自身。"❶在单一主体中，无法自足的自我必须在他者的视线中才能得到确证。于是，企业体及企业中的其他成员成为孤独、原子式的个体确证自身的他者来源。就企业而言，作为实现企业目标和多重利益的载体，企业本身也需要委托代理人与成员进行复杂的交往活动。这些交往行为表面上采取人际交往的形式，但已远远超越了个体间意见、观点的互换和融通，而是成员个体与企业的直面和对话，既有企业意图的贯彻和传达，也有成员个体对企业权威的质疑与否定。因此，企业交往中杂糅着成员与企业、成员间的多种交往形式。在这些互动关系中，成员在认识自我和他人的同时建构自我身份，企业也由此获得与成员更大程度的契合与一致。

最后，企业及其成员在交往中最大的成就为通过长期的交流、对话和协商达成共识。这些关于企业运转流程、岗位职责，任务接受和完成、上下级交往，甚至企业决策等彼此一致的共同理解和看法，是企业交往的必然结果。

实际上，成员在企业中从陌生到熟识、从新来者到职业专家的成长历程表明，他们需要学习企业生活的各种规范、原则，乃至价值立场和判断。这一过程同样也是他们观察和养成处理企业中同类问题经验的过程。这种依靠成员体悟生成共识的方式虽潜移默化地发生，可由于它内置于企业正常交往方式中而鲜少引起企业人的重视。也就是说，这种自然生成共识的方式朴素地与企业化过程内在地契合在一起，根本不会引起企业人心理和行为上的不适。但又不能不看到，这种共识形成过程较为缓慢，而且由于基于人认识和情感的自然生发，往往受到与企业目标不相一致的亚群体方面的严重影响。

❶ 哈贝马斯．后形而上学思想 [M]. 曹卫东，付德根，译．北京：译林出版社，2001：202.

由于共识具有的内生于成员间协商对话、为他们所认同的基础，所以企业共识可以通达企业文化的基本假设。作为企业文化认同的来源，企业共识以分歧、差异的存在为前提。共识是在多种意见的碰撞中形成的，没有分歧也就无所谓共识。企业中平等、多元主体的共存必然使差异、分歧乃至冲突和敌对成为企业常态，根本不可能出现毫无冲突对抗、和谐均质的理想状况。企业以对异质意见的巨大包容力消融多元文化理念的冲击，而单纯追求企业内意见相对均质的状态并无益处。另外，企业共识也不是轻易就可达成的。因为共识“不是指每个人对某件事的主动同意。虽然我们称为共识的现象大体上可以说是指接受，即泛泛而言或基本上是消极意义上的共识”❶。共识不是企业中既有的、现成的东西，也不会自动显现，必须在企业人的积极谋求下、经过艰苦磋商才能得以澄清和达成。共识也不是凝固静止的，而是随着企业的环境、人员、任务目标等内容的改变而不断进行适应性调整。共识总是相对意义上的，它无法抵挡时间和境遇变迁而保持不变，既有的企业共识可能加深、扩大，也可能走向反面，演变成立场、价值观点的分立。不能对共识作过于简单化的理解，妄图用强势迫使企业成员接受特定的企业理念，抑或低估共识生成的过程性和渐进性，这些都会增加达成共识的难度。

综上，企业情境中的交往理论是企业文化认同得以展开的重要理论基础。从这一视角切入和审视成员对企业文化的认同和接纳，进一步拓宽了该问题的研究视野。以交往理论考察企业中的文化认同并不仅仅指成员对某一具体文化理念的接纳，还指企业与成员在目标、心理上缓慢契合的生成性过程，强调它们内在关联的建构。单纯考察认同的静态结果没有意义，关键在于通过目标融合、情感共享和归属期待等认同标准的达成，建立起衔接企业和个人的媒介和渠道，使二者较为有效地统合在一起。

---

❶ 乔·萨托利．民主新论 [M]．冯克利，阎克文，译．石家庄：东方出版社，1998：101.

值得注意的是，在交往过程中，企业及其成员与文化的同一不能一蹴而就，需要长时间的“以文化之”的过程。现在一些企业中存在大量的“文化运动”，尤以追求经济效益的营利企业最为明显。这些营利企业往往将文化视为提高企业经济效益的工具，大张旗鼓地进行文化建设。于是，企业价值观、企业精神广为提炼、行为规范条分缕析，并将核心条目印成手册让员工随身携带并背诵，希望达到短期内提高企业文化品位、增强员工归属感、塑造良好企业形象的目的，可实际效果并不理想。企业中的文化认同虽不排斥对特定文化理念的瞬时接受，然而对文化符号及其意义的表面熟知仅构成文化认同中较为粗浅的层面，企业及其行动者只有跳出上述文化载体的有形框架，在企业境遇中深度交往，对话、协商，把共识意义领悟于心，才能实现文化与企业、与人无缝隙的、舒适的接洽。

第五章 企业责任管理的多元张力与文化回应

对交往理性的推崇，使企业具有了转换为交互对话空间的可能。但这并不意味着企业可以自然形成令人满意的责任秩序，因为任何企业的责任体系都是多要素的组合。这些要素的多元化及其整合方式往往会成为企业责任体系优化或者消解的“催化剂”。企业价值和成员价值“前见”的矛盾、企业目标与个体利益背离等种种潜在对立，都时时威胁到企业责任体系的整体性和一致性。一旦企业内各种要素原有的均衡态势被打破，抑或企业的控制调节手段失效，企业的责任体系就会走向分裂或解体。为了防止这一最坏结果的出现，企业自出现以来便已开发出多种使成员履行职责、实现企业目标的手段和策略，如制定适宜的结构形式、保证企业权力的适度监控，以及颁布各项行事规则并配以有力的制裁措施等。这些举措大多以一种强势态度迫使成员臣服于企业目标与利益。这虽然可以在一定时期和范围内保证企业整体秩序、目标的实现，但也会形成严重的遗留问题。例如，无视成员的归属感与使命感，仅以经济利益为诱饵诱使他们增加对企业的能力和情感投入，把成员排除于企业对他者负责的方案决策之外，过于强调成员对企业的责任担当而忽视他们的公共责任感，过重的刚性约束措施的使用等，都会导致企业责任结构日益机械化，失去活力。本章以分析企业责任管理中多元要素的对立为切入点，考察有助于达成企业责任管理一致性的多种控制方式，并将文化引导理念引入企业情境，强调应当在充分肯定企业交往理性基础上运用文化力量消解企业责任管理的真空与无序，以便为企业责任理念的建立与集体行动的达成提供有力的文化支撑。

第一节　企业责任管理中多元要素的对抗与互动

从经济学或管理学上说，企业大多被视作特定的功能实体，但从哲学上看，企业作为一种企业形式则是一个矛盾的统一体，企业内各要素所构成的情境本身存在诸多对立与统一的表现和形态。它们既相互排斥、又相互吸引，在紧张对抗中生成企业秩序，在相互制约中共同成长。企业正是由于包容了这些异质势力的冲突性和破坏力而获得批判革新、锐意进取的生命力。然而，不可小觑的是，内在对立也从根源上为企业埋下了分裂的种子，成为解构企业体的巨大威胁。

一、企业目标与个人目标的胶着

从出生那一刻起，个人就与群体[1]纠结缠绕在一起，这些群体既包括哺育

[1] 本书对“群体”的理解如下：群体是共同体和企业的上位概念，代表社会中一般的人群聚合体，范围比较广泛。共同体则是基于血缘、亲缘、姻缘、地缘等共同生活经历和情感关系而形成的人群聚合体，这类群体的成员间存在较强的情感纽带和共同习惯，具体表现为家庭、邻里等形式。相对于共同体而言，企业是指排除了人伦和情感关联而以特定功能的完成为目标而组建的群体。在组织中存在正式组织和非正式组织的区分，正式企业强调目标、结构和责任等理性建制和组织行为的合目的性；而非正式组织处于共同体和正式组织的交接地带，既没有明确的组织建制，也失去了人伦关系的纽带，人们基于简单的生活目的和兴趣聚合在一起，带有一定的感情色彩。此处所提及的组织，如不加特殊说明，均为正式组织。

人成长的家庭、社区等共同体，也包括为特定目标设立的企业。如果说共同体是人的社会性的开端，那么企业则是人社会性的完整实践和有效检验。二者的最大区别就在于共同体是个体间基于情感联系而缔结的群体，而企业则是以共同目标和以目标所划分的责任为纽带的人群组合。

共同体构成了个人成长的物质实体和精神家园。人们在共同体中学习生存技巧和方法，锻炼能力、磨炼意志，体认一般道德准则，完成由生物人向社会人的初阶转化，将特立独行的个体人格展现出来。但人的社会性演进并没有就此终结，共同体赋予人的道德初级体验需要在与企业的磨合中升华。企业即便较晚进入个人视线，却是他们在成人之后确认自身价值、获得社会承认的最主要的场所。个人因自身与企业目标的交叠而进入企业，固然需要为企业目标的实现而承担相应的责任、付出让渡个人时间支配权和劳动力使用权等代价，但这并不意味着个体独立性已被完全驯服——意图自由的个体完全匍匐于企业的理性框架下。相反，企业内个体总会等待时机意图冲破企业限制，顽强地伸张自身的意志。这就表现为企业中个人目标与企业目标既统一又对立的胶着关系。

企业生成的自然路径一般以确定的企业目标为开端。企业会在成立之初就对达成目标的手段和途径进行战略规划，确定企业边界，并以此为契机从社会环境中整合部分人力与物力资源，在合目的原则支配下，建构企业的基本结构和运行规则。进入企业的成员在这一意义上就成了实现企业目标的载体。这意味着，企业是与其自身明确目的需求相适应的理性架构，虽然依赖于人的建立，却以典型的客观化结构和非人格性关系超越人群共同体的情感逻辑，从而形成新的秩序。这也部分地解释了企业在现代社会的盛行，以及它比前现代的各种共同体创造了更加显著的社会成就（包括物质财富和精神价值等）的原因。

企业厘定边界的行为包括划定“我企业”与“他（非我）企业”的界限，在“我企业”内设计保证企业整体秩序的各种规范、准则，同时对“他企业”形成明确的排斥，防止外部势力入侵，向一般公众伸张本企业的权利，获得他者的承认。于是，企业就在边界清楚、权利明晰的条件下形成一种维护和保持企业整体性和同一性的集体意志。这种集体意志来自企业目标的共同设定和企业设计的规则体系，成为企业的集体行动中共同思想态度、价值观念的表达。

集体意志是对个体行为自由的考验和磨炼，需要贯穿和体现在企业内的每一个人身上，但它本身并不是个体意志的简单累加。这是因为留有大量共同体生活痕迹的个人即便进入目标鲜明、结构层次清晰的企业，被赋予明确说明的岗位职责，也不能骤然放弃既有的全部生活体验，完全投入企业中，更不会轻易地在短时间内结成企业内的群体和伙伴关系。进入企业是对个人间依存关系的重新建构。应当说，企业所划定的界域及在其内部开展的各种活动，都带有普及企业目标的教化作用。在企业中，个人不再是随心所欲的主体。作为构成企业的质料，个体需要遵守企业的规定和要求，内化企业的行动方式，调整自己对企业及企业内外世界的看法与观点。但个人融入企业的过程并不平坦。为保有在企业中的行动能力，他们经常把对自由的渴求隐藏起来，忍受压抑个人目标的痛苦，将集体意志作为奉守之圭臬。这种基于利益需求的妥协虽然能让个人暂时披上企业人的外衣，却并不能消解他们内心对个人自由追求的冲动，致使个人目标超越企业目标被优先实现的情形也时有发生。

需要强调的是，企业中的集体意志固然不等于个人意志，但也不存在于个人之外。换言之，集体意志并不是个人意志之外的虚空，他们共存于企业内个人的思想意识之中。个人在企业内的活动总会折射出企业目标和集体意志的制约或引导状况。服从企业的集体意志还是遵从个人自由的心灵，成为个人企业行为中的两难抉择。企业人经常要面对二者纠结的矛盾状态，不得不运用自身的智慧和生活常识来摆脱这样的困境。

集体意志与个人自由间的这种制约与被制约的关系可以说是企业目标与个人目标、利益不一致的直接结果。当个体聚合组建企业（企业创业时期）或者个体选择进入某个企业（企业存续和发展的时期）之初，个人与企业的目标是相对一致的。这可从“企业”的上位词——组织的词源上管窥一斑。“组织”一词源自希腊语“organon”，意为工具和手段[1]，即组织是一种为了实现人的某种目的而创造的结构形式。就其本意而言，组织作为服务于人的目的的工具具有一定整合资源的形式框架，并未获得独立人格，因而其存在意义还仅是发挥在集聚资源、协调关系等方面的优势，补充个人能力的局限，并且在恰当的经营或运作之后促成组织创建者意图的实现。但正如埃利亚斯说：“从单个计划和行动中产生的基本组织，导致一些出乎个体计划和创造之外的变化与形态。从人的相互依赖产生一个独特的秩序，它比个体形成的意志和理性更具有强制性力量。”[2]一旦企业成功实现了最初设立的目标后，它就能够继续生存、成长，呈现出自己的生命力，成为一个不断吸纳资源、具有相对独立法人身份的实体。随着企业的正规化和逐渐壮大，企业倾向于通过制定规章制度、采取相对固定的行为方式，对内部分工加以明确从而为各个职位提供精确描述等途径，保证企业在诸多社会实体、人类群体之中建构起自身的社会身份。

企业的成长同时也有利于企业成员，因为它可以为成员提供可供学习的资源，帮助他们完成满足企业需要的“社会化”过程[3]。这看似是一个完美无缺的彼此受益、皆大欢喜的双赢结局，但仔细分析便可发现，企业的目标在经历了

[1] 加雷思·摩根.组织[M].金马，译.北京：清华大学出版社，2005：21.

[2] 诺贝特·埃利亚斯.论文明、权力与知识[M].刘佳林，译.南京：南京大学出版社，2005：48.

[3] 埃德加·沙因.沙因组织心理学[M].马红宇，王斌，译.北京：中国人民大学出版社，2009：19.

一段时间的磨合和适应之后已经悄悄发生了变化，由原来实现创建者的意图转变为最大限度维持企业生存、发展这一更为持续的目标。实际上，企业越发展，就越易摆脱创建者的控制，日益显现出独立于个体品格（即便他是企业的缔造者或所有者）的整体意志。企业一旦确定下来，就会形成自身的惯性，会朝着有利于维持自身发展的方向去努力，除非企业遇到极大的外部困难或内部阻力。例如，一个生产性企业，当它无法完成提供产品或服务等功能性任务，就会面临破产乃至消亡的命运。对绝大多数已经建立并且仍然维系着的企业来说，生存状态的保持和延续已然成为企业的终极追求。以企业的延续为旨归，集体意志必然成为企业目标和宗旨的表达。

这里还隐含着一个更尖锐的问题：既然个人与企业之间存在着如此深刻的对立，那么个人可以选择放弃投入企业或采取集体行动的策略吗？无论从历史还是逻辑上看，答案都是否定的。当今社会的繁荣景象就可表明，企业已被认为是人类迄今为止所创造出来的、实现自身经济利益和其他社会价值、最有效的工具。这样的普遍共识已经得到了经济学、管理学、社会学、政治学乃至哲学的高度认可。从人的社会属性看，人具有天生的合作本能。不能也不愿孤独生存的个人，总会超越狭隘的亲缘关系建构起范围更广、程度更深、功能更强大的合作形式。这是因为理性计算明白地告诉他们：基于个人参加而联合的行动所耗费的成本远小于带来的收益，而且行为学派和心理学的研究也证明：企业在一定程度上满足了他们对社会情感的需求。企业给予个人的双重满足使人无法以逃避的方式来解决他们与企业的复杂关系问题。一方面，企业人无法摆脱企业利益的诱惑；另一方面，企业人又时时厌弃集体意志对个体自由的消解，他们与企业之间永远存在着对抗与冲突。

这种个人目标和企业目标的胶着在日常经营中表现得尤为明显。一般而言，把追逐经济利益视为第一要务的企业，通常主张股东利益最大化，这常常被人们归结为效益主义原则。这种企业目标取向就会在强化经济利益的同时，极大压缩非经济利益存在和实现的必要性。效益主义原则传递给企业成员的就是，希望员工的个人目标也能够换算成与效益、效率相符合的指数或定量，敦促成员以企业绩效为宗旨，创造令人满意的工作成果。然而，这样的目标取向是片面的，它的贯彻是以员工付出更多的劳动时间和丧失更多权利为代价的。其实，这是企业目标假借集体意志之名对个体自由空间的侵占。如果企业目标的膨胀行为在多数成员容忍的范围内，二者之间暂时相安无事，一旦超越了临界点，个体对自由的呼声就会爆发，或许成为颠覆企业整体性的力量。

二、企业理性与个人理性的协同

近代以来，理性逐步获得至高无上的地位，成为衡量一切的标准。"理性"意指"人们借以认识和把握客观事物的本质和规律的判断、推理等逻辑思维形式和抽象思维能力，即人们一种独特的认识能力和认识手段"❶。这种基于认识论视角对理性的认知，把对客观因果规律和科学精神的追求设定在理性内涵之中，使对外在世界的科学求知和改造世界工具手段的获得受到推崇——科学理性和工具理性成为认知理性的主要特征。与认知理性探寻客观世界内在本质和规律的求真本性不同，价值论视野中的理性表现为人对价值问题的反复和多角度的思考。它"把价值取向和终极理想目标作为理性的基本内容，着重从道德原则、伦理规范、人生理想、道义责任、公正之善等方面去评判人的本性和行为"❷。价值理性要求人们用道德理想与目标来指导生活，确立一种具有普遍约束力的道德之善的终极指向。凡此种种汇聚成西方源远流长的理性主义传统。

❶ 黄南珊．西方理性概念内涵分析 [J]. 晋阳学刊，1995（1）：69-74.

❷ 同❶.

人以理性之权能日益成就了其在现实世界中的主体性地位。

自企业产生起，企业就被期望能够始终以明确的目标为指导，通过清晰、明确的选择偏好和有意识的理性建构，实现企业资源的聚集和成员的协作，组成彼此匹配、完美统一的整体。企业在确立自身实体性的同时，也在建构代表企业特性的理性能力[1]。这就是说，企业作为人之理性建构，也在构建自己的理性。相对于人的理性能力，企业理性是“以企业为载体的理性，它是这样一种状态，即一个社会企业中具有了那些得到主要企业成员自觉遵循的一套独特的共识性或强制性的行动逻辑规则和经验惯例。这些规则和惯例或者与企业生存和企业各种目标的实现手段相关，或者与企业成员在企业中的地位合法性有关”[2]。这实际上包含以下两层含义。

其一，企业理性代表了企业对所有利益相关者的掌控。在理性框架下，企业从设定目标、制定战略，到人员选聘、决策实施，再到绩效审核和意见反馈，都是严格计划和缜密思考的结果。在这一过程中，企业当然也会面对不可预期的突发事件和情况，但在化解这些不确定性后，企业还会沿着既定轨迹前行。企业就像一架精密的机器，在具备一定纠错能力的前提下，按照预先设计好的方案一丝不苟地运行，从而切实保证实现企业目标。这也使企业理性具有为企业的生成、发展进行充分谋划的无限权能。

科层制理论的创始人韦伯就持有这一设想。当时，行政机构的建制不能遏制世袭体制忠于个人、服从领导意志、公私不分、个人无视组织的一般要求擅用自由裁量权限等弊端，造成了行政组织内部效率低下、腐败丛生等问题。于是，韦伯站在理性主义立场，从价值中立的视角出发，以非人格化和形式结

[1] 企业情境中杂糅着多种理性：个人理性和企业理性、工具理性和价值理性、形式理性和实质理性以及决策理性、交往理性等。它们分别反映了不同的学者从社会学、管理学乃至哲学视角研究企业的理论成果。此处所理解的企业理性就交织了上述多种层面。

[2] 赵孟莹 . 论企业理性 [J]. 社会学研究，2002（4）：77-80.

构为基础，建构了一个将个体“去情感化”地遴选到职责岗位的科层组织形式。为了保证组织的效率，必须排除个人的因素和情感的渗透。所以，他所倡导的组织理性只是一种形式理性，即将组织建立在一系列清晰、明确的行为规范基础上，充分描绘各种职责、分工和合理操作的关系和流程，并将它们物化为组织运行的基本原则，约束组织内的每一个参与者。由于允许成员的更替与不连续性就业，组织不再依赖或受制于任何特定个体，组织理性得到了完全满足。这样的科层组织成为具有相当独立性和系统性的理性模型。它设计了严格的工作秩序，造成了俭省、秩序、整洁、服从、尽责和守时等具有极强防御性的美德，将组织结构的协调功能发挥到了极致。然而，这一带有机械论色彩的组织秩序对规则、程序及专业化的诉求，也潜藏着对人主体性、创造性的压制风险。个体不是参与而是被囚禁到组织这一永动机制中，沦为不名一文的齿轮。

然而，与全面规划企业事务的良好愿望相悖，在具体企业行动中，企业理性并非无限，它经常需要面对目标、计划、制度等都不完备的状况。也就是说，企业虽有整合所有资源创造最佳绩效的初衷，可是局限于资源的稀缺性、企业边界的狭隘性、成员价值观念的褊狭性，企业理性实际上也仅能就企业此时此地的条件和状况做出决策，不可能实现对企业过去、现在和未来的全面统筹。因此，企业理性是有限的，根本无法穷尽对企业所有可能状况和条件的预知和反思，无法实现“最优”“最大”等理性设计，仅能以有限的“满意原则”修正自身，即“理性就是根据评价行为结果的某些价值系统来选择偏好的行动方案”❶。

此外，无论企业还是个人（包括企业的缔造者和最高决策者）的理性都是有限的。“他所寻求的项的数量之大，需要评估的信息量之大，使即使是大

❶ 赫伯特·西蒙．管理行为 [M]. 詹正茂，译．北京：机械工业出版社，2007：75.

致接近客观理性也不太可能达到”❶，只能在特定情境中做出有限的选择，这样的选择只针对特定环境产生效力。他也不能完全把握所有相关信息，很多时候不得不接受经过筛选了的结果。因此，“完全理性”开始被“有限理性”假设所取代。“有限理性”把企业代理人和成员从理性计算的幻觉中拉回其置身的具体情境，他们不能最优化自身的目标，也无法总是在每次选择时做到利益最大化；相反，只能选择令人满意、相对合理的解决方案。这是二者在协调各种制约力量过程中对境遇积极、能动的适应，以选择的“充分理由”重建决策的逻辑。

其二，值得注意的是，企业理性并不是抽象的概念范畴，以企业为载体意味着企业理性建基于企业结构和成员的实体性上。作为与企业目标相契合的产物，企业理性贯彻于企业日常的活动和成员的实践之中，企业理性必然与个人理性纠结在一起。在企业行为实施过程中，企业理性所获得的成员共识和体现企业强制的行事规则、经验惯例，经常会遭遇个体理性主导下的价值标准和行为准则的抗击；成员也由于具有筹划和计算的个体理性能力经常做出于己有利的判断和行为，实难避免二者的冲突和碰撞。所以，很多时候，当企业取得具有明晰结构、明确职责的理性实体身份后，在其看来，个体对自身利益追求的理性行为往往成为一种非理性，是一种牺牲群体利益、褊狭自利本性的表现。

例如，在产业革命浪潮下勃兴的现代工厂中，工厂企业的理性权能并未使工人自觉内化企业的规则和惯例。即使通过严厉的惩罚手段也未能消除工人破坏机器、逃避责任、消极怠工等消极行为。工厂越理性地控制生产过程，工人也越非理性地厌弃生产行为。这种争斗导致两败俱伤的恶果，不仅无益于企业目标的实现，而且也加剧了工厂与工人间的敌意和仇视。泰勒正是基于工厂的

❶ 理查德·斯格特．企业理论：理性、自然和开放系统[M]．黄洋，等，译．北京：华夏出版社，2002：48.

这一状况，将“科学”的理念引入管理实践，认为每个行为者的行为是可预知的，并时刻都在理性地追逐个体利益的最大化。因此，可用标准化、程序化的方式强化对人的管理，使生产活动、人的行为成为理性规划的产物。泰勒采用严格控制的理性思维调节工厂活动中的劳资纠纷，以科学管理取代部分宗教人士所强调的劳资间的友谊、和谐的呼吁。然而，虽然科学管理理论大大提高了生产效率，可泰勒曾向往的劳资双方的“精神革命”后所带来的相互体谅却并未实现，工人不仅不认同他的观点，而且还对他冠以“工人的敌人”的头衔，使他终身无法释怀。

如泰勒一样，经济学、管理学的许多学者都将人视作“理性经济人”。所谓“经济人”就是仅关注个人利益、好逸恶劳、害怕承担责任的一类个体，唯有经济利益和外在权威的胁迫才能驱动他们努力工作。而“理性经济人”则更强调对一己私利的追逐，在行为选择时力图以最小的成本求得经济利益的最大化。他们的行动是计算的产物，受制于明确的目的与手段。而且这里涉及的是一种“完全理性”，即这样的“理性经济人”不仅自利，而且知道如何自利，他们能够完全掌握外部世界的各种信息，具有精准的理解力和判断力，能够准确分析、比较各种方案，并做出促使自身利益最大化的最优选择。

相对于个体的理性化，企业也并非自然生成物，而是人类“有意建构”的结果，身上必然留下理性规划的影子。所以企业和个人在谋求各自利益的同时采取了理性合作的方式，固然存在多种形式的碰撞和冲突，双方却都不能完全不受对方影响，二者的此消彼长将长期存在，不能使任何一方完全臣服或消亡。实际上，正是企业理性对个人理性的制约和个人理性对企业理性的补充，才使企业这一形式能够在社会中存续和成长。

三、企业秩序中确定性与不确定性的张力

通常，企业力求达到一种有序的状态，“秩序的基本含义为合规律性，是井井有条，是稳定和平衡，是协调一致”[1]，是对确定性的积极求索。可现实中企业由于层出不穷的不确定性而经常处于局部或暂时的混沌和无序之中。这种有序与无序、确定性与不确定性之间的张力，往往使企业深陷观念的理想形态与现实的实际样态间的牵扯之中。

企业一般以目标明确的劳动分工和职能划分为基本运行机制，采用勾角相连、层层制约的多等级形式进行管理，就是期望通过预先设计的各种规范与行动方案操控和消解不确定性，达到一种边界划分清楚、流程合理、相对稳定的和谐性与连续性。这集中体现了企业在理性原则支配下对确定性的追求。换言之，作为一种建构秩序，企业对稳定性、持续性有种本能的向往。它的全部有意安排都欲将不确定性降到最低，获得期望的有序状态。可是，“不确定性”是事先无法确知的未来状况或结果，很难控制，更遑论消除全部的不确定性。因此，只能从造成不确定性的原因与应对不确定性后果两个维度，处理企业中的不确定性问题，化解不确定性的破坏性，巩固企业的既有秩序。

一般而言，企业遏制不确定性、保持有序状态的情形主要有三种，如满足其一即可获得期待的秩序。

① 所处的内外环境相对稳定，不会发生剧烈变化。

② 对可能面临的问题已经提出有效的解释原则和办法。

③ 企业及其成员具有处理突发状况的应变能力。

需要指出的是，上述三种情形的存在都隐含了一个前提假设：企业具有很强的学习能力，能够从过去所经历的事件中总结经验和教训，提炼、概括面对

[1] 邹吉忠．自由与秩序 [M]. 北京：北京师范大学出版社，2003：199.

相似境遇的办法，并在企业范围内广泛推广和应用。

在第一种情形中，如果内外部环境保持相对稳定，企业经过多次经验总结可以基本消灭造成不确定性的隐患，由此保持有序状态。然而，把企业秩序寄希望于内外部环境的静止和无变化是不现实的。企业作为与客观世界具有密切交换关系的实体，不能封闭自身，而要置身于开放的社会系统中。当然，动态的社会情境在为企业带来机遇与动力时，也会对企业造成破坏和冲击。面对多种权益的冲突、碰撞，企业只能不断协调与内外部环境的关系，建立动态的交流机制，从容应对竞争、对峙乃至冲突等状况，从而保持企业的生存能力。

第二种情形强调对不确定性的预防，遵循的是客观因果性的处理原则。不确定性虽无法把握，可它必定是由某种因果联系引发或既有确定性异变而成。因此，即使无法预知不确定性以何种形态、何时发生，还是可以通过对过去类似活动的经验总结发现造成不确定性的潜在环节，从根源上防微杜渐，并通过相关行为准则与规范的建立，对相关问题进行监督与警示。然而，这一思路的达成必然暗含着一种“完全理性”。因为只有具备全知全能的理性能力，才可能推断、找到所有造成不确定性的根源，从而将其消灭于萌芽之中。而无限理性并不是现成的，甚至也不是可能的，理性由于自身能力的局限性根本无法找到能够发现所有不确定性根源的完美方案。由于企业中广泛存在信息不对称现象，企业及其成员均可能将各自占有的部分信息作为筹码，做出有利于保护自己的判断和决策。企业内根本无法共享所有信息以筹划防范不确定性的方案，只能在非常有限的状况下进行权衡，以防止危害企业生存的重大不确定性的发生。因此，这一情形也不能完全解决不确定性的问题。

第三种情形则强调从不确定性已存在的事实出发，考察应对的策略。企业中不确定的例外情形实为对企业及其成员应变能力的考验。这种状况表明没有既定规律可遵循，没有先例可借鉴，只能在现有企业资源基础上进行创造性发挥，这必然使对一些突然而至的不确定性应对不及。

除可运用逻辑分析方法说明有序与无序共生外，还可从企业的现实状况入手，考察不确定性在追求理性确定的企业情境中存在的必然性。

一般而言，企业被看成由预先确立的目标主导而分工并配合的整体。它们期待与其成员完美地契合、匹配的理想状态，从而使成员心甘情愿地服从企业目标的实现。可是由前文分析可知，企业中的个人并不会轻易放弃个性、个人利益等方面的要求，更不愿意默认自己成为企业的工具；而且他们多重、易变的期望和动机也多与企业理性的要求相悖，这些情绪和情感等非理性因素构成了企业理性之外的不确定因子，企业成员会借此抗拒企业秩序建构的理性化过程。奥尔森就认为："除非一个集团中人数很少，或者除非存在强制或其他某些特殊手段使个人按照他们的共同利益行事，有理性的、寻求自我利益的个人不会采取行动以实现他们共同的或集团的利益。"❶所以，企业的凝聚力并不能在正式结构中自然形成，只有在企业适度考虑与满足成员多重需求基础上才有可能逐渐形成。这一企业凝聚力时长时消的过程必定包含诸多异质力量的竞争与协商的反复较量，使一定程度内的无序状态成为企业的家常便饭。

在理性企业模型中，个人只有经历消除个人情感、观念的"去个人化"过程，才能真正融入企业，获得企业身份。这种价值中立原则力图最大限度排斥个人价值"前见"的不确定性对企业行为的影响，使个人在企业情境中完全以企业所要求的专业化身份进行活动，以保证企业行为的客观性与科学性。这都是通过一系列由企业预先设计、可为成员明确感知的准则和规范来实现的。可是，在现实生活中，企业准则的约束范围是极为有限的。它不可能事无巨细地深入成员企业生活的每一细节，必然为成员行动留下大量自由裁量的空间。此时，他们不再单纯地依靠企业的规则系统，或苛刻地履行科层体制程序，而

❶ 曼瑟尔·奥尔森．集体行动的逻辑 [M]. 陈郁，郭宇峰，李崇新，译．上海：上海人民出版社，1995：2.

是将个人的价值标准、行为准则、信仰等因素杂糅到企业行为中，并与其他企业成员进行大量人格化的交流。这一状况的持续就会使企业内不确定性因素增多，无序、混乱状态时有发生。

由上可知，企业虽有理性建构秩序的初衷，却无法直接步入稳定均质的有序状态，期间会大量存在着不确定性因素。所以，企业在运营过程中需要通过不断消解不确定性来建构局部秩序，才能达到无限趋近于整体秩序的目的。

第二节　企业内对离散失责状态的治理

通过以上对个人目标与企业目标、企业理性与个人理性、企业秩序中的确定性和不确定性的考察可知，企业并不是天然和谐、均质的统一体，对责任的认知与担当也由于个体与企业的差异而未必坚定有力。不仅如此，无论作为达成目的的工具、自我成长的有机体还是集体行动发生的境遇，企业内部总存在着大量相互对峙、冲突的势力。它们往往对企业结构的稳定性及企业责任目标的实现等都具有足够大的破坏力。因此，化解企业内的矛盾冲突、控制企业的离散趋势成为企业的核心问题。

“多数企业在多数情况下都不能依赖大部分参与者将完成工作的职责自愿内化，企业需要建立一种能够同时实施奖励和惩罚的正式模式，以保证参与者遵守企业的规范、章程和命令。”[1] 在这种定位下，企业总是与权威、科层制、协调、规章、程序监督等形式联系在一起。这些控制手段的运用都是为了从根本上解决企业的不确定、无序等问题，借助各种控制机制的建立来形构具有一致性的企业整体。

[1] Etzioni. Modern Organizations [M]. Englewood Cliffs，NJ：Prentice Hall，1964：59.

一、结构制约

以企业结构为切入点的控制方式强调建立一种外在于个人的结构机制，屏蔽个别意志的影响，以完全外置、先在的规范和建制来限制成员行为，从而最大限度彰显企业的科学性与合理性。作为企业控制的主要形式，结构制主要表现为科层制形式❶❷。科层制结构作为对现代社会专业化与分工化越来越细致趋势的适应性成果，是为了系统协调多人完成大规模工作任务和职责而设立的组织类型❸，具有有利于企业控制的多重特征和优势。

第一，科层结构作为一种理性建制，是现代企业理性化发展的产物。一个人不能完成所有工作任务，必须与他人建立合作关系，以至于他们每个人都能在有限的岗位上出色地完成任务。这是一种基于劳动分工将个体间优势最大限度整合起来的方式，不仅充分发挥了企业的功能，打造出职业化工作团队，而且也从根本上改变了传统社会自给自足的生活方式，使现代社会直接建基于依托客观体系的依赖关系，成为一个理性的、有序的有机体。

第二，科层结构中存在着多个相互制约、具有一定序列性的管理层级。每一层级虽然内隐着上下级结构，但并不是简单地高于下属层次，而是依据企业目标细化程度结成了极具包容力的团队组合。它们就像蜂巢中的空间既保持独立性还兼容依赖性，将原本原子化分散于企业中的个人吸纳进来，以内部清晰的职责边界划定责任要求，使个体与企业融汇为一个专业化的复杂协作系统。因此，控制与协调虽不是科层结构设立的目标，但不可否认的是，科层制在协

❶ 科层制对应于英文 Bureaucracy，也译作“官僚制”。Bureau 来源于法语，原义是指写字台或柜子，也代指官员的办公室；后缀 cratie 则是希腊语，意为“统治”，合成词 Bureaucracy 的字面意思即“官员的统治”，它最初被人们用来指一种由专门的官员来行使权力的统治方式，与君主制和民主制相对。

❷ 李代南．论韦伯官僚制的形成背景及其理论建构 [J]. 柴达木开发研究，2010（5）：62-64.

❸ 彼得·布劳，马歇尔·梅耶．现代社会中的科层制 [M]. 马戎，等译．北京：学林出版社，2001：1.

调资源、配置人员、指挥信息流动方面具有不可低估的效率。科层制结构创立的初衷就是创造有效率的组织，这虽与当前我们对科层制的认识背道而驰，但不可否认科层制是追求效率的产物。

第三，除专业化、等级制度等特征外，科层制还有一个最重要的特征就是非人格化。韦伯认为，强烈的情感是妨碍企业效率提高的不利因素，因此，必须以明晰的职责说明、合理的层级结构及完备的规则体系去除企业框架中人的因素的消极影响，消解个人间以情感为纽带的私人关系，代之以不带个人色彩的工作关系，从而使企业中的人保持价值中立。这意味着，它采取更精细、更隐蔽的控制方式，把对企业及其成员的控制内嵌于企业的章程、制度和政策之中，而不采用掌权者发布命令或提出要求的（个人依附）形式。正如爱德华所强调的那样："科层制控制使资本主义者的权力实施制度化，使权力看起来好像来自正式组织本身。等级关系从人与人之间的关系，转变为职位占有者之间或者职位本身之间的关系，从而从牵涉其中的特定人或具体工作任务中抽象出来。"❶这样，就把企业内个别成员拥有的权力优势部分地隐藏起来，使成员感觉不到有人拥有优越于他人的特权，所有人都处于共同的规则结构之下。

然而，也应看到，科层结构是一种强制性的控制方式，追求生产效率，强调对人类活动的严密管制、监督和冷酷无情的计划安排。要求遵守规定、职责和服从的潜在意义，是企业对人全面理性控制的写照，也必然造成对人性的压抑。

二、权力制衡

何谓权力？大多数情况下，它指一种潜在的影响力或现实的控制力，即

❶ Edwards，Richard. Contested Terrain：The Transformation of the Workplace in the Twentieth Century [M]. New York：Basic Books，1979：143.

一种指向对象的意志传达和支配方式。权力的这一经典定义强调了权力意味着一种人与人之间的依赖关系，即支配型权力。而企业情境中的权力并不总是支配型的，因为企业权力并非来自个别意志或成员间的倾轧，而是源自成员所处岗位和履行职责，属于职能型权力。然而，岗位和职责并不能自然地形成稳定的企业秩序，作为一种静态的企业控制力量只能起到消极限制行为底线的作用。因此，企业往往采用一种委托代理的方式，把对自身秩序的掌控权转交于个别代理人手中，使企业对秩序的期待转变为对企业中管理层的控制期待。这样，企业中的掌权者就负有维护企业秩序的责任。应当指出，企业代理人虽然负责执掌和行使权力，但他们并不能偏离企业目标而恣意妄为。因为企业中的权力是一种以企业为背景、受到企业目标制约的公权，而不是归属于任何个人的私权。换言之，企业管理层或精英的个人背景和财富并不是权力的来源，这些个体仅仅扮演了企业权柄的执掌者这一角色，是企业权力的外在载体和显现。

从这一视角对权力内涵的界定主要包括以下两点。

其一，权力是一种关系范畴，是指主体之间的一种影响和支配关系。如埃默森所言，“权力隐含地存在于他人的依赖性上”[1]，它对于孤独的个体没有任何意义，至少在两个关系体间才可能涉及 A 向 B 拥有或行使权力的行为。

其次，企业权力缘起于企业内部的岗位职责和责任[2][3]。企业作为一个分

[1] Emerson，Richard M. Power- Dependence Relations [J]. American Sociological Review，1962，27（1）：31-41.

[2] 费埃德伯格认为，一般而言，权力来自于互动的行为者间获得资源的不对称性，由于资源的有限性，组织中的每一个体并不能均等地占有资源，这种资源的获得虽与先于他们存在的分配方式有关，但主要来自于他们凭借在过往境遇中增长的能力而积累的成果。正是由于占有资源的非均衡性，使得拥有优势资源的个体对欠缺资源个体拥有潜在控制和影响能力。这一权力内涵论证了权力是基于资源而发展出来的支配他人的力量的观点。

[3] 埃哈尔·费埃德伯格 . 权力与规则：组织行动的动力 [M]. 张月，等译 . 上海：格致出版社，2008：118.

工明确的多层职能体系，必然在内部结构中基于岗位需要逐级设置权力制衡关系。当个体被嵌入企业的某一岗位时，就会承担相应的责任，并行使该职位明确界定的企业权力。这就意味着，一旦离开了所处岗位，其权力就会随之转变或消失。诚然，企业中也存在韦伯所提及的基于领导者个人魅力的克里斯马型权威。可多数情况下，企业中的个体与权力并不是自动获得契合，而仅仅是一种基于管理层级的匹配关系。企业权力体系不会由于个体的缺失而停转，个体仅为发挥企业权力功效的手段而已。

最后，权力在行使中实现自身。权力是一个行动概念，具有一种将它对他人的影响和控制实现出来的倾向。这意味着权力的"拥有"本身包含着将权力行使出来的能力和意向。从观察者的角度看，权力所具有的影响潜质，只有有意且有效获得了对他人的控制，才能展现。权力的实施将是由潜在影响向现实控制转化的过程，并在其中获得他人的认可与接受。应注意的是，"潜伏"的权力也可能对他人产生一定影响力。例如，掌权者即使未发出新的命令，行动者仍可能在做他以前命令的事情，或者也不会做违背他权力的事情。这里看似权力尚未发挥作用，可实际上，权力本身带有的可实现性已改变了他人对权力关系的认知，并制约了他们的选择，这与权力的实施已无二致[1][2]。

因此，应将权力界定为某个人或群体缘起于企业岗位职责，并通过履行该职责而对他人施加的影响和支配关系。权力正是凭借其所具有的强大稳定的操控能力成为企业控制的重要形式，不仅可以帮助企业实现管理意图、消解离散趋势，而且还能消融企业内部的异质意见，营造出企业的秩序。

---

[1] 这里集中体现了卡尔·弗里德里希的"预期反应规则"。"预期反应规则"是指虽然A控制B的权力尚未行使，但是B确信A具有控制他的能力，必须相应改变他的行为，这种对权力可能效力的预期使得权力在尚未行使之时就获得了真实性。因此，不能将权力等同于它的行使，将其局限在可直接观察到的行为反应中。

[2] 丹尼斯·朗.权力论[M].陆震纶，译.北京：中国社会科学出版社，2001：9.

一般而言，权力的存在及其行使会在企业交往中产生两种关系：一为强制服从关系，一为互惠交换关系。它们分别代表了两种不同的企业权力模式，即强制执行权力和交互承认权力。这两种权力范式使企业以完全不同的态势来抵御离散趋势。

权力关系在企业控制中表现为“强制与服从”的观点由来已久，也为许多人所接受。其中，较有影响力的就是马克思·韦伯的权力观。他认为：“权力是某种社会关系中一个行动者将处于不顾反对而贯彻自己意志的地位的概率，不管这种概率所依据的基础是什么。”❶ 在韦伯的权力谱系中已经预设了处于完全对立、冲突位置上的 A 和 B：A 的权力来自对 B 意志的蔑视，而且权力的大小也要取决于 A 贯彻自己意志、压制 B 反抗概率程度的高低。这种权力观映射到企业控制中，必然强调对企业意志贯彻和实施，倾向于运用把企业中异质声音压制下去的方式来缓解企业的离散趋势。但也应看到，这样的强制性权力意志如没有适当的监督或企业目标的有力牵引，就可能会产生权力代理人及其意志的暴政。企业中 A 成员对 B 成员行使权力，意味着 B 要以牺牲自身利益为代价来实现A的利益。如果A的权力要求在B接受范围之内，一般不会引起B的反抗。可一旦权力来源和执行方式偏离了企业目标，就会大大增加权力关系内部发生对抗的可能性，也就为权力的执行埋下了冲突的隐患。实际上，以行为者使他人屈从程度为标准来衡量权力的大小，这体现了一种消极的企业权力观。它忽略了权力相互关联、相互作用的关系属性，也违背了企业权力的初衷。

鉴于权力控制的消极意义，布劳对权力进行了改良，“个人或群体通过威慑力量不顾反对而把意志强加于他人的能力，这种威慑作为一种消极制裁或采取扣押应定期提供的报酬的形式，或采取惩罚的形式”❷。这种认识虽然已延

❶ 罗德里克·马丁．权力社会学 [M]. 丰子义，张宁，译．上海：三联书店，1992：81.

❷ 彼得·M. 布劳．社会生活中的交换与权力 [M]. 李国武，译．北京：商务印书馆，2008：78.

续了韦伯的强制思维，但主张“个人通过向别人提供所需要的服务建立的依赖关系，而拥有对他们的权力”的社会交换思想，及“除非服从，否则剥夺他们当前享有利益”的制裁理念，都使企业内部与权力缠绕而生的交换关系初露端倪。

与权力的强制形式相对，互惠交换式权力则是企业及其成员基于各自需求互相满足的结果。与前一种控制形式单纯主张等级关系和权力的单边作用不同，互惠交换的权力模式强调权力并不是完全由垄断方发起和策动的“完整权力”，而是因参与者之间权力平衡而不断修正的“分散权力”。因为仅仅由个人或群体对他者的集权控制而保障的企业平衡是很难实现的，权力分散存在于企业的多个主体中。他们通过互相拥有不对称的资源，交互扮演掌权者与权力对象角色，与他者进行交换和合作，即“一参与者对另一参与者行为的控制是与另一参与者的控制行为互换的”❶。所有成员通过持久的“政治性交换过程”对掌权者进行控制，运用多重权力的制约网络来缓解权力的独断性，可有效避免消解权力中心背离企业目标的风险，防止权力由控制走向独裁。

然而，无论怎样，都需要对运用权力维系企业有序状态的做法持审慎态度。企业权力设立之初衷虽以企业职责的客观性为约束基础，可一旦企业将权力赋予个别掌权者由他们代为执行时，就会呈现出多重委托代理矛盾。企业权力难免带有执掌权力者的主观色彩，不仅极易堕落为个别意志的囊中物，而且还可能造成企业特权阶层滋生，引起普通成员的不满。因此，企业以权力来控制离散趋势的同时，也要防止由代理人滥用权力造成的负面影响，因为这极有可能发展成为分裂企业的离心力量。

通观结构制约和权力制衡两种控制方式，不难发现，二者所依赖的物质基

❶ 丹尼斯·朗.权力论[M].陆震纶，译.北京：中国社会科学出版社，2001：11.

础固然不同——一种以企业的结构建制内嵌规则体系，另一种则以企业岗位职责确立控制影响关系，可这不能消解二者的共同之处。作为企业内在机制的衍生物，它们均借助外在物质力量来达到对人的规范和约束，是企业寻求稳定性和秩序性的通用手段。不仅如此，它们还表现为明显的递进性。结构方式源自企业实体自身，是企业成立即已显现的静态控制形式。以条分缕析的层级设置把成员自动归类、安插于不同的部门，成员并没有更多自决权利，只能被动接受企业的秩序安排，因而此时的秩序是一种消极的秩序。而以岗位职责为源泉的企业权力控制，则把基于结构的制度安排转化为工作场景的现实要求，过滤掉对象的个体差异，以权力互相承认为基点建立企业权力的公共性。这不仅更为直接、有力地作用于成员的企业行为，而且使抽象的层级结构和规则体系在企业生活世界摆脱空洞性，日益充实起来。

但应看到，这两种控制方式都是游离于人心之外的，即一种他律控制。在这样的企业境遇中，个人明显感到来自企业、规则体系和岗位责任的压力。即便长期工作、生活在企业中，也未必产生相应的归属感和自主意识，只是把企业当作暂时停留的“中转站”和实现个人目标的工具。换言之，正是由于人对于自身利益的追逐，他们才能宽容结构秩序、权力对他们的操控和影响，暂时放弃对自由的渴望，而被刻画为精密企业机器的一部分。这在表面上尽管已经有效缓解了企业的离散趋势，可代价是企业牺牲了成员的忠诚和效率。

三、文化引导

企业虽然实现了集体行动所带来的高于个体的规模效益，却长期为无法获得更高的企业效率而苦恼。理想与现实的矛盾促使企业求助于更标准化、规范化、形式化的方法来规范个体行动，消除他们行为中的不确定因素，将自身及其成员置于科学理性的统治之下。然而，这种控制思维并未真正了解企业中的个人，因为他们并不仅仅基于经济利益把工作任务视作谋生的手段，还希望企业能够满足他们情感、自尊与受人尊重等心理需求。企业中的个人不是可以把工作能力分割出来的碎片化的功能载体，而是包涵物质与精神、生理与心理需求的完整个体。只有确立这样的立场，企业控制才能走出目前的困境。

文化因素正是基于这一理由于20世纪80年代走入企业视野。人们发现，社会生活现有秩序和形式在很大程度上是由文化系统建构和解释的。这种文化秩序与经济、社会秩序共同构成了企业存在的现实图景。在社会文化、民族文化场景中产生、发展的企业，不可避免地烙上特定的文化印记。文化理念早已内嵌于企业的结构、规则、思维方式、目标体系当中，潜移默化地塑造着企业及其成员的个性特征与行为方式。

早在1938年，巴纳德就在《经理人的职能》一书中指出了象征性控制的重要性，强调管理人员应当运用象征性符号营造企业的整体性，但这一富有远见的观点在当时却并未引起重视。直至20世纪70年代末，日本经济崛起，人们在惊诧于日本企业的快速成长时突然发现，日本与美国企业在文化上存在巨大差异。美国企业一直延续西方理性主义传统，主张工具理性，强调运用明晰的规则、标准化的管理方式保证企业正常运行。日本企业则大为不同，在保持企业运作流程科学化、合理化的同时，还改良了日本传统克己、奉公、勇敢、隐忍、谦让的观念和道德习俗❶，运用“社风”“社训”“企业风土”等象征性价值理念凝聚人心，建立服务企业、忠诚企业的信念，把个体完全消融于企业的有机体中，使企业成为个人生活方式和存在意义的源泉，并焕发出无可比拟的生产力。总之，日本企业正是以“理性 + 情感”“科学 + 文化”的方式在一定程度上化解了企业中的离散趋势。

❶ 构成日本传统观念和道德习俗的思想来源包括儒学、佛教、武士道精神、神道信仰等多方面内容。

实际上，文化的控制力量已经远远超越了前文所提到的两种控制形式，它以一种更内在、更隐蔽、更持久的方式将企业的控制融化在企业的价值追求当中。当企业成员内化企业目标以后，这种影响和控制也就随之一起进入了成员的价值理念系统，成为他们自我约束的一部分。这正如斯莫克斯（Smircich）所强调的，“文化是一种拥有相当稳定的一组想当然的假设、被分享的信仰、含义及行为背景的价值观”❶。它对人的理性选择和行为方式具有重要的塑造和引导作用。

关注文化因素在企业控制过程中的作用，实际上是对企业文化功能主义的考察。“在每种文明中，一切习惯、物质对象、思维和信仰，都起着某种关键作用，有某些任务要完成，代表着构成运转着的整体的不可分割的部分。”❷文化作为达成企业目标的工具与手段，必然发挥激励、凝聚、整合和辐射等功能，帮助企业提高凝聚力与整合性。企业根本不可能屏蔽文化，因为文化通过人、人造物等多种媒介和渠道早已与企业整合在一起，不可分割。

这里还需强调的是，企业中的文化引导并非仅仅运用或照搬现成的社会文化或历史传统文化。相反，企业通过有意和持续的文化建设营造出自身的文化特质。从一定意义上说，企业本身就有一种文化，或者说企业就是一种文化的载体，人存在于企业中就相当于人存在于文化中。之所以在过去很长一段时间企业都没有发现文化的作用，其原因在于文化因素往往以生活化、日常性的方式存在，这就容易使身临其境的人浑然不觉。换句话说，文化引导所产生的企业控制力量，早已沉淀为企业及其成员的思维方式和行为习惯之中。

❶ 理查德·斯格特．组织理论：理性、自然和开放系统[M].黄洋，等译．北京：华夏出版社，2002：297.

❷ 卡尔迪纳·普里勃．他们研究了人：十大文化人类学家[M].孙恺祥，译．上海：三联书店，1991：249-250.

第三节　文化管理对企业内责任状况的回应

由上可知，文化因素作为弥补结构和权力控制缺陷的重要方式，需要得到人们更多的关注。实际上，企业内既有的控制手段，如权力制衡体系和结构系统等，均渗透着文化的身影。助其发挥作用的语言、符号及象征意义均为文化熏染的产物，因此从一定意义上说，文化并不仅仅是企业的一部分，它与企业是同一的。这种同一性来自于孕育企业产生并与之打交道的社会文化背景，来自于具有文化特质的企业成员，更来自于企业与客观世界的文化互动。正是文化对企业功用性的发掘，使企业文化作为一个整体走入人们视线。所以，本书也立足于企业文化的功能主义视角考察企业与文化的关系，并充分肯定二者的同一性。

企业与文化的同一并不意味着企业中的文化是静止的。恰恰相反，在企业的不同发展阶段，由于其发展状况、成员的互动水平及其对文化认知程度的差异，文化也会发生变迁。尽管这一过程十分漫长，也不很容易实现。最初存在的企业文化仅是一种原生态文化。企业诞生之初隐含着一种基于集体互动合作行为的朴素、原生的文化形式，它可能与企业边界重合一致，也可能与其交叉冲突，但并未对企业信仰和价值观念进行精心设计与雕琢。由于此时企业及其成员间也仅为松散的经济交换关系或功用性组合关系，这种文化形态往往处于多价值观念、多行为标准、杂乱无序的文化丛林状态，具有极强的可塑性。随着企业精英（领导者）领导地位的确立，他们会更多地将自己的价值观念、行为准则融入经营管理之中，企业就会逐渐确立起一种发源于精英阶层并为他们所主导的正式文化（主文化）。对此，沙因曾说：“文化有部分源于领导者的创造，而领导最具决定性的功能之一便是文化的创造、管理，以及有时候甚至是文化的摧毁。”[1]但企业的精英阶层只是企业成员的一部分，地位固然极其重要，毕竟人数尚少，企业文化绝不是为少数人所占有的文化，而是企业中最大多数成员所共享的文化，因此实有必要对精英主导文化模式进行修正。唯有如此才能真正客观地把握企业文化，发挥其在提高员工忠诚度、劳动生产率及利润率方面的作用。

一、氛围与组织伦理氛围

企业内外物质资料、信息及多元主体的互动、融通，不仅使企业正常运转，而且也会在企业中形成可为多数成员共享、合作和交流的文化特质，从而形成企业独特的文化氛围。这些文化理念限定了企业关于什么是重要的、值得追求的与合意的价值判断，是企业基本价值观念的体现。

一般而言，氛围（climate）指围绕或归属于特定根源的、有特色的、高度个体化的气氛，在组织中引申为组织某一阶段富有个性化特征的普遍影响和环境条件，也可译为“气氛”。1935 年，社会心理学家库尔特 · 勒温（Kurt Lewin）通过领导方式与群体心理氛围关系实验揭示了团体动力学的一般规律。他将团体氛围看作组织中个体共享的知觉或个体间认知图式的相似程度，由此率先提出了心理气氛的概念。

20 世纪 60 年代末，美国学者福汉德（Forehand）和吉尔默（Gilmer）[2]认为，组织氛围是一系列能够描绘企业并与其他企业区分开来的特征，不仅持久存在，而且还会影响企业成员的行为。他们对组织氛围的这一界定曾得到普遍认可。但随着研究的日渐深入，塔居里（Tagiuri）和利特温（Litwin）发现这个定义与

[1] 埃德加 · 沙因 . 企业文化与领导 [M]. 陈千玉，译 . 台湾：五南图书出版股份有限公司，200：4.

[2] Forehand G A，Gilmer B. Environmental Variation in Studies of Organizational Behavior [J]，Psychological Bulletin，1964，62：362-376.

个人知觉角度不能很好地契合，于是提出应以对成员态度、动机发生影响的方式来界定组织氛围，指出组织氛围是一种成员能够体会的、相对持久地对行为产生影响的企业内部环境特质。这一特质可依据企业独特的价值观进行描绘❶。这种界定实际上集中凸显了组织氛围的功能性特质。后来，施耐德（Schneider）强调组织氛围的情境性与成员的在场性，将组织氛围界定为“在某种环境中成员对一些事件、活动、程序及那些可能会受到奖励、支持和期望的行为的认识”❷，即组织中成员共享的认知。由此可见，组织氛围概念的重心已经悄然发生了变化，即由最初组织本身的环境特征、环境对其行为影响逐渐转向成员对组织环境特质的感知。表面上，组织氛围在个体之外，是组织所具有的特质或情境，但对它的内涵揭示并未止步于此。更多学者日益注意到组织氛围必须以成员心理共识为依托，在其为个体知觉所影响时才能成为一种内在的现实力量❸。

20 世纪 70 年代末，诸多组织氛围研究者开始将视线转向组织伦理氛围研究，欲揭示多种情境下组织氛围的伦理因素，以及伦理氛围与组织行为之间的关系。1987 年，维克托（Victor）和卡伦（Cullen）提出在组织多种氛围❹中已然存在一种“伦理氛围”❺，并依据个人、组织和社会三个分析层次，充分阐述了伦理氛围形成、演进的过程，并将西方三个传统伦理学理论（利己主义、功利主义和义务论）的核心观点转换成可指导组织伦理决策的判断标准，构建出

❶ Tagiuri R，Litwin G H（Eds.）. Organizational Climate：Explorations of a Concept [M]，Boston：Harvard University，1968：27.

❷ Schneider B. The Climate for Service：an Application of The Climate Construct [A]. In B. Schneider，Organizational Climate and Culture [C]. San Francisco：Jossey-Bass，1990：383-412.

❸ Richard W. Woodman. Donald C. King. Organizational Climate：Science or Folklore? [J]. The Academy of Management Review，1978（4）：816-826.

❹ 1988 年 Schneider 和 Rentsch 就曾撰文指出存在诸多组织氛围的类型，比如服务氛围、安全服从氛围、创新氛围等。

❺ Victor B，Cullen J B. Theory and Measure of Ethical Climate in Organizations [J]. Research in Corporate Social Performance and Policy，1987（9）：51-71.

令人瞩目的伦理氛围类型学说。自此，组织伦理氛围测量维度析取、氛围类型验证等方面的实证研究层出不穷，呈现一片欣欣向荣的景象。

值得强调的是，组织伦理氛围所具有的交叉边缘性，使其成为组织行为、组织伦理及组织文化等多领域交互发展、共同关注的论题。组织伦理氛围虽立足于对责任、规范和社会正义等伦理问题的反思权衡，但也不能舍弃包括情感、交往等内容的行政文化背景。维克托（Victor）和卡伦（Cullen）曾将伦理氛围视为组织文化的伦理维度，是对组织文化伦理层面的共享认知。伦理氛围的理论推进可以说是组织文化研究深化的重要补充。

但随着作用域的交叉及研究方法的共享，文化与组织氛围是各自独立还是融合问题上出现了分歧。二者区别显而易见：组织文化涉及组织深层架构，深植于组织价值观、信念和为成员所认可的基本假设之中；组织氛围则主要关注成员对于企业环境的有意感知，强调组织环境特质对其内群体及成员的影响。因此，应在相对独立的理论框架与话语体系下分别对它们进行研究。任何不承认二者基本区别，一味主张融合、甚至消解二者研究合法性的观点，都是有失偏颇的。

虽然前文已述及的诸多著名学者都以组织为研究对象，深入剖析组织氛围和组织伦理氛围，但这些成果对于把经济利益放在核心和首要位置的企业同样适用。因为企业作为组织的一种类型，在形式、组成和运行原则方面也具有组织的一般特性。那么，由此推同企业在工作、人际关系、伦理等方面的氛围，也可称为企业的文化氛围，是企业文化整体状况的综合体现，是企业中个体间、个体与企业间充分互动的结果，是由企业价值判断、行为准则及目标愿景构成的文化场域。此外，心理学视角下对组织氛围研究的推进，突出强调了组织成员对组织文化的在场性和参与性。这就为“共享型”企业文化理念的形成奠定了基础。

二、对沙因企业文化理论的再审视

最明确阐述企业文化理论并给予充分论证的人，当之无愧的是当代美国企业文化专家沙因。他在企业文化构建、转型和变革等方面都做出了突出贡献，对企业文化的探讨不仅奠定了该领域的理论基础，而且还直接影响着欧美学术界企业文化研究的走向。他的观点可谓企业文化理论的集大成。本书在此以他的学说为标本，分析、反思企业文化研究中有失偏颇及若干尚未解决的问题。

沙因认为："企业文化是群体在解决其外在适应与内部整合的问题时，学得的一组共享的基本假定。因为它们运作得很好，而被视为有效，因此传授给新成员，作为当遇到这些问题时如何去知觉、思考及感觉的正确方法。"❶延续这样的逻辑思路，沙因率先建构了企业文化理论的大厦，后人除在个别细节有所推进外，无法僭越。

该理论的主要思路：并非聚在一起的人群就能产生特定的文化，必须拥有固定的成员，并在经过长久的学习历程后，才有可能发展出某种企业文化。这种共同学习历史的长期性是保证文化深层假设形成、共享的重要前提。

在此基础上，沙因把企业文化分为三个层次：第一个层次是人工饰物的层次，包括企业可见、可感受到的一切现象，构成企业的物质交往环境。在这一层次中，人们可以看到空间布局、企业输入输出的资源和技术、语言、作品及个体的行为等直接显现物。第二个层次是外显价值层次，文化知识最终都要反映在人们认为"应当是什么"的基本价值观念上。当企业面对新任务出现争论和分歧时，通常企业创建者会率先提出自己确信的价值并将其作为解决办法尝试处理当下问题，而这一价值就是沙因所说的外显价值。外显价值一般不具有群体认同基础，往往是个别人的价值判断。只有当群体共同分享到解决问题

❶ 埃德加·沙因. 组织文化与领导 [M]. 陈千玉，译. 台湾：五南图书出版股份有限公司，2005：12.

的成功结果时，他们才会信任这种外显价值，支持并使其发展为内在假设。第三个层次是基本的内在假设。沙因认为："文化就是一组基本假定，用以界定什么是我们要注意的、什么是事情的真谛、对正在发生之事该有怎样的情绪反应，以及在各种不同情境下该如何采取行动。"❶当解决问题的方法被反复运用后，就会变成理所当然，即当初仅仅为一种价值所支持的假设，后来才渐渐被当作真实的观念依据。文化的基本假设对企业问题解决的有效性并非表现在它是否渗透于普通成员的文化理念或行为之中。因为成员共享已作为一个基本前提被弱化，而是突出反映在它是否始终服务于企业目标。换言之，企业文化基本假设的功用性是企业理性借助文化软实力而产生出的积极结果。在这一过程中，成员并不需要主动参与文化假设的形成，仅需要反复学习和模仿企业领袖所倡导或揭示出来的文化假设即可。在这三个层次中，基本假设具有本质意义。一旦掌握了基本假设，就可以比较容易地理解和对待企业文化的其他层次乃至企业文化本身。

可是基本假设往往是内隐的并通过潜意识发挥作用，如何显现出企业的基本假设呢？为了解决这个问题，沙因引入领导者概念。他认为，领导者是确立据以行动的信念和价值观的初始来源，企业文化的基本假设也来源于此。当领导者把他自己的价值运用于企业问题的解决并收到实效时，这种价值就具有了成为基本假定的潜质，但还不足以为企业内部的多数成员认可，还需要经历长期的磨炼。只有在多次与企业面临的问题的博弈中持续发挥功效之后，它才能成为成员所共有的假定，继而可在新员工中传递和延续。因此，沙因特别重视领导者与企业文化形成、变革的关联性。

由上述分析可以看到，沙因的企业文化理论主要从生成论层面分析企业文化的形成过程。实际上，沙因也是第一个详细阐述该理论的学者，因而他的理

❶ 埃德加·沙因．企业文化与领导 [M]. 陈千玉，译．台湾：五南图书出版股份有限公司，2005：24.

论对后续企业文化研究具有重要的奠基作用。然而，随着社会环境的变化和企业的发展，该企业文化理论中有关“文化基本假设如何共享的问题”亟待重新思考。

首先，沙因虽强调了共享性对基本假设形成的重要意义，却并没有充分阐明文化的基本假设如何为企业成员共享。在开始探讨之前，就用成员关系的稳固性、互动的多边性和企业历史的悠久性将企业界定在了一个相对稳定、变化性很小的框架内。因此，经过长期的合作与知识的学习这些基本假设不仅可形成，而且也可较容易地被成员接受，以此消解掉企业成员与基本假设的共享性无关或冲突这样的问题。后来，沙因也分析了内外部环境与基本假设的关系，可都旨在确定基本假设的内容，并未进一步探讨基本假设何以为成员所接纳的问题。

与沙因所预设的相反，由于现代企业不得不应对来自社会和企业内外环境所造成的高度而复杂的变迁，与企业价值相关的基本假设是否可以得到全体成员的共享，这个问题不再随着企业的历史沉积而自然出现，相反变得越来越突出，已经成为关乎企业文化是否具有合理性的关键。在现代社会中，企业不仅要面对复杂、激烈的竞争环境，而且还要妥善处理企业的生命周期普遍缩短，成员的流动性较大、忠诚度降低、离职率持续走高等问题。企业领导者不再能心平气和地、在不断试错中静待基本假设经过悠久历史学习过程而形成，转而侧重制订适应市场变幻趋势的应急方案，“快速投入—回报”的“快餐式”企业文化❶不断涌现。缺少了共享历史的成员是否接纳、怎样接纳这些外显价值就成为一个值得深思的问题。实际上，企业文化这棵大树以企业成员共享的文化假设为根基，一旦没有了成员共同的心理支撑，企业文化就会像无本之木、无源之水一样丧失凝练人心、规范行为、整合企业的基本职能，变得一无所用。

❶ 实际上，这种企业文化已经不是沙因所倡导的企业文化的深层基本假设，仅是为个别领导者所持有的外显价值而已。

其次，对领导者的推崇使共享问题最终被边缘化。沙因在研究中赋予了领导者极其重要的地位，这在他的理论框架中是行得通的。但是，如果以旁观者视角来检视现代企业内领导者们建构企业文化的行为，就会发现这已经为企业文化危机的爆发埋下了种子。多数现代企业的领导者多从功能主义角度发现了企业文化之于企业凝聚力、忠诚度、离职倾向等方面的重要意义，十分重视企业文化。他们也纷纷在自己的企业中提炼、倡导、推广文化基本假设。可是如前文所述，如果缺少成员共享的学习历史，这些假设也就会由于缺少成员支持而变成空中楼阁。对沙因思想做片面理解的精英文化论者已经被“领导者塑造企业文化”蒙蔽了双眼，一心想要通过自上而下的运动、在领导者的鼓动下打造企业文化，根本无视普通成员对文化的态度。于是，在很多情境下，企业文化变异为“领导者文化”“精英文化”，而离企业的广大普通成员越来越远，而企业文化也越来越变得空洞和形式化。

最后，对企业内交往关系的漠视使企业文化缺失了共享的机会和平台。企业是一个多成员组成的统一体，成员的交流互动对文化基本假设的共享助益很大。可是，现代企业在构造企业文化时主要遵循自上而下、由领导层逐渐下行的思路，并未关注成员在基本假设形成过程中的参与，也未有效形成企业内信息、情感交流的良性回路。因此，多数成员游离于企业文化之外，文化的基本假设根本没有成为他们界定自身、界定企业行为的基本准则。一边是企业领导层热情似火的文化宣传，另一边是普通成员无动于衷的文化冷漠。企业文化在这冰火两重天的对峙中也逐渐归于沉寂，毫无激励、凝聚人心等效力可言。

企业文化如果要重新焕发生命力，就必须重视成员对文化基本假设共享性的达成，这是企业文化理论与实践摆脱现有危机、进一步发展的必然选择。

三、文化回应：成员“共享”责任文化

沙因将企业领袖的影响和企业成员的长久历史性学习作为企业文化共享的前提，但这一观点虽有一定的解释力，但已经远远脱离了当今企业的实际状况。责任文化认同才是根本解决责任文化共享的钥匙。

“共享”的字面意思指共同分担，即将物品或者信息的使用权或知情权与其他人共同拥有的活动。共享并不简单等于共同所有[1]，作为一种在现代社会中逐渐扩散并广为接受的行为，共享仅指涉对象的一些衍生权利（如使用权），而很少触及占有归属问题，从而使对象保持清晰的产权边界。物品或信息的所有者往往出于公益目的，仅在一定范围内转让（通常为无偿）使用权，一般也不会涉及收益权和处分权。实际上，分有使用权已经很好地实现了扩散知识、促进社会合作的目的。由此可见，共享也具有容纳多主体的公共性。把对象的使用权限扩大，置于多主体的目光之下，使他们可以共同主张对该对象的使用等权利，这已经远远超越了私人行为的个体性。共享的观念建构出一种多主体互依、互惠、人我互利的共赢思维。

企业文化理论中的“共享”，较于上述定义尚有特殊之处。在文化领域中，“共享”不仅仅指对某一思想文化成果跨边界或无边界的共同感知、欣赏和品味，还意指不同个体、社群对文化对象的共同持有、享用和传承。通过主观见之于客观的共享行为，主体在借鉴、运用、分享文化成果精神收益的同时，也会运用他们的理性、情感、想象力对价值判断、道德法则、行为标准等对象进行改造，形成既源于对象又个性化于对象的独特个体和群体认知。因

[1] 从法律意义上说，“共享”和“共有”分别对应“共同分有”和“共同所有”，二者在意义上并不相同。“共同分有”指多个主体把持部分财产权利，比如分获使用权，但并不能改变对象的占有、收益和处分权利，即不能主张对象的所有权；“共同所有”则是指多主体均可以获得比较完整的财产权，可对对象做出占有、使用收益和处分等行为。

此，企业文化理论中的“共享”早已跨越了使用权层面的形式分有，进入一种“共同享有—个体化理解和接纳—与原有理念有机契合—形构新价值判断”的建构层面。这也是基于企业理性而对成员目标、理性的重构与再造。所以，共享问题中隐含着对精神文化的“认知与认同”问题。对企业文化中的个体而言，基于经验层面的认知环节较易完成，关键在于“个体对企业文化的接纳、契合和内化”——这一认同过程难以实现。因此，企业文化的共享问题就演化为企业成员如何接纳、体认、内化文化基本假设的认同的问题。

企业文化认同是企业界限内成员对文化基本假设的共识和认可，是对外显价值加工、体认，并使之与自身原有价值观念相调和的再造过程。企业文化认同的主体具有广泛性，包括企业内全体成员，而不论其层级、身份、进入企业时间的先后等。从理想意义上讲，取得企业成员资格的个体都应当认同基本假设。这是合格企业成员应履行的职责，也是企业同一性的来源。企业文化认同的对象主要针对在解决企业问题方面发挥持续效力的基本假设，它是以企业利益和目标为出发点和旨归的基本判断，带有一定的功能主义色彩。当然，成员主观建于基本假设的文化认同过程，也会出现个人目标与企业目标的冲突与协调问题。但从共享和认同角度出发的企业文化建构过程，将大大弱化上述冲突的水平，而且也会发展出具有建设性、人本主义的化解冲突途径。这样的途径就是我们将在下文所要分析的交往和协商共识等问题。

“企业文化认同”这一概念，并不主张盲目追随企业，贬低、否定甚至抛弃成员个体的自我，而是强调企业内全体成员以具有一定判断力的主体身份共同参与文化假设的生成和演进。在企业认可范围内保留成员的独立主体性，这意味着企业中必然存在多元价值，至少存在个人、亚群体和企业整体的多重价值。认同虽以弥合这些价值分歧为目标，但并不主张消灭一切区别和对立。因为不同质成分或群体间的对话乃至对抗才是企业发展、变迁的动力。企业文化认同是一种动态的、不断修正的持续行为，即使无限趋近也不会达到完全稳定、均质的状态。因为一旦如此，企业也就会丧失发展的动力，濒临毁灭的边缘。

此外，谈及成员对文化基本假设的共识，必然涉及事实描述与价值共享的区别。一般认为，"'是'之类的事实问题并不能直接转化为'应当'之类的价值问题"❶。事实问题所具有的客观实在性使人们相对较容易对其达成一致认知，而在不同质主体间形成共同的价值认知和判断则较难实现。这种与主观性密切相关的共享形式，迫切需要解决的就是多元文化背景下的信念、价值观能否通约的问题。信念、价值观固然不可完全同化，但并不等于它们之间不可通约，只要准确限制通约的边界和域限即可。正如韦尔曼所言："在一种公共道德存在的地方，其道德标准完全可以为争议者们分享，完全可进一步为这些争议者的朋友与熟人所接受。"❷全世界、所有民族范围内的共识短时间内难以达成，但在特定的功能性企业中达成成员间的共识则较有可能。因为无论他们的分歧多大，最终都不能脱离企业这一共同的背景知识，企业目标、企业理性设置、企业文化的传承等都是决定企业共识往何处去的重要因素。此外，企业共识并不要求对成员个体全部价值观的改变，而仅就企业情境下职业理念的变革而言，只是期望他们的信念和价值观能够在企业情境中、在职责范围内达成高度的一致性。因此，只要企业内部持续保持深切的交流与意见沟通，赋予多种声音公平表达的机会与平台，多元交往主体还是可对企业目标原则、秩序安排、实践策略乃至部分价值观念达成共同看法的。

事实上，有个性的企业成员作为行为主体也不会一味消极地接纳企业基本假设，而会对基本假设进行富有建设性的主观建构。那么，这是否可能出现经过主体加工后的基本假设因带有过多个体色彩而各不相同，抑或出现与企业原

❶ 李萍．社会共识是管理伦理的规范基础 [J]. 学习与探索，2007（3）：5-8.

❷ 甘绍平．道德共识的形成机制 [J]. 哲学动态，2002（8）：26-29.

有假设差距较大的变异？差异和修正必然存在，“一千个观众心中就有一千个哈姆雷特”，但只要保有了原有文化基本假设的本真性，个体成员的差异就可以保持在一个同质限度之内。而且，也正是通过成员的修正过程，文化的基本假设才能从领导层的外显价值调整并走入成员的文化假设之中。

总之，企业文化认同并不是一种思维结果，而是动态的思想过程。它是在行为者的互动过程中，在复杂的企业情境下对文化基本假设的对话和协商。企业中连续的交往活动赋予了成员理性思考的能力，为他们搭建了认同的互动空间。在这种交互作用下，他们不仅共享了企业的目标与基本假设，而且还将其作为自己行为的内在法则，从而产生极具企业性的集体行动。

第六章　责任主体交往与责任文化认同

坦率地说，本书致力于遵循一种平民化观点考察企业社会责任文化。笔者虽充分肯定企业领导层在企业文化生成过程中身体力行、积极倡导、锐意变革等方面的作用，但并不赞同把企业精英层当作企业文化建构的核心主体的观点，他们的策划与推广仅可视为企业文化扩张服务的必要方式或阶段而已。溯本求源，企业文化的正当性必须来自企业中最大多数成员对文化基本假设的接纳、认可、秉承和坚守。作为企业文化的支柱与根本力量，他们的言行水平也是企业文明程度的集中体现。所以企业文化的真谛在于，企业向全体成员开放，充分容纳企业内多层次的利益追求、目标和价值取向，使他们参与到初级基本假设的提炼过程之中；然后，借助企业内的各种渠道和平台，将这种初级基本假设再交由全体成员，经过反复和客观的筛选与公正的评判过程，初级基本假设上升为定型的基本假设。在此过程中，企业文化假设走出了精英阶层的独断，完成了从个人向群体目标的传递、从分散的基层向上层企业决策部门的转换，从而得到企业全员的认同。这一路径的有效性就在于这一企业文化本来就是从成员中产生并由他们推动深化的，也自然消解了认同的障碍。其间，企业情境中个体间、个体与企业间的交流，企业协商共识的达成——这些代表企业情境中主体交往范围、深度和广度的变量，都会深刻影响成员认同企业文化的程度和效力。

第一节 企业交往中责任主体的遗失与回归

如前文所述，企业情境中的“离散失责”使企业管理者不得不依赖各种控制手段努力维护企业的整体秩序和最终目标的持续达成。在这一过程中，他们不断尝试提升控制效力的办法。渐渐地，文化以其潜移默化的渗透性，植入精神的深邃性，对成员影响作用的持久性等特质获得他们的青睐。然而，文化对于企业同一性的引导也并非毫无强制性。因为出于效率考虑而被引入的企业文化本身就代表了一种服务于企业目的的功用性思维，是“由权威认可的压力、内化的价值观和规范以及习惯所组成的统一系统”❶。在这样的企业文化系统中，成员不可能自愿投身到限制其自由的约束框架下，个人与企业的高度耦合也不会自发形成。企业内部的文化氛围中包含着自愿与被迫、选择与决定、创造性与重复性、自觉与规约的对立和抗争。长久以来，为了实现企业的和谐有序，成员往往被视作有助于达成企业目标的工具，被扼杀于标准的、静态的企业文化秩序之中。企业强大的精神作用力也以驯化成员对规约的反抗性为己任，根本没有顾及他们的反思和批判精神，只是简单地认为他们会自觉接纳企业的价值体系。

基于此，为了抗衡企业内权力体系对文化的指挥与操纵、打破精英文化的独断立场，需要唤回企业成员交往中的行动能力，充分彰显他们在文化参与中

❶ 齐格蒙特·鲍曼．作为实践的文化 [M]. 郑莉，译．北京：北京大学出版社，2009：16.

的主体地位，丰富他们交互的主体性内涵，使他们重新投身到企业文化参与、融通的事业之中。

一、从独立个体到企业人

现代企业作为结构、秩序的代表，由于其在超越个体有限性、聚合人财物资源的优越性、协调内外环境的有效性等方面均具有极大优势，而广为社会所接受。但从根源上说，企业中最为重要的还是人的要素，企业不仅是“有意识地协调两个以上的人的活动或力量的体系”❶，更是“有目标的，即怀有某种目的的人群；心理系统，即群体中相互作用的人；技术系统，即运用知识和技能的人群；有结构的活动的整体，即在特定关系模式中一起工作的人群”❷。人有目的的聚合是企业诞生的第一原因，企业也成为人目的性活动的结晶。

然而，企业人并非天生存在于企业之中，而是被包围在日常生活世界的集体氛围中。此时，人的主体性得到一定的尊重，他们排他性地拥有自由意志、个性及天然不可剥夺的权利。这种对人主体性的认可和高扬不仅是近现代哲学的核心立场，而且也是现代市场经济和法治社会、民主政治正确性的重要保障。然而，同样的事实是，企业人又不可能永远疏离于企业。企业是高度发展了的复杂且具有特定功能的群体，是实现人们多重需求的空间和场所。企业人只有进入企业，成为企业成员，才可被纳入现代社会的正常运转轨道使自身得到丰富和充实，实现生存、社交等多重目标。人需要在保有自我身份的同时还扮演企业成员角色，承担相应的企业责任。个体身上兼具个性与社会性的双重身份，日常生活的历练和独立意识的发育催生了人的独特个性，而社会性则要靠持续

❶ 巴纳德．经理人员的职能[M]．孙耀君，译．北京：中国社会科学出版社，1997：60.

❷ 弗莱蒙特·卡斯特，詹姆斯·E. 罗森茨韦克．组织与管理：系统方法与权变方法（第四版）[M]．傅严，李柱流，等译．北京：中国社会科学出版社，2000：5.

不断的社会化才能得到实现。

社会化进程的开启，使孤独的人能够逐步跨越自然生物性的藩篱，进入企业空间，由一个单纯具有生存意愿的人成长为与企业具有高度相关性的人。这一过程可分为前企业化与企业化两个空间并存、时间相继的过程。为什么把进入企业作为衡量个人融入社会进程的分界线？原因之一就在于群体是个人与社会的缓冲带，社会本质上是由无数实体性群体构成；而企业则是一种结构相对完备、功能性明显、理性化程度更高的群体类型。它已脱离了非正式群体形式的情感关联和随意性，是群体的高阶表现形式。个人在企业中接受企业理念浸染的数量和程度，直接影响他们接受社会规范、认同社会总体价值取向的能力和水平。

在家庭、邻里这样的非正式群体中，人们通过频繁而亲密的双向互动，习得伦理规范和准则，建构带有大量情感色彩的人际关系。在日常生活世界的基本场景中，初级群体的前企业化交往可以说是受到外在强制最少、人现实生存样态的自在解读的类型。随着人类社会的发展，人的社会化空间也得到极大扩展，初级群体的交往范围和频率在下降，取而代之的是大量高级群体，特别是各种功能性组织成了现代人交往的主要形式。

相对于家庭、邻里等原始的共同体形式，政府、企业和社会团体成为现代组织的基本形式。政府是为了维护和实现特定的公共利益而组织起来的具有强制力和权威性的政治统治和社会管理企业。作为由严格原则和严密程序整合起来的职能体系，政府主要处理社会公共领域管理中涉及的种种问题。与政府不同，企业关注的是以效益和利益为指向的经济领域，即企业是从事生产、流通、服务等经济活动，以产品或服务满足社会需要，实行自主经营、独立核算并依法设立的一种营利性的经济企业。而社会团体（包括非政府组织 NGO）主要是指“处于政府与企业之间的那块制度空间，它是现代社会结构分化的产物，是一个社会政治制度与其他非政治制度不断趋向分离过程中所衍生出的社会自组织系统的重要组成部分，具有自治性、自愿性等特点”。社会团体的“自治性”使它在体制上独立于政府，不属于政府建制的一部分，也不直接受制于政府权威，但并不意味着社会团体与政府或政治不发生任何关系。事实上，同利益集团一样，社会团体也时常介入政治，力图影响政府有关政策，只不过它们是通过公民参与的方式传达政府的政策意愿，而具有公益性而已。社会团体的非营利性并不意味着完全拒绝经济利益，而是指组织存在的目的不是直接追逐经济利益，而是致力于为社会公益或组织内成员的利益服务。当个人进入性质不同的企业领域时，就要挖掘出适应相关企业要求的能力潜质，从而达成个人与企业的内在契合，成为合格的企业人。

个体的企业化是指个人进入企业之后接受企业目标的指引，学习企业规范，为完成企业任务而不断修正自身价值和行为取向的过程。企业不仅要占有个体的工作时间和劳动力，使其在身体上从属于企业，而且更强调个体对企业精神上的依恋和归属。企业人是一种标志个体为企业接纳的最高体现。它显示了人与企业不再是基于物质利益交换的互惠式两极，而是建构在个人与企业需求、价值匹配的有机融合体。

个人在身体上进入企业领域，并不意味着就自动成为企业人。企业人是企业中的行动者。他们同意把自己作为企业一员接受企业的命令和行为指示，与企业目标保持高度契合和责任意识❶，在接受企业目标的同时，保有创造精神，

❶ “责任”一词一般有两种含义，一是指涉职责范围内应当做好的事情；二是指由于未能履行职责而应承担的不利后果或强制性义务。本项目报告中的“责任”是指企业人按照岗位要求应履行的职责。责任一般内隐着自由意志，即人按照自由意志所做出的抉择才可由其承担责任，并非出于行为人意愿的强制执行往往会模糊责任归属，也淡化当事人的责任意识。所以，笔者强调以“责任”作为企业人确立的现实标准，意指企业人并不是企业的愚忠者和“传声筒”，而是将企业责任的履行作为其在企业中行为之目的，在保持审慎判断力的同时，应和企业需求。

为企业的未来发展进行谋划。所以，企业人绝不是个体在企业领域内身份的简单转换，而是在企业情境中对权利和义务的承担和坚守。换言之，独立个体转变为企业人的关键就在于，他们已经不再关注与企业的交换关系，而是自发地把在企业中拥有的权利和履行的义务整合在企业内的行为中；不再一味追求维护自身利益，而是以合作意识为宗旨谋求个人与企业的长远发展。也就是说，个体只有建立深刻的责任意识，把对企业的认知深植于他们的行为中，才能成为企业行动的代言人。

另外，人不得不进入企业谋生这一现实并不意味着人只能被企业化。那种将人仅仅看作企业中微不足道的“卒子”的观点是错误的。在此观点支配下进行的企业文化营造或构建，也就包含了深刻的缺失。一味地将企业观念和价值取向强制输入到企业成员的精神生活，以一种人造、强权意志为基础的人工秩序取代企业成员通过交往而自发生成的自然秩序，使拥有自由意志的主体在舆论和群体压力下做出一致度较高的集体行为，完成企业意志向个体系统的渗透。这一关于企业文化的传统认知模式，力图将企业文化还原、固化到绝对均质、非矛盾性的叙事之中，单纯地将企业文化视作实现企业目标的工具体系。

近代以来，由于工业企业的蓬勃发展，机械化组织形式对人性的扭曲和压抑促使人们开始对个人的企业化过程产生警觉。1956年，美国社会学家威廉·怀特在《组织人》一书中指出，组织人就是“大企业所雇用的那些思想保守、循规蹈矩的高级职员。这些人生于大萧条时期，往往享受很好的待遇”。❶企业人往往被设想成“穿着统一的法兰绒西装”、失去个人特性的企业面孔。其后，“企业人”一词一度成为僵化、封闭、个性受到消解的企业成员的代名词。可是这种观点实为对企业人的歪曲。怀特所言之“组织人”并不是企业化的正常结果，而是一种“过度企业化”，在这种企业化过程中过度强调企业价值理念和行为规范对成员的

❶ 方位．美国新“企业人”面世 [J]. 中国青年研究，1998（5）：17-18.

约束作用，通过对“个体被动接受企业裁剪”的消极强调，使个体完全淹没在企业中，以企业行为载体和操控对象的同一化面孔出现。不仅如此，“过度企业化”的企业所设定的企业目标绝大多数都是单向的经济目标，企业导向自身利益的观念也由此大行其道，成为成员行为的绝对律令，甚至屏蔽来自社会的一般意义的道德要求。于是，成员主体性在企业意志权威无限扩张的压力下被解构。

企业人被绝对同化的同时还存在另一极端现象，那就是面对如此强大的企业机器，作为拥有个体意志的成员并不愿被动接受改造。他们或者选择逃避，离开企业；或者身在企业中却游戏企业要求，使自己与企业保持若即若离的状态。他们与企业之间仅止步于简单的交换关系，除眼前的物质利益外，没有其他任何交集。理性的经济计算使他们最大限度地以成本—收益作为衡量对企业投入的标准。鉴于在企业中体力、智慧和情感十分有限的投入，他们更不会对企业产生任何超越功利的亲密关系，仅把企业视作谋取利益的工具。对这些个体来说，他与企业的有机团结成为一纸空文。

上述两种状态并不是人与企业的健康、良性关系的表现。造成这一扭曲的原因就在于企业或人在界定二者关系时采取了平面而狭隘的方式，没有适度关注人的主体性。正确理解人与企业的关系，就意味着既要承认人的主体性和相对独立性，同时又肯定企业目标对其成员的优先性。换句话说，虽主张个体对企业目标、价值取向的接纳，但也不应排除成员独立、自主的特征。赋予他们在对象性活动中自觉的目的性和价值的选择性，能使他们成为企业行为中最能动、最活跃的因素。

建立在合理性基础上的企业与人的关系，将可以产生与企业文化深层假设相一致的企业人。这样的企业人不是与企业疏离的原子化个体的松散组合，而是在与企业交往中获得对话、论辩乃至质疑权利的交往主体。他们以互动的自主意志共同应对企业消极控制之“恶”，形构企业与人的共生关系。

二、从交往主体到文化主体

从独立个体到企业人的转变，使个体脱去了色彩浓烈的差异化外衣，以企业人身份为依托，成了企业的有机分子。为此，他们也会在目标、利益、行为准则等方面部分放弃或修正自身的殊异，接纳企业目标与价值取向对自身的影响，从而完成企业化的蜕变。在这一过程中，独立个体还将经历从交往主体到文化主体的转变，此过程更具有决定意义。进入企业的物理边界，承担相应岗位职责，占据企业中的一个具体位置，这些都相对较容易实现，而立足于个人与企业协调关系之上达到内在的心理认同则较为困难。然而，这一过程是更关键和本质的企业化要求。因为企业身份的取得绝不仅仅指在身体上卷入企业行动，而是从内在自我定位上获得企业支撑。

“认识你自己”这句至理名言对初涉企业界域的个体尤为适用。新近进入企业的人面对强大、精密运转的企业体时，最初都会感到茫然无措，甚至会由于缺少面对这样处境的经历而在很长时间内都无法走出类似的困惑。作为拥有主体精神和丰富个性的人来说，清楚回答“我是谁”“我要做怎样一个企业人”的问题是他们孜孜以求、不断努力的方向。可是，若不能很好地处理日常生活世界的角色规范与企业岗位的职责要求，二者相互纠结的话，往往会使当事人深陷私人生活与企业生活双重界域的困境，无法对自我身份进行清楚的界定。所以，对个体而言，“进入企业”必然导致视域的重大转换。他们必须从原有私人、自利的个体空间部分转移出来，进入以企业目标和利益为旨归的企业生活中来。

现实中的每一成员自幼年起就已开始学习社会通行的思维方式、情感控制表达机制和行为准则。当进入企业时，他们早已成长为带有各自差异且相对明确价值观的成年人。于是，当他们处理企业内外部问题时，即便企业有明确要求或来自上级的命令，他们也无法割舍已经深深植入内心的处事准则，原有价值取向仍然惯性地时时影响他们的决策和行为。而且如果企业使命与成员价值观显著对立，他们还很可能陷入难以抉择的痛苦；相反，如果二者一致，他则可能比较轻松且自信地做出相应的判断。

于是，作为衔接个人与社会的中介和缓冲带，企业并不是任务活动的简单拼插，而是缩微版的生活世界。在面对社会规范时，企业运用特有的知识经验、意识形态、价值观念、惯例和仪式等要素尝试调和其与个人的矛盾，力图兼顾双方利益。就企业与个人的关系而言，即使企业不可能使个人完全抛弃其既有思维、情感和行为模式，也会通过一种潜移默化的方式影响成员的价值观念，改变他们的工作状态和日常行为。企业人在企业文化的影响下，会放弃或者部分放弃个人排他、独白式的价值观念，确立包容、对话的文化取向，以文化主体的身份出现于企业交往之中，成为企业价值观念、行为习惯的现实载体。

正如个体从独立的人转变为企业人需要确立以企业目标为先导的责任观一样，企业人从交往主体向文化主体的转向则是企业人责任内涵的延伸，即以企业人在文化氛围营造中的责任意识为枢纽。实质上，企业文化理念的提出是对韦伯的组织理论的一种重大修正。韦伯认为，现代社会以工作任务为先导的组织不应受到任何个体意识或价值观念的影响，职责作为组织中最有权威的发言人有权支配一切人力与物力资本的流动；个体也必须放弃自身原有的价值立场和情感，进入组织后始终保持价值中立，从而确保组织精确、高效地运行。这一理论预设了个人价值准则的可剔除性，即人是能够以价值空白的形式卷入企业生活的。可如前文所述，个体根深蒂固的既有价值观（又可称为“价值前见”）并不能完全被企业理性所取代，只能在非常有限的文化领域内暂时或局部地接受企业改造。

当然，这里也存在一个同样严重的问题。因为文化因素和价值问题一样都属于非实证领域，并没有唯一正确的答案，“一种文化没有绝对的准则去鉴别另一种文化行为的高低或贵贱”❶。多元化的文化形态本具有包容人自由精神驰骋的能力。这就使生存于这一文化氛围中的个体充分展现出对日常生活世界的信心和兴趣，以超越现实的想象力和自主性焕发出工作热情，以主人翁意识为企业进行创造性劳动。

另外，特定企业所形成的文化并非就是合理的、正当的。即便是企业人也并不总是无条件地接受它。企业人在接受企业价值理念的同时适度保有自己独到的批判思维和能力，也是其主体性彰显的重要标志。作为充满生机的现代人类存在场所，企业绝不是阉割个体的加工厂，即便它倡导成员对企业目标的认同，也不会主张完全销蚀个体的判断能力。自主、能动的交往主体所具有的理性的自我意识，使其不仅具有企业计划的执行者、实施者身份，而且更获得了企业未来的谋划者和畅想者地位。企业的未来发展方向都掌握在极富主体性的交往成员手中，从精英层到普通成员，全体企业成员被赋予参与企业决策及管理的机会和权利。为了使成员保持参与性和活力，企业也会做出一系列重大调整，例如，扁平化的权力结构、学习型团队、非线性决策—执行机制等。由此也形成一种全新的企业关系形态，即任何重大行动都需要向企业成员申明理由，接受他们的质询、怀疑与批驳，在对话与论辩的过程中，交往主体获得企业命运的决定权，并对其行为之于企业的影响承担责任。当作为企业人的权利与责任得到真实统一后，企业内的交往主体也就真正地确立为文化主体。不仅如此，具有自主性的交往主体在面对个体与企业、企业与社会冲突时，才能摆脱企业目标窠臼的束缚，保持独立的判断能力，做出符合社会一般道德准则的决策，采取相应的行动，突破狭隘企业界限成为社会整体利益的捍卫者。

❶　霍夫斯坦德．跨越合作的障碍：多元文化与管理 [M]. 尹毅夫，等译．北京：科学出版社，1996：6.

企业人并不是虚幻的称谓，它承载着与企业命运相融贯的权责意识。个人与企业达到休戚与共境界的途径不是物质利益的共享，而是能够把握企业命运的信念。这股精神力量使企业人在交往与文化沟通中，既保持强烈的企业归属感，又能拥有清醒的价值判断。他们理性、审慎、互动的文化交往权能将为企业问题的解决奠定基础。

第二节　企业内社会责任主体交往形式与文化特质

成员对企业人身份的认可，使他们获得了在企业活动中享有权利、承担责任的主体性资格。可此时的主体性资格还不具有现实性，只是潜存于企业人的意识当中，并未真正发挥作用。在现实生活中，企业相对于成员的“先在性”使它拥有了对成员施以控制的权力。成员从进入企业就被迫置于“被招聘”“被分配”“被提拔”“被辞退”等一系列企业活动中。应当承认，成员交往主动权的部分旁落符合企业生成、发展的现实逻辑。因为成员一般以能力为基点被镶嵌于企业结构中。企业层级结构中上级的管理权威及其应履行的岗位职责，成为划定企业人行动的边界和判断正误的标准，从而为减少成员的私人行为并为工作任务的顺利完成提供物质和制度性保证。然而，无论是领导权威还是职责，都最大限度要求成员服从或遵循企业权力和规则体系，要求他们以企业目标为己任做出决策和行为，但与此同时却大大忽略了成员本身所具有的、积极能动的主体性。因此，需要对企业交往的形式进行剖析和考察，审慎评价它们的文化特质，在企业中找寻有助于恢复和彰显成员主体性的交往形式。

一、服从企业目标：企业交往的客体化

企业目标是企业行为的核心和旨归。企业中的服从[1][2]并非人际间的从属关系，而是围绕企业目标展开的一种交往形式。为了实现企业目标，各个成员被置于不同的岗位或职位，从而形成了支配与被支配、管理与被管理的交往关系。企业主体[3]间的这一交往形态，表明双方在管理层级中即便地位不同，却由于均指向企业目标的实现，也能够结成一个利益共同体。

目标只有落实于企业的实际运行中才可实现。企业的整体目标经常在部门分化中被分解为诸多细小、具体的职责目标，于是企业情境下对目标的服从就转换为对源自企业结构和职责的企业权力的服从。企业权力内在于企业理性之中。企业作为一种合作意识的现实化，为了达到资源重组基础上的集群运营效益，必然要求成员放弃部分独立性，接受以企业行为为中介的权力再分配。实际上，正式企业结构的层级划分已经内置了一种控制权，它可能来自于分工明晰的管理机构、精英领导阶层的管理权能，也可能来自描述清楚的岗位职责。无论怎样，它们经常以整体的名义做出服务企业目的的各种决定，比单个成员拥有更多的企业权力[4]。换言之，成员正是以放弃部分权力为代价才被企业接纳的。从这一角度看，成员的企业人身份中内隐的合作特质，注定他们要在企业的权力争夺中有选择地交付一定权力，才能使集体行动成为可能。但需要特

---

❶ 罗德里克·马丁在《权力社会学》一书中指出："服从是权力所引起的态度和行为，或者更正规些说，是'根据别人命令而从事的而非利己活动。'"笔者借鉴了马丁的观点来分析企业交往中的服从关系。

❷ 罗德里克·马丁．权力社会学 [M]. 丰子义，张宁，译．上海：三联出版社，1992：91.

❸ 企业情境中经常出现的是企业与成员、成员间的交往活动，所以，此处作为广义的交往主体，不仅包括企业中的人，还有企业本身。虽然企业作为管理机构也许无法进行人化的直接交往，但也可以通过自己的代理人——精英领导阶层实现企业意志，并与成员建立交往关系。

❹ 正因为此，任何成员都不愿放弃交往活动的主动权，必然发生权力的争夺。势力较强一方取得阶段性胜利将要求另一方对其身份和指令的认可和接纳。

别指出的是，企业权力并不是由个体垄断的私人权力，而是以企业结构、功能与目标为来源和旨归的权力，即便会采用企业最高层领导者作为代理人发布命令等形式，但也是企业意志的表达，绝不是个别的私人操控，更非个人意志的产物。

由此可见，企业交往的客体化强调企业人对企业目标及由其衍生的权力和职责的服从。在这种交往形式中，并不存在人的主体性考量。企业仅仅把成员定位于企业职责的履行者和企业权威的服从者，使他们被迫降格为企业运行过程中施力和裁制的客体和对象。但也应当看到,成员在服从企业目标“被客体化”的过程中，由于让渡和交付了企业行动中的部分权力，其实已与企业建立了一种交互依赖关系。这种依赖关系也为企业交往客体化状况的改变埋下了伏笔。

“当它（权力控制与服从双方形成的依附关系）处于极不平衡状态时，强迫成为博取依从的成功手段。可如果依附相对平衡，权威[1]和影响则是依从的主要基础。”[2]平衡与否的依据就在于不同主体间的力量抗衡，特别关联到如增加财富、提高声望、追求情感、希冀“自我实现”等方面能力的强弱。实现这些目标的资源稀缺性及其控制，又进一步密切了人与企业、人与人之间的依赖关系。所以，服从并不仅仅是对权力不可抗拒宿命论的接受，还受制于依赖关系中成员对权力的认可程度。

一般而言，权力在其作用域内会使对象产生威慑和服从心理，带有一定强制性色彩，通常不会考虑主观能否接受的问题，而且往往正是对主观意愿的违背才能达到强制效果的策略。巴纳德彻底颠覆了这一传统的权力解释范式，认

---

[1] 权力与权威存在一定的差异。权力是指一种客观、直接能够对他者行为施加影响，并致其改变的能力；权威则是权力在人主观意志中的反映。权威一方面以权力为基础，受到权力规模、发展方向的影响和制约；另一方面也可偏离权力，对权力产生反作用。

[2] 丁一凡．权力二十讲 [M]. 天津：天津人民出版社，2008：324.

为“一个命令之是否有权威决定于接受命令的人，而不决定于‘权威者’或发布命令的人”“要使权威对一个人发挥作用,必须有他的同意”❶。企业人即便处于管理层级的控制之中，仍然不会毫无阻力地服从企业内的权力关系，同样存在对企业权力的承认环节。没有他们的认可，权力产生的威慑力量往往只是表面和暂时的，无法形成持久的权威。企业权力的存在不能直接导出企业权威，刚性的企业权力要以成员的认同为基点，才能向更具渗透性和影响力的权威层面转化。

不仅如此，巴纳德还指出了个体接受权威需满足的条件：“① 他能够而且的确理解了命令；② 在他作决定时，他认为这个命令同企业目的是没有矛盾的；③ 在他做决定时，他认为这个命令整个讲来同他的个人利益是一致的；④ 他在精神和肉体上能够执行这个命令。”❷从这些条件可以看出，企业成员的个体判断是决定权威是否被接受的前提，这一判断未必完全是个体经验的总结，而是与企业目标、个体利益纠结在一起的综合判定。一旦他们决定接受这一权威，就不仅仅是在形式上执行命令，在潜意识中也会为企业权力赋予正当性，使权力真正被接纳。实际上，巴纳德的权威接受理论为企业人自主意识的重生奠定了基础。

通常情况下，人们认为权力所具有的要求服从的特质必然造成个体意志的弱化和消解。但如果从企业人主体性实现的角度看，这种对服从的期待会使他们意识到自己作为企业的有机分子所具有的责任。因为对权力的恰当服从恰恰构成他们履行企业角色、完成企业任务所需要的主体性再生的起点。“主体都是

❶ 巴纳德．经理人员的职能 [M]. 孙耀君，译．北京：中国社会科学出版社，1997：129，131.

❷ 同❶：131.

以对权力的屈服为开端的。”❶❷ 企业权力并不单单是企业人服从的对象，它在将控制力施加于成员时，也是成员作为权力的对立面得以成长的开端。正是意识到自身对企业权力的屈从，他们才具备审慎思考和向权力发出者报告、定向负责的能力。简单来说，企业人的自我认知很大程度上是在对权力的服从和思考中获得的，因此对权力的服从也可视为一个造就主体的生成性过程。当权力从它作为能动性条件转换到激发主体“自己”的能动性时，企业人作为富有潜质与积极性的能动力量得以诞生，即“如果不是首先被支配或者被‘征服’，个人就不会成为主体”❸。

二、落实企业规则：企业交往的客观化

企业交往的客体化阶段赋予成员交往主体的潜在资质，他们虽然作为权力的对立面可时时审视它的可承认性，但处境还是较为被动的，尚未形成对企业行为的批判力和反思性。成员只有在承认企业权力、履行岗位职责时，才能够适度保有自己独特的思维方式和价值观念，完全臣服于企业目标的客体化交往状态才能改观。也就是说，成员在企业活动中并未把自己的判断力完全交付给企业，在反思平衡基础上审视企业规则、决策的正当性，慎重执行，便构成主体间交往的客观化形式。在客观化阶段，企业人已经摆脱完全受制

---

❶ “服从关系造就主体性”的观点乃是笔者借鉴巴特勒的思想而提出的观点。巴特勒在《权力的精神生活：服从的理论》一书中通过对黑格尔等人服从理论的解析，阐述了服从之于主体性产生的重要影响的过程，极有见地。笔者同样认为，服从虽然表面上体现的是主体对强大权力的屈从，但并不一定会完全消解它作为主体的认知能力，主体在与权力的抗衡过程中，其主体性能力也会得到提升。当外在压力累积到其不能承受之范围时，在服从中得到力量积蓄的主体就会摆脱消极防御的状态，转入主体性彰显和高扬阶段。这在黑格尔的主奴分析中也有一定体现。

❷ 朱迪斯·巴特勒．权力的精神生活：服从的理论 [M]. 张生，译．南京：江苏人民出版社，2009：2.

❸ 同❷：10.

于企业目标及其权力制约的被动地位，而将自身的主观因素加之于企业的规则体系之上，获得了一定的自主权限。其实规则体系的确立是人与企业目标对话的产物。

企业目标作为企业行为的终极指向往往是稳定和整体性的。在服从阶段即便思考企业权力的来源，也不会过分纠结于此。权力内在于企业结构的本源性，使这一问题往往被视作已知的公设而无须多虑。企业及其代理人往往把对成员的驯化视为企业目标实现的有效基点，试图通过权威的影响和威慑跨越成员的承认环节。

相对服从企业目标而言，落实企业规则是一种包容更多主观意志的交往形式。它强调建立使企业目标具体化的规则体系，追问规则能够为成员遵守的内在理由。这就使企业目标摆脱了在自身中回旋的抽象性，获得具体直接性，变成了客观意志和普遍的“法”，并转化为被包括管理者在内的全体企业成员遵守的规则体系。这样一来，企业也进入程序化、客观化、透明性的序列之中了。从成员的角度看，他们也需要调动自身的反思和批判能力对企业目标及其实施手段进行理性审视，并在达成共识后，接受企业规则的支配，承认它的正当性。交往才会进入客观化水平，这种交往的客观化直接指向企业规则体系的可接纳性和可修正性。

在企业交往中，一旦人们对某一规则所确定的实体价值或正当性不认同，针对该规则的越轨行为就可能产生。这一越轨行为实为“文化规定了的追求与社会结构化了的实现该追求的途径间脱节的征兆”❶。现代企业一般对目标的设计和规划关注较多，对实现目标的规则手段和体系则不以为然。这就使作为目标实现之保证的规则常以简单裁剪成员自由的粗鄙条款形式出现。以目标直线式贯彻为旨归的单向思维，根本没有考虑规则约束框架下成员具有怎样的承认

❶　罗伯特·K. 默顿. 社会理论和社会结构 [M]. 唐少杰，齐心，等译. 上海：译林出版社，2006：264.

和接纳水平。这种带有严重工具性和役使性的规则体系必然遭到成员的质疑，也使不遵循现象在企业中成为一种常态。因此，建立并审视相对自足、能够经得住推敲的规则体系是鼓励遵循行为的前提。

一般而言，关于规则生成主要有两种代表性观点：其一，规则是人为创生的产物，为了满足企业的秩序需求而建立、具有构成或调控性质的约束体系，即规则是为维护群体利益的“差异效应”而对冲突实施协调和控制的系统[1]。也有学者从演化博弈论视角认为，规则是从习俗、习惯等“自发社会秩序”演进而来的。笔者认为，这两种理论并未像它们标榜的那样泾渭分明。前一种生成理论从功能主义视角解读了规则的效用，即人们因功能需要而设规则，可如果规则从未存在，人们如何发现规则的功用？换言之，功用只有在使用后的反复校验中才能逐渐展现。也就是说，规则是人们在风俗习惯中不断摸索、找寻的结果。规则生成于风俗习惯等自然形式的演进过程中，并通过不断矫正自身，发挥优势。“行动的常规性不是命令或强制的结果，甚至常常也不是有意识地遵循众所周知的规则的结果，而是牢固确立的习惯和传统所导致的结果。”[2][3]规则的效力很大程度上来自于作为其根源的社会风俗、习惯和传统，以及对人行为潜移默化的约束力。从个人习惯到群体习俗，再到社会规范，这一自生自发的演化路径为企业规则的落实和完善提供了思路。

然而，现代企业早已忘却了这一自发演进式路径，在物质利益和企业效率诱导下，用更经济、更实用的思维方式试图在一片空白中把规则直接创造出来。带有精英色彩的规则体系从产生那一刻起，就与企业成员的日常生活世界发生分裂，变为强加于他们身上的企业枷锁，造成成员的不认同和越轨行为。其实，

---

[1] 杰克·奈特. 制度与社会冲突 [M]. 周伟林，译. 上海：上海人民出版社，2009：8.

[2] Hayek. The Constitution of Liberty [M]. Chicago：The University of Chicago Press，1960：62.

[3] 邓正来. 哈耶克社会理论 [M]. 上海：复旦大学出版社，2009：34.

规则作为企业文化形式的凝固，实为企业风俗、习惯长期累积的结果，离不开企业交往主体在企业形成、发展的历史传统中能动的参与。在企业情境中，维持企业正常运转的规则需要企业集体意向的支撑。这一集体意向最初来自管理层的强力推进，之后转化为成员的行为习惯。最初作为企业局部意志的体现，它们不一定直接拥有规则体系的执行力。只有当其指向对象承认了它的控制地位和职能并按照指示行事时，制度才成了集体意志的实现形式，也才具有现实的影响力。企业规则虽然经常被视作外在于成员的、不可僭越的、关于作为和不作为的指示说明，但这实为对其本性的误解，没有成员的采纳，规则体系的约束力根本无从谈起，因为“约束性是建立在主体间相互承认的道德规范或日常实践的基础之上的”❶。

所以，企业交往的客观化，并不是对成员交往主体性的压制。相反，它使成员获得了针对企业规范的反思和权衡能力。构成企业实体的规范要素（包括建构正式的企业规范体系及非正式松散的习惯、氛围等），需要在成员重复、稳定的交往活动中，才能逐渐上升为具有广泛约束力的规则体系。

实际上，在结构控制方式的运行中，客观而明确的规则体系具有建构秩序的潜质。从逻辑上讲，规则的目的就是建立和维持一定秩序。规则经验性的存在和发展也充分论证了它在解决企业秩序问题上的效力。规则具有不以个体意志为转移的强制性和权威性，对所有主体的约束权能来自于其指向对象的平等性。换言之，制度框架下为特权阶层保留例外空间的行为必然使规则丧失成员的信任而削减效力。正是在共同遵守的规则空间中，成员获得彼此合作的常规化、定型化规则保证，企业也才能够达到必要的秩序。

❶ 张向东．哈贝马斯商谈伦理中道德共识形成的逻辑 [J]. 道德与文明，2009（4）：72-74.

三、对话企业成员：企业交往的多元主体化

“交往的重要展开和灵魂是对话。”[1] 在客体化和客观化阶段的企业交往关系中，交往主体的能动潜质业已受到启蒙，但囿于企业既定目标和规则体系的制约无法勃发，直到企业交往中对话关系的确立，成员主体性才得到彰显。

企业交往中的互动是以多元交往主体间的对话为媒介。交往主体的对话是指，在充分尊重对方观点和价值立场前提下，主体间有针对性的意见碰撞与交锋，是一种真正的“我—你”相遇。在对话关系中，多主体的思想、观点和价值判断得到最为充分的表达，在反复的认知—理解—交流—接纳过程中，运用建设性批判的方法澄清自己的立场，了解、接纳对方观点，实现信息和价值观的共享。需要强调的是，对话不等同于论争。对话是在“加深相互理解”观点的指引下进行的意见交换与沟通，而不是使对方放弃观点、转变立场的工具。功利化的扭曲对话只能使其变质，使解决争端的平台演变为制造冲突的温床。对话也不是任何形式的自我争辩，它不是为某一方提供申辩理由的机会。虽然通过对话可为自己的观点进行呼吁，但对话并不是要建立使一方跪倒在另一方脚下的强权意识，而是使双方的意见得到充分表达和承认，从而达成彼此尊重的建设性妥协。因而，对话是企业交往主体间发现但不激化矛盾、意图解决矛盾的过程。

要想在企业交往中建立和谐的对话关系，必须审慎对待以下问题，它们是使对话关系确立的重要前提和保障。

首先，对话关系排斥凌驾于他者之上的统治者视角，要求赋予全体对话者同等的成员待遇。在对话者中，没有掌权者、特权阶层与普通成员之分。只要拥有成员身份，就应取得对企业行动、决策施以作用的权利。可能这里会引起

[1] 肖川 . 主体性道德人格教育 [M]. 北京：北京师范大学出版社，2002：197.

一些质疑。企业中，如果赋予企业中的每个人同等对话的权利，个人如何能够从企业立场出发，做出规避个人功利理性的判断？是否会付出违背企业目标、一味填补个人欲望沟壑之代价？针对这种疑问，笔者认为参与对话活动权利的均等性并不等同于个体可从自身利益角度倾覆企业决策。对话要解决的恰恰是使企业决策走出独断困境，通过对话减少决策的失误，在多方参与和有效交流之后得到更加富有远见的决策方案。此外，个人理性与企业理性的对立与平衡问题既不会在对话中得到彻底解决，也不会在对话中完全垮塌。正是赋予相互间的对话关系对交往主体参与机会和权利，才使个人理性获得现实的支撑，具有与企业理性抗衡的对等性。

其实，对话关系中真正关键的节点就在于主张主体间的交互作用。“相互作用消除了一切绝对的首要性和重要性”❶，“相互作用首先表现为互为前提和条件实体间相互的因果性，每一个对另一个都同时是能动的，又是被动的实体”❷。这就是说，在对话的交往框架下，无所谓施动方与被动方，二者都交互扮演对方的角色。因此，由企业权力的占有和剥夺造成的地位差异，就可以在交互作用中得到最大限度的弥补，为企业营造一个机会均等的对话氛围。

其次，信息的对称是对话关系确立的物质基础。信息的广泛分享和充分流动是保证对话实现的重要前提。交往中如果没有信息这一流动介质，对话的交互作用将变得空洞无物，交往也形同虚设。交往主体间物质、情感等诸多信息的交流和互换是企业交往的重要内容。占有信息越多的一方，就越能在企业交往中取得优势和支配地位。于是，企业往往出现信息垄断和大量信息把持在少数人手中的状况。这种信息分布的不对称使他们不仅操控了更多的企业资源，而且还达到了垄断和控制企业话语权的目的。为了消除这种信息占有方面的不

❶ 马克思，恩格斯．马克思恩格斯全集（第 20 卷）[M]. 北京：人民出版社，1971：506.

❷ 黑格尔．逻辑学（下卷）[M]. 杨一之，译．北京：商务印书馆，1976：230.

公平，必须在企业中确立一个相对均衡的信息分布体制，建立使成员可以充分共享的信息空间。信息在企业渠道内的充分传播既有助于维护企业的正常秩序，也有助于促进对话关系的持续进行。

最后，对话并不是相同观点的简单重复，而是企业中异质意见的交锋。来自不同主体的意见可能具有相异甚至对立的立场和观点，但作为主体意识的真实表达，它们均应畅通于企业的信息传播渠道中，不应由于利益、目的相左而受到打压。其实，建设性对话就是疏导异质意见，达成恰当共识，以做出配合性行动。对话过程不乏各种妥协，基于共同目标及各方利益兼顾而实现的让步，也是值得肯定的对话途径和方法。需要指出的是，对话的真谛在于注入了批判精神。“批判的基本性质是否定性，但这种否定性所意味的否定，不是单纯、抽象、空洞的否定。就是说，不是摧毁、消灭和取消，而是补充、提高、发展的内在驱动力。”❶对话就是要打破企业中的思想禁锢，激发具有批判精神、否定意识的异质意见的相互促进和补充，从而使企业意识得到更新，成员的交往主体性得以显现。

然而，在企业的交往体系中，长期以来一直存在着来自管理精英的独白式发言。他们首先预设自己已把握了对企业行为的理性认知，在企业交往中秉持一种绝对化态度，扬己抑他，使企业的其他主体沦为仅需聆听与被动接受的听众。在这种情况下，企业交往基本上成为一种保持自足优越感的排他性宣言，根本没有考虑交往他者的相互性要求。所以，企业必须超越粗鄙的独白式交往，转向对话关系的确立。对话强调，在彼此承认并尊重对方的独立意义的前提下围绕争议焦点展开交流与质询。这既有助于消除彼此间可能存在的误读和曲解，又有助于交往主体在互动中共识意见的达成。

❶ 王树人．“对话”与哲学的沟通 [J]. 哲学动态，2003（11）：34-36.

第三节 协商共识：责任文化认同的客体规定

企业文化是“对群体在解决其外在适应与内部整合的问题时学得的一组共享的基本假定”[1]，这表明企业文化应为企业全体成员共享的文化，而不应仅仅局限于管理层和专业人士。可“共享”这一笼统的词语经常掩盖了有关“到底共享什么”的深刻分歧。笔者认为，企业文化必须以企业中交往活动达成的共识作为认同的基石。其理由在于企业交往不仅涉及成员基于物质利益的交换行为，而且还会使他们在企业日常行为中逐渐形成沟通观念、交流情感、型塑行为方式的职业交往关系，并达成有关企业生活的理性共识。这种积淀于企业成员深度互动而形成的共识，又反过来推动企业文化的深层发展。企业文化只有奠基于此，形构文化认同的基本框架，才可真正发挥其在塑造成员价值取向，磨炼成员对企业目标、使命、责任的共同认知，锻造出他们对企业的信任与忠诚。

一、协商共识何以成为责任文化认同的客体

企业中多元主体复苏及其主体性的发挥，使企业中多元文化样态的并存成为必然。尽管多元与分裂并不具有必然的因果联系，多元分化可使企业分裂，也可使企业获得新生。但在开放性的企业中，多元主体、多元生活方式、多元价值形态的互相追逐，非但不会解构企业存在的理据，反而会使企业在利益冲突、价值碰撞旋涡之中提升自身协调矛盾、斡旋争议之能力。在异质文化融合斗争的磨砺下，企业兼容并蓄各种要素走向深度而有层次的同一。其实，谈及企业的同一，并不意指企业是单一的、确定的、毫无变化的结构，而是强调在交叉的、论辩的话语和立场上，在流变的社会情境中保持相对一致的策略定位。

[1] 埃德加·沙因．组织文化与领导 [M]. 陈千玉，译．台湾：五南图书出版股份有限公司，2005：12.

企业在现实社会的存续和蓬勃发展已充分表明，企业中达成了最基本的底线共识——使企业存续下去。不仅如此，企业情境中历时态与共时态交织展开的共识也可拼插出企业共享的集体记忆。它镌刻于企业的历史传统中，并与其一起积淀存留，不断传承。

因此，企业中的共识不是凭空臆想的理论架构，而是渗透于现实的生活境遇对企业世界琐碎问题的具象回答，从企业成员的选聘、培训、提拔，到企业运行规则的订立，再到企业与内外部环境的互动，共识支配着企业生活的全部领域与一切时空。正是在一次次看似细枝末节的协商共识中企业的内涵不断丰富，干瘪的企业框架才逐渐变得有血有肉、日渐丰满起来。任何人都无法质疑企业中共识存在的客观性，因为否定共识，就是否定企业自身，离开共识，企业只能变成无法填充的欲望沟壑，必将走向解体。

共识与文化认同有怎样的关联？按照沙因的观点，企业文化作为学习的产物，是在接续不断地试错与调整基础上达成以基本假设为核心的文化体系。企业文化认同进一步揭示了成员对企业文化基本假设的共享和体认。就性质而言，文化基本假设必须深植于成员内心，接近潜意识的自然生发，才能在成员的自主行为中得到充分表达。其实，我们无须对基本假设包括的内容做过多知识性的苛求，因为企业内外部环境的流变增加了不确定性。获取基本假设的方式是决定企业文化性质的关键。沙因倡导的以精英管理层之睿智提炼与推销基本假设的思维路径，预设了精英管理层在企业结构、管理和文化中的核心地位，使企业文化演变为一种自上而下推进的精英文化模式。这一模式最大的障碍就在于，精英文化假设对成员而言从未“赢得”或“失去”，始终游移于他们的信任之外，与他们也未有过恰当的契合，致使企业与成员的总体融合成为一种幻象。

所以，我们需要的不是知晓一切的主体理论，而是一种话语实践理论，从去“中心”的立场，在多元主体的话语实践中思考和重新阐释企业文化的源头。作为企业文明程度的重要体现，成员对基本假设的体认是使企业文化从理想走向现实的关键力量。也就是说，文化认同的客体需要能够最大限度弥合甚至消解其与成员的“缝隙”，获得成员的信任与尊重。实际上，只有生成于企业情境、代表多元主体权益的协商共识，才能担此重任，成为基本假设的真实来源。

应当看到，在多元文化的纠集互渗中达成的协商共识拥有强大的文化濡化和感染能力。企业及其成员在价值理念、规则制度、实践体系上达成的共识，不会仅仅停留于企业内具体解决方法的累积，作为一种共同的认知和运作原则，它会深深渗入企业人的举手投足、企业的知识背景和文化传统，以潜移默化的熏染、濡化方式改变企业及其成员的自我意识，并建构出集体记忆。因此，企业文化作为对企业进行文化透视的平台，尤应以这些深深植根于成员内心并为其赞同的共识作为基本假设的来源，使其上升为文化认同的客体。唯有如此，才有机会进一步解决企业文化与成员间共同认知和价值公度等问题。

成员对企业文化的认同具有鲜明的递进性和层次性。拥有自由意志的个体不会不假思索地把自身全部融化在企业熔炉里，而会以有所保留的选择态度审慎考量与企业的契合程度，在广泛、深入的交往中，随着对企业认知、态度和情感的深化，逐渐达到契合的理想状态。所以，妄图使成员从跨入企业大门之时就绑定与企业不离不弃的共同体关系是不现实的。只有对文化认同的渐进性保持清醒认识，才可有理、有利、有节地推进成员文化参与身份的建立。

二、通过交往达成企业协商共识

企业情境中的交往主体绝不是被动接受管理的对象化存在，他们拥有自己独立的主体意志，可以支配自己的行为。然而，也要看到，这种主体意识不能脱离企业目标而存在。在现实的企业框架下，在直接的企业行为中，成员在保持一定程度的自我独立性的同时，还需要确立一种“行走于企业中”的主体意识。从对企业目标和权力的认可和服从，到对企业规则体系的思考与遵循，再到主张主体交互作用的对话交往关系的建立，成员在企业管理的界域中一步一步发挥主体的能动作用，持续推进企业理性和个体理性的对接。对成员主体地位的认可也表明，随着孕育成员个体特征的文化场景逐渐交融到企业境遇中，企业走出了统一的、均质的一元文化预设，进入多元文化并存态势——企业文化和个体文化、企业文化与亚群体文化、企业自发的原生文化与企业建构的理想文化、企业变革文化与既有文化缠绕交织，共同构成企业文化的混沌整体。

但多元文化不可能平静地共生在企业框架内，听任对抗与碰撞的横行就会泯灭对话和融通的可能。从存在论意义上看，文化背景的交叉重叠可促使成员在与企业及其他成员的互动中，形成具有一定解释力和指导性的共同认知和判断，达成能够让双方主体较为认可的妥协性共识。共识作为“不同认识主体在追求价值与真理的过程中形成的具有普遍性的共同看法”❶，既不是企业中强势阶层强加的，也不是企业成员任意杜撰的，而是企业及其成员在深度交往中抗衡、对话、妥协的结果。因此，企业共识是企业交往主体以企业目标为旨归达成的、关于保证企业正常运转的共同认知和判断。在这一共识的指导下，企业文化不应被视作一种“支配的意识形态”或价值架构，而应从企业成员协商、互动、对话等交往活动中来确立其内涵。换言之，“文化的各种取向是由集体成果以及特定集体所从事之（自我生产）行动层次所决定的”❷。企业文化不仅受企业内精英外显价值的引导，而且还需根据拥有自身意志的企业成员的意愿来

❶ 葛洪泽．论共识 [J]. 现代哲学，2000（2）：54-59.

❷ 阿兰·图海纳．行动者的归来 [M]. 舒诗伟，等译．北京：商务印书馆，2008：18.

界定，尽可能模糊企业文化中掌控者和行动者的等级差异，使文化模式脱离企业内部的权力控制，获得所有成员的普遍认同。

有效且有约束力的共识是在理性论辩中对各种相关因素缜密权衡后的结果，共识所凝结的“结论明显优于社会公众中随意的、受情感左右的意见的堆积”❶。可企业共识的协商成果不是先定的，谁也无法准确预知。因此，企业为了保证长效的批判和自我更新能力，就不应被企业及其成员的个别看法所遮蔽，需要建立无涉于具体内容的共识达成的机制。与企业内在目标契合的共识可督促成员内化企业价值，践行企业原则，最大限度做出使企业和个人利益双赢的行为；而消极制动的共识则恰恰相反，它们往往是企业有机团结的“阻滞剂”，不仅无助于企业凝聚力的提升，反而会成为消解企业整体性和归属感的利器。那么，找到造成共识性质分化的关键节点将成为企业达成积极共识亟待解决的问题。这就需要关注企业情境中达成共识的交往形式和手段。

企业中交往形式的客体化和客观化也会促成共识的达成。在以企业目标和规则为中心的客体化和客观化的企业交往形式中，目标、规则的内在规定性使其成为主导企业及其成员关于如何服从权力、履行职责等方面共识的重要力量。其实，这两种交往形式内置了企业权威对成员的威慑和统御机制，并以企业的奖励与惩罚为辅助手段，敦促成员服从权力或遵循规则的要求。应该看到，这种达成共识的方法虽然也以成员对权威的接受及其合法性为前提，但实际上压制了企业中的异质意见，虽可短期内达成一种众志成城的状态，但由于它们内在地依赖企业控制体系，并未正常疏导企业分歧，仅对其进行掩饰，必然会导致企业人把自身和企业均降格为工具性存在，冷漠对待企业行为，“无责意识”和追求物质需求的功利性认知将在企业中泛滥。

正如哈贝马斯所言：“规范共识必须从一种由传统确定的共识转变为一种

❶　甘绍平．道德共识的形成机制 [J]. 哲学动态 2002（8）：26-29.

通过交往或商谈而获得的共识。”❶企业交往中取得共识较为合理的途径还是诉诸协商对话的交往方式。协商共识既不是对多元主体意见的漠视，也不是意见的偶然堆积，而是企业及其成员在公共平台公开地对不同立场、观点加以澄清、修正、妥协所达成的结果。成员在互动过程中对众多各自差异的观点审慎考量，进而融合、提炼出一种可为多数成员接纳和认可的共同观念。经过这样的程序所得出的共识，必然在质量上优于孤立个体意见的堆砌。既然对话是最具有合理性的共识机制，那么共识如何在协商与对话中达成？哈贝马斯做出了代表性的解答，把共识作为以申述、反驳乃至辩护为主要形式的语言行为的结果。通过语言并遵循共同认可的规则而展开的对话，可以最大限度保证具有交往理性主体积极参与、畅所欲言地表达自己的观点，也允许他人的质疑和提问，最终促成相对一致的理解。对协商共识而言，语言渠道外的其他沟通媒介也不能小觑。企业成员除运用语言进行对话与沟通外，还会通过面部表情和身势语言进行直接交往，以及运用文字、网络等电子媒介进行间接交往。企业中多渠道的交往方式将企业置于功能强大的舆论沟通系统当中，使单纯依靠权力和规则根本不能实现的统一协调目的得以实现。

“我们要通过交往行动才能协调人们之间的行动。这种成功不依赖于我们所提出的规范的事实的有效性，而是依赖于我们对于现状的共同理解。”❷企业整体活力的源泉就在于企业中建立畅通的交往渠道与机制，让现实的问题在企业中真正流动起来，以富有弹性的交往机制来应对企业内外部情境的变化，使企业获得可持续的生长能力。

---

❶ 哈贝马斯．交往行为理论（第1卷）[M]. 洪佩郁，蔺菁，译．重庆：重庆出版社，1994：144.

❷ 王晓升．商谈道德与商议民主：哈贝马斯政治伦理思想研究 [M]. 北京：社会科学文献出版社，2009：140.

三、立足协商共识达成责任文化认同

企业情境中的交往通过成员间的对话协商取得某些重要共识，它们成为企业文化的核心内容。那么这些协商共识如何通达成员的文化认同？现以企业文化认同的内在结构为线索展开说明。企业文化认同包含了企业基本假设的生成、企业文化假设为成员的接纳，以及企业成员依据企业文化基本假设建构文化身份三个方面的内容。它们围绕企业文化“从何而来”这一核心问题层层展开和推进，剖析文化对企业人行为的影响。

企业文化基本假设的“生成论”着力回答了文化假设的来源问题，它也是企业文化研究的本体层面。企业文化最深层基本假设生成于企业普通成员，来自于他们的深层交往和互动。在企业的正常运行中，企业及其成员在反复磨合、磋商具体问题时，逐渐形成关于企业与社会、人与物、个体与集体、获取利润与服务社会等最根本问题的相似答案。这一过程可能充满辩解、争议甚至质疑，但最后深度共识的达成不仅为企业面临的具体问题指明了解决路径，更重要的是，还会使企业人在不断试错和反思中形成对社会、企业及自身更为根本的看法和观点。同时，这也促成他们在价值观念和思维方式上的重构。因此，可以坦言，企业情境中的交往就是企业文化萌生的土壤。它赋予企业文化最初的生命力，使它具有能够长成参天大树的潜质。在企业交往中达成的多元共识堪称企业文化持续影响力的源泉。

找到企业共识这一可以承载企业文化认同的客体，就可以一步回答企业文化何以为成员所接纳的问题了。按照沙因的观点，企业文化可化约为一种“睡莲模型”，包括最深层的基本假设、中间层的价值观和行为规范以及最外在的物质显现。文化的基本假设只有被成员接纳、体认，才能够影响他们的价值观和行为。因此，企业文化的认同问题尤显重要。就其实质而言，企业文化的认同属于认识论层面的问题，涉及主体是否具有认识能力、如何认识客体等问题。这在企业情境中则转化为企业文化的基本假设如何为成员所接纳的认知心理问题。

我们说，把原本统一的世界用理性之剑强行分割为认识主体与客体后，又要谋求同一立场、同一标准下二者的统一，这本身就是一种悖论。因为如果切割二者的标准广为接受，二者的弥合就无法实现，除非彻底改变划分标准或转变立场。在企业文化认同问题上也是如此。企业文化认同首先强调企业文化的“被认同”，即成员接纳、认可代表企业目标、价值取向的文化假设，并将它植入自身的价值理念之中，引导他们在企业中的日常行为。可是，完全外在于成员价值观念的企业文化怎么能够为成员所接受呢？如果妄图通过行政权力压制、意识形态灌输等方式实现成员的自动吸纳，无异于缘木求鱼，根本不会收到良好效果。因为这种做法的出发点就有问题，它将企业文化与成员完全割裂开来，再让他们接受企业文化的基本假设，二者间的鸿沟使它们的有机融合很难建构。在企业强大的文化攻势下，个体虽然很渺小，可要求他们放弃在私人领域几十年间形成的价值观念，完全接受企业的“文化洗脑”，成为企业利益的坚定维护者，也是不可能的事情。即便有个体臣服于企业文化的影响力，也多为物质利益引诱和交换的结果，根本无法实现企业文化对成员的统合效应。因此，亟须转变建构企业文化的基本立场：企业文化建构对于成员之内而非成员之外，是在企业成员的交互作用、协商共识中逐渐显现的。外在精英力量的倡导和推广仅是促动文化勃发的“催化剂”，并不能为企业文化成长提供持久动力。能使企业文化获得长久生命力的是来自于企业中最广泛参与者的支持。这种萌发于企业交往共识的文化基本假设对企业成员而言，具有高度亲和力，较容易为他们所接纳，从而对他们职业伦理范围内的价值观念和行为产生影响。这样，企业文化与人二元对立的问题就在企业的交往互动中得到解决，企业文化的认同也不再具有争议性，从可能走向现实。

企业交往达成共识的过程需要先后经历成员认知—质疑—接纳企业价值观念和行为方式等诸多认同环节。企业人针对具体问题的协商、对话和辩论都是企业理性与个人理性交换融通的“助推剂”。只是由于交往共识的现实指向性，而没有充分显露出其对企业人工作伦理的塑造作用而已。

就其内涵而言，认同不仅包括对外在理念的体认、赞同，而且还包括自我同一性的保持和社会身份的建立。因此，企业成员在认可、接纳企业文化的基本假设后，还会建立与企业的更密切的同一性关系，解答“我们是谁”的问题，即建构企业的文化参与身份。

企业文化参与身份的取得是个体企业化的重大进展，一旦这种企业归属意识得以建立，企业的价值观念、准则规范就会在成员心中具有极高的影响力，直接推动他们超越个体藩篱，建立一种“我群体”的比较优势，更经常地实施与企业利益相一致的行为，甚至以不惜牺牲个人利益为代价。伦理学家泰勒就曾坦言：“知道你是谁，就是在道德空间中有方向感；在道德空间中出现的问题是什么，是好的或坏的，什么值得做和什么不值得做，什么是对你有意义的和重要的，以及什么是浅薄的和次要的。”❶但值得强调的是，企业文化的认同一般会最大限度建构企业内部的价值理念。这既可为企业成员确认自我提供“方向感”，也有可能造成对社会一般道德规范的漠视和屏蔽，我们必须警惕后一种可能的发生。

❶　泰勒．自我的根源：现代认同的形成 [M]. 韩震，等译．上海：译林出版社，2001：38.

第七章　以目标为旨归的企业责任文化认同

企业情境中多元文化主体的建构是成员交互主体性地位恢复的开端。从独立个体到企业人、从交往主体到文化主体身份的逐级建立，成员不再一味地默然接受来自企业机械式工具的理性对待，而是发出自己的声音，并以切实的行动来显示其与企业文化的内在关联。诚然，此时成员所拥有的仍是理论意义上的主体性，日常生活的世界尚未对它的实现做好准备。主体性还仅是一种虚空的普遍性，就如黑格尔指出的，未经批判的普遍性和未经批判的自我意识一样，都是一种天真幼稚的空洞。所以，文化主体积极、能动的“本真性”只有超越自身抽象的普遍性幻觉进入企业文化的历史性关系中，才能在成熟的条件下具体展现，在企业文化的话语体系中赢得自身的位置，彻底改变臣服于企业强势文化，或放弃企业公共空间退守到私人领域自怨自艾的被动状态。

企业文化认同问题是一个多学科的交叉领域，需要从其他多种理论中汲取营养。此外，现有的社会认同理论、企业认同理论和企业交往研究都为企业文化认同研究的进一步展开提供了丰富的知识储备。本章在充分利用现有研究成果的基础上，以企业目标为基点审慎考察源于交往实践的企业文化认同的具体过程。前文一直强调文化认同是对文化基本假设的体认和赞同，但文化基本假设深植于企业文化，不仅不为人觉察，而且也不易把握，仅能通过目标、行为等外在因素显现。因此，本章试图把对抽象文化基本假设的认同具体化为企业目标与个人目标分立、契合和重构三个阶段，详细描绘企业文化认同中的关系以提出使成员主体性实现的理论构想。

第一节　企业文化认同相关理论的解析

企业文化认同强调的是成员对组织共有文化基本假设的自主体认，这同时伴随着成员在企业中不断追问自我身份、企业身份的过程。所以这一研究视域的形成并不是企业文化自然生发的结果，而是来自社会学、组织行为学及主体间交往研究视域的交融。它们在各自领域中的理论建树，为企业情境中文化认同研究的展开做好了铺垫。

一、社会认同理论简述[1]

社会认同理论是 20 世纪 70 年代末由塔尔菲（Tajfel）和特纳（Turner）等人在“我是谁”“我属于谁”的自我反思追问下提出的。他们认为，认同是“个体认识到他（或她）属于特定的社会群体，同时也认识到作为群体成员带给他的情感和价值意义”[2]。社会认同理论聚焦于认同产生的群体关系背景，将

[1] 行政组织伦理氛围：基于社会认同理论的视角 [J]. 南京农业大学学报，2010（1）：23-27.

[2] Tajfel H. Experiments in Ingroup Discrimination [A]. Social Identity and Intergroup Relations [C]. Cambridge：Cambridge University Press，1982：223.

个体对群体的认同作为考察群体行为的基础，力图揭示群体行为形成的内在机制。

在有关社会认同的现有研究成果中，并行着“自我认同”与“社会认同”两条路径。但实际上，所有形式的自我分析与认同必然是社会性的，都是以特定社会中的人或者群体为参照展开的。换言之，没有在特定时空状态下与他者的互动比较，单纯描述当下状态的自我证明，是没有任何意义的。正如泰勒所说，“一个人不能基于他自身而是自我”，而“只有在其他自我之中”，或者“在与某些人的对话关系中，我才是自我”。[1]于是，自我有必要找到能够助其建构身份的他者，并在与他者的互动中叙述自我。

一般而言，社会认同[2]主要通过类化、认同和比较三个环节建立，该理论又被称作 CIC 理论（Categorization-Identity-Comparison Theory）。[3]社会认同是从分类研究开始的。分类是个体认知社会的基本工具，人们通过对社会环境的切割、区分来系统安排、重组社会结构与秩序。这样不仅大大减弱了环境的复杂性，提升了当事人对世界的理解程度，而且也为个体审慎界定自身位置、采取灵活权衡的社会行动提供了便利。具体到企业文化，先要解决的是企业内部个体如何做出文化意义上的分类问题。这一分类就是在企业中依据特定伦理维度形塑“我们—他们”之间的群体符号边界，并推进企业内部人员间价值关系的接近和融合。表面上，归属同一部门、履行相近职责可作为最底线的划分标准。然而，这种粗放切割的方式只能在形式上将个体归入不同的机构或部门，

[1] 查尔斯·泰勒 . 自我的根源：现代认同的形成 [M]. 韩震，等译 . 上海：译林出版社，2001：48，50.

[2] 此处涉及两种“认同”：一是社会认同理论中的“认同”；另一个是作为社会认同之一的“认同”环节。二者存在广义与狭义的区别。社会认同理论中的“认同”意指广义的“认同”，不仅包括个体针对群体理念、价值和行为标准的接纳、体认和赞同，以获取一种群体身份为必然结果，此外还包括作为群体身份的承载者，个体以群体视角为底线与他群体的比较。而狭义“认同”仅指其中一个环节。如无特殊说明，本书中“认同”概念均做狭义理解。

[3] 乐国安 . 社会心理学理论新编 [M]. 天津：天津人民出版社，2009：209.

未必顾及个体认同、群体归属的心理互动。因此，社会认同意义上的分类不能只依据工作岗位的相似性，而更多指向个体基于群体层面的认知、态度和情感的同质性。

如果说分类对于企业文化形成起到划定外部界线的作用，认同则可形塑出企业成员的群体身份。“所谓社会认同化过程，即认同建构过程。行动者将其成员资格内化为其自我概念的一部分，即他们在主观上已经认同相关的内群体，也就是行动者对其集体资格或范畴资格（membership）有积极的认知评价、情感体验和价值承诺。”[1]成员在企业中不会孤立存在，总是与其他成员处于价值碰撞、意见融通和情感交流之中。随着交流、互动程度的不断加深，他们不仅能够根据他人的看法认清自己，做出合理的判断，而且还会获得对所属群体的归属感与激励，从而将群体成员身份明确、固定下来。取得这一群体身份实际上经历了“去个人化”的剧变，即完成了由单一自我身份到企业成员身份的扩展。成员意识到“我”不仅具有个体意义，而且还归属于所供职的企业，承载着相应的企业职责与道德义务。由“我”转变成“我们”的进化过程，体现了自我认知与文化情境的匹配，也成为企业文化影响力形成的枢纽。这种“去个人化”并不意味着个人自我认同的丢失，而是他们身处组织境遇下由自我认同向群体认同的现实转变。企业成员群体身份的获得，不仅可以在很大程度上排除与其他企业或个人私人关系的纽结，还会对企业目标达成极具影响力的共识，成为维护企业利益的合格代理人。

将自身划定为某一组织边界范围内的成员，会与其他群体在声望、地位和权力等方面进行比对。比较的结果必然使“我企业”与“他企业”的界限进一步分明。当成员所在企业具有明显的优势时，会大幅提高他们对企业的信任及自豪感，对企业产生更积极有利的评价，从而使企业人的身份得到切实强化。

[1] 方文. 学科制度和社会认同 [M]. 北京：中国人民大学出版社，2008：83.

实际上，成员取得的特定群体心理优势正是在与他群体的对比中呈现的。值得强调的是，成员对“我企业”的认同并不必然引起对他者的贬损。只有当内群体受到外群体威胁时，成员的内群体偏向性才会强烈地表现出来。

社会认同理论及其在组织行为研究领域中的应用，为考察现实中企业与成员的关系提供了有益的分析思路。通过“分类—认同—比较”三个环节，个体顺利完成组织化的初级阶段。不容忽视的是，社会认同和组织认同的过程都需奠基于企业交往，在企业与其成员充分交流、沟通的基础上，个体才能见证自身企业的存在性并获得企业成员身份。不过，此时成员对企业的归属感还较为粗犷，没有周详考虑频繁出现的企业与个人在目标、价值判断、信念等方面的一致性和对立性对成员身份的冲击。

二、组织认同理论评析

大量社会学研究成果并不局限于社会学领域发挥作用，而是向其他领域渗透。组织行为学就吸收和借鉴了社会认同理论的相关思想，并结合企业领域的对象特色，提出了直接与企业情境密切相关的组织认同理论。

西方学者的组织认同研究起源于20世纪80年代。通常认为，最早提出组织认同概念的是阿尔伯特和怀特（Albert & Whetten）。他们把埃里克森的同一性和自我认知理论引申到组织领域，提出标志组织本质特征的组织同一性（Organizational Identity）。他们指出，组织同一性的核心性、独特性和持久性维度就是组织的自我定义。❶

组织认同理论对认同效应的研究主要延续了两种路径。

❶ Stuart Albert，David A. Whetten. Organizational Identity [A]. Organizational Identity [C]. ed. by Mary Jo Hatch，Majken Schultz. Oxford：Oxford University Press，2004：89-118.

一条路径是以组织同一性为核心回答组织关于“我是谁”的自我定义。同一性概念尤为关注组织获得区别于其他组织价值、信念、使命和目标等文化特质。它不仅使组织具有鲜明的个性和特色，从众多组织中脱颖而出，还成为成员行动的意义源泉。需要注意的是，同一性固然彰显于组织的意识形态、价值观念、风俗习惯和社会交往中，但它并不是组织既有要素的排列组合，而是组织的一种完形[1][2][3]形式。这意味着组织不是孤立、分离片段的简单聚集，而是超越多个组成要素的有机整体。组织同一性就是对组织整体性的描述和表达。哈奇（Hatch）和舒尔茨（Schultz）[4]曾专门撰文指出，整体性视角下的组织同一性分别以组织文化和组织形象为组织的内部与外部情境。换言之，组织同一性形成于组织文化的氛围之中，并且成员还以自身的价值观理解和反思组织文化，对组织进行定义；以组织文化为根基的组织同一性彰显在组织形象上，从而形成组织文化、组织同一性和组织形象的连锁反应。

另一路径则基于个人与组织建立的认知和情感关联考察二者的一致性问题（Organizational Identification）。也就是说，当个体认同组织时，会获得一种源自组织认可的一致性感受，从与其他内群体成员共同分享组织特质的过程中感知自身。组织为个体定义自我提供了理性支撑，成为成员态度、情感和行为的基础。这一视域中的组织认同主要以一些组织要素，如目标、价值观和规范等为对象，强调由组织成员资格对他们产生的吸引力。不同学者对组织认同的对象

[1] “完形”一词首先来自于德语 Gestalt，也可音译为“格式塔”，是一个心理学词语，意指人们对事物的知觉并非根据事物的各个分离的片段，而是将其视作一个有意义的整体，即整体并非部分的集合，整体是超越部分的完整性再现。

[2] 刘开会．“格式塔”——一个哲学的再思考 [J]. 甘肃社会科学，1988（3）：24-26.

[3] 朱诗敏，郑希付．完形治疗法——一个强有力的心理咨询与治疗理论与方法 [J]. 社会心理科学，2003（4）：69-72.

[4] Mary Jo Hatch，Majken Schultz. The Dynamics of Organizational Identity [A]. Organizational Identity [C]. ed. by Mary Jo Hatch，Majken Schultz. Oxford：Oxford University Press，2004：377-403.

持多种看法，王彦斌从形象设计、沟通整合和文化研究三个层面分别说明组织认同将重点置于外部形象、目标和价值观念等内容；切尼（Cheney）区分了对人和对价值观、目标的认同形式；普拉特（Pratt）则认为认同的目标是信念。[1]笔者在本书中吸收了上述两种立场并加以兼容，认为组织文化认同的目标是组织同一性，组织文化认同的过程是认知和情感的关联。

组织中的认同行为可对成员行为产生双重影响：作为积极力量，认同可以增强组织的一致性，建构组织和成员间亲密的情感关联，但也会造成某些消极后果。在归属感和集团压力的作用下，组织成员倾向极力维持自己的群体身份，压抑自主意见的表达，机械、盲目地服从组织要求。而且由于维持群体身份的重要途径是通过内外群的比较，强化内群体的优越性，这就会导致种种偏私意识，如对内群体给予更高评价、赋予更多资源，包庇、袒护、关系主义之风在组织内盛行等。此外，组织认同首先针对本组织成员认同、群体分类和目标实现，接下来注重的是组织成员共同认识体验、一致认可并遵守的软约束力量，它并不优先贯彻社会规范的要求。当组织倡导的言行与社会要求冲突时，就可能造成成员社会责任缺失、公共利益被架空、与社会规范背离的某些言行在组织中通行等恶果。

近年来，组织认同问题一直是组织行为学领域研究的热点问题。国内外学者对组织认同的基本理论进行了深入的研究，既在理论上论证成员认同组织要素的重要性，也运用实证方式纾解了组织认同的可行性维度。可这些研究成果中对认同的机制问题稍有忽略。这与当前组织文化的研究现状相似，组织文化也强调成员对组织价值观等文化特质的共享性，却在细化共享、认同具体机制和环节方面略显乏力，进而演变成学界都在强调共享、认同的重要意义，可真正找到良好切入点进行深入研究的较为少见。

[1] David A. Whetten，Paul C. Godfrey. Identity in Organizations：Building Theory through Conversations [M]. Thousand Oaks：SAGE Publications，1998：173.

正如文化论者雷蒙·威廉所言："人的社会地位和认同是由其所处的文化环境所决定的。也就是说，文化具有传递认同信息的功能。"❶同样，组织中的认同过程也大多与其所处的文化背景关联密切。这一文化认同的程度和深度成为组织及其成员区分他者、界定自我、建构二者同一性和凝聚力的重要标志。其实，个体与组织在认知、态度和情感等方面关联性的取得，已使他们浸润在文化的融通和交流之中，只是此时尚未为其正名，具体细节还不够清晰。

就认同的三层次内涵而言，组织认同领域的研究多关注以成员对组织价值观、信念为中介达成的亲密情感关联，以及组织经过同一性建构所具有的整体性特质，但这往往忽略了组织文化和组织认同交叉视野下成员参与组织文化的合理性根源。笔者主张，成员积极"参与"而不是被动"吸纳"组织文化氛围，只有获取一种文化参与者身份，才有可能使他们真正认同组织的文化要素，与组织建立起深度的一致性。仅仅在理论上宣称组织与成员的同一和相互认可，不具有任何实质意义。

第二节　企业情境下责任文化认同层次

企业中成员的文化认同需要以文化的基本假设为对象，这样的文化基本假设内隐于企业成员的目标、价值判断和具体行为中。它并非实物性的存在，也不能为人们通过直接经验获得。所以，有必要找到一个既能够体现企业及其成员的深层假设，又有效力的分析工具。美国管理学家西蒙在《管理行为》一书中也曾提及："认同的过程就是，个人用企业的目标（服务目标或企业存续目标）代替个人目标，作为制定企业决策时所采用的价值指数的过程。"❷这意味着西

❶ 张旭鹏．文化认同理论与欧洲一体化 [J]. 欧洲研究，2004（4）：66-77.

❷ 赫伯特·西蒙．管理行为 [M]. 詹正茂，译．北京：机械工业出版社，2007：255.

蒙也将企业认同定义为目标的认同过程，但与笔者主张的以“目标”为核心的认同方式有所不同。西蒙的认同强调以企业目标完全取代个人目标，是一种强权的渗透。而笔者强调企业目标和个人目标的交互视野，从对方的视角审视企业和个人关系，使双方的目标互有修正。

此处，之所以选择目标作为划定文化认同层次的基点，原因就在于目标与价值判断和行为规范相比更具优势：其与价值判断一样，均能引导企业及其成员的行为，但又比价值判断更具指向性，可转化为相对充实、具体的衡量体系；同时，又可避免行为规范针对性过强、分化过重、不易统合的不足。企业目标在与现实杂多并不脱节的前提下还保留了一定原则性，不会完全融化到琐碎的企业事务之中。这样一来，成员对企业文化认同的渐进性就转变为对企业目标认同的不断推进，支撑双方目标确立的基本假设也会在对话中和解，形成被企业成员普遍认可的基本假设。

现有关于企业的界定都没有申明其所具有的文化属性，似乎企业可以在没有文化氛围的环境下存续，但这显然是一个错觉。无论创造经济效益的营利企业，执行调控、管理职能的行政组织，还是为公众或成员提供服务的社会团体，一经诞生，都无可选择地浸泡在社会文化、民族文化之中。企业也会在人员、资源、信息等各种因素作用下形成独特的文化样态。于是，濡染了企业特性的观念、价值和行为标准等文化品性也会通过企业学习或者更隐晦、含蓄的隐喻和转喻方式在企业及其成员中传承，把成员转化为企业的文化载体，同时接受他们的修订与品评。所以，将文化与企业及其成员的内在嵌入性割裂开来是没有意义的。它们镶嵌在企业整体之中，即使经常发生变迁和断裂，之后仍会产生更具统御力和包容性的文化形式，把企业和个人重新整合在一起。企业及其成员就这样“行走在文化中”，根本无法离开文化语境。

企业和个人在“前合作”时期，各自处于未有交集的时空界域中，根本没有涉身性接触，目标也彼此迥异。这种彼此分离的生存状态使企业和成员合作时，往往还以“前合作”立场为原点，确立基于互惠的交换关系。交换行为作为交往的物化形态，使双方自我同一性在互换活动中得到界定，从而确证自身的存在。应强调的是，此阶段也是目标认同的原初状态，虽尚未获得实质性进展，可个人在企业情境中的停留为后续认同的开启埋下了伏笔。其实，企业和个体均对合作抱有很高的期待，因为合作形式是克服双方局限性的必然选择。即便合作历程并不轻松，双方也都不会轻易放弃合作，仅在与谁合作上做出各自的甄别。于是企业和个人为了获得更为稳定、有效的伙伴关系，就会关注二者目标是否匹配的问题。在目标匹配阶段，最关键的是其中所内隐着的价值观的契合问题。换言之，目标匹配作为外在标志显现出二者在价值观上的可通约性。受到共同价值取向的指引，它们才有可能形成更为深入的认同。成员与企业价值观的契合使他们对企业产生强烈的归属意识。作为企业的一员，他们以企业作为建构自我的参照和对象，将其与企业的关系、企业的文化特质烙刻在自我认同之中，摆脱了个人与企业互相游离的状态，重新书写能让双方共同认可的目标体系，为确立企业文化情境的参与身份奠定基础。所以，目标上的分离、匹配和协同是企业与成员价值观念逐渐递进的融合过程。

一、目标分立阶段

当某人决定进入一个企业，并试图通过企业媒介追逐自身利益的实现时，就表明他产生了与企业合作的意向。个人与企业的这一合作意向会在后续的实际行动中转化为有效的合作行为、与企业目标相一致的共识，以及对他们行为加以约束的契约性观念。

这种契约性的合作共识是对人与企业关系的初步界定。具有独立意识的个体由于能力的有限性和行为效果的不完美性不得不走出“我的领地”，加入到与他者共在的协作体系。在新的组合形式中，个体交出一定的个人自由和控制权，同时获得了梦寐以求、自身限度内无法实现的合作成果。与此同时，企业因具有资源整合的集体优势进入社会领域。个体先于企业出现的逻辑是一种社会历史观点，可以回答企业源起和终极目的的理论假设。但其实企业作为社会实体一旦独立后，便已拥有与个体对等的、直接现实的目标。当现实的个体与具体的企业相遇时，二者出于对自身利益的维护，不会放弃各自的目标，并会将其作为固守的合作底线。可见，当企业和个人保有各自原初目标时，它们仅对彼此从对方可能获取的基础利益达成共识，并由以建立了直接现实的交换关系，而这种交换关系也是为双方共同接纳的。

这种认同关系表面上好像充满了互相利用的工具理性色彩，但实际上，企业强大生命力的源泉就在于企业及其成员间存在大量互为对象、吐故纳新的交换行为[1][2]，它为企业行为的实现提供了最有保障的物质基础。这种“人们被期望从别人那里得到的并且一般来说确实也从别人那里得到了的回报所激励的自愿行动”[3][4]，预设了人拥有一定的经济理性，能够对交换行为发生的等价基础进行初步估量；还可根据对社会报酬的期待适时调整行为。结果，企业与成员及成员间的交往，使双方均得到了他们盼望的东西。

其实，社会交换的真谛并不在于双方需求如何得到满足，而是一种以对

❶ 社会交换行为是社会交换理论的主要研究对象。社会交换理论产生于 20 世纪 60 年代，霍曼斯作为社会交换理论的创始人在借鉴古典经济学的“理性人”假设和行为主义心理学对个体行为研究成果基础上，把人类行为界定为一种交换行为，“至少在两人之间发生的，或多或少要获得报酬或付出成本的、有形或无形的交换活动”。后在布劳、埃莫森等人的推动下得以广泛传播。

❷ 周明侠．论社会交换理论中的辩证法 [J]. 学术界，2007（2）：216-220.

❸ 此处引用的是美国社会学家彼得・布劳关于社会交换的界定。

❹ 彼得・布劳．社会生活中的交换与权力 [M]. 李国武，译．北京：商务印书馆，2008：146.

方的存在来实现自身存在，并与对方结成相互依存关系。也就是说，保持基本独立性的交往主体以某种机制为中介传递互为补充的关系结构，机制的选择成为影响交换关系走向的重要因素。霍曼斯就力主以报酬作为交换行为的中介，“人们所做出的行为要么是为了获得报酬，要么是为了逃避惩罚。这种为了报酬的行为交换，是简单的经济交易的基本原则”。❶他还把经济交换的一般原则推及社会，指出“最小代价、最大收益”的思维可以主宰人的一切社会行为。这一观点虽为以经济学范式解释非经济领域社会现象的典范，但不免有对社会行为过度泛化的经济性诠释之嫌。他较强的心理还原论调把行为视作生物机制的机械反映，也受到了后继者的批评。布劳❷虽也认同霍曼斯把报酬作为交换的动机和基础的观点，却为交换行为划定了界限，认为交换并不是人一切行为的宗旨。当“交换失灵”时，绝对权力的强制形式就会应运而生。布劳提出的“报酬”和霍曼斯的“报酬”也有所差异。霍曼斯虽把报酬视作社会交换的动力，却并未对报酬的具体内容进行梳理，只是强调交换必须把握“成本最小、收益最大”的原则。凡是能够带来激励、价值的东西，均可作为报酬的形式推动社会交换的发生。布劳则详细区分了报酬的形态，把爱、荣誉、社会地位和对美的追求视为内在报酬，而金钱、服务和商品等则属于外在报酬。正是对这两种报酬的期待，把个体吸引到社会交换中。因此，布劳社会交换考察的视角就由微观的个体互动转向宏观社会结构建制。

“结构变迁采取了一种辩证的模式。尽管社会结构受到趋于均衡的力量的支配，但是在给定一个社会中相互交叉的亚结构的相互依赖与不相容的要求的条件下，实际上每一个趋于均衡的力量都在其他层面产生了不均衡……在社会结

❶　玛格丽特·波珞玛．当代社会学理论 [M]. 孙立平，译．北京：华夏出版社，1989：45.

❷　俞弘强．社会交换理论与理性选择理论之比较研究 [J]. 中共浙江市委党校学报，2004（3）：61-65.

构的许多层面上，反复地打破均衡和恢复均衡的力量被反映在结构变迁的辩证性质之中。”❶

而且布劳并不认为所有的行为都属于社会交换，一项行为要想成为社会交换，必须满足两个条件：一是该行为的最终目标只有通过与他人的互动才能达到；二是该行为必须采取有助于实现这些目的的手段。他排除了没有目标取向的且由无理性的情绪所引起的行为，以及“通过肉体强制或纯粹遵从内在化的规范的行动”。❷

布劳以“吸引—竞争—分化—整合—对立”为交换过程节点的辩证思维，为解析企业和成员的交换关系提供了较为有效的阐释路径。

企业与个体鉴于对方承载着能够实现自身期待的规定性，相互吸引，产生合作行为。从中获得的内部或外部报酬，又进一步强化二者的互惠关系。合作关系的确立使他们均可暂时放弃找寻新合作伙伴的意愿，以最大限度展现所拥有的资源为自己打造优势。在此过程中，企业日益在资源配置、完成任务的条件与效率方面占据明显优势。成员唯有不断提高自身的工作能力和水平，成为相关领域的职业专家，方可在与企业的博弈中谋得最佳位置，并维持对企业的效用。不过，二者实力的增强未必会成为合作关系稳定的有力保护屏，反而会带来一定的解约风险。他们各自提供报酬的能力越强，便越能对其他尚在寻找合作伙伴的企业或个体构成吸引，为自身赢得更为有利的选择权。这一状况在营利企业中表现得尤为明显。当规模较小时，企业与员工之间的合作比较顺利，即使陷于生存困境也多能共同面对。原因就在于，此时它们应对市场竞争的经验和能力有限，均会比较审慎地对待有限的合作机会，一般不会轻易解除协作关系。可当企业和员工在专业领域中逐渐取得一定建树时，就分获了占有更优

❶ 彼得·布劳.社会生活中的交换与权力[M].李国武，译.北京：商务印书馆，2008：447-448.

❷ 同❶：146.

秀人力资本或者选择更优秀企业的实力。于是，每一方均希望在交换行为中占据主导地位，激烈的竞争必然引发分化，企业中就会出现人才流失、离职率过高等问题。可见，企业和成员基于各自目标的交换行为，大多会经历从彼此吸引到逐渐走向竞争和分化的过程。

在企业情境中，企业与成员在各得其所的交换行为中还杂糅着控制权力的让渡和交割，这虽与布劳倡导的一般社会交换中权力的来源略有不同❶，可二者均认为取得权威合法性需要企业成员的集体赞同。成员对权威的承认使他们立足固定位置，按照角色要求行事，大大减少了分歧和争执。然而，企业中整合态势的出现并不能完全消解对立与摩擦。因为强调权力控制和服从的整合态势仅为一种消极的整合，是对资源劣势一方的消极处理。当企业内部的报酬结构或成员的报酬期待发生重大变化时，服从就会演变成抵制或报复性行动，甚至可能瓦解企业和成员的合作关系。

布劳在社会交换理论体系中也提出，把价值一致和社会规范作为社会交换的媒介，共享"包括一套为参与交换各方共同接受的统一的社会标准。它使各方能够以同样的情景定义进入交换关系"❷，进而能在一种共同的文化背景下实施交换行为。这表明，布劳也看到了宏观背景下的交换关系仅依赖报酬期待、互惠公平等原则并不能长久维持。只有达成诉诸共享的社会性共识，才能使企业中的合作关系延续下去。

---

❶ 按照彼得·布劳的观点，权力来自于交换行为的不均衡。人们拥有的资源在数量、质量、稀有程度等方面并不均衡，竞争的结果必然导致获胜者掌握更多的交换机会和报酬，并获取对另一方的控制权，而失败者只能以服从的方式听命于人，于是产生权力的分化。这一思维的建立使彼得·布劳远远超越了霍曼斯单纯的个体交换，也使交换行为走出了个人主义的微观视野，而进入社会结构的宏观建构。而企业中的权力往往内置于企业结构的框架之中，作为一种外在制式，并不是由个体策动的，企业中很少出现通过具体的交换行为建制权力的情形。

❷ 俞弘强．社会交换理论与理性选择理论之比较研究—以布劳和科尔曼为例 [J]. 中共浙江省委党校学报，2004（3）：61-65.

基于个体目标和企业目标分立的契约交换，即便深刻地解释了经济交往的规定性内涵，但由于其以经济人的理性计算为前提，仅关注企业与成员互惠关系原则下的各自目标的实现，忽视了除此之外他们可能还需要更广泛的目标融合和价值共享，这其实就为这一关系埋下了隐患。一旦缺少了以报酬为中心的平衡机制，那么企业即将面临空前的合作危机。

二、目标匹配阶段

排除企业和成员目标上的分歧，仅依靠他们对报酬的渴望和追逐而编织的合作框架，由于没有超越利益的合作基础而尤显脆弱，将会时时受到竞争、分裂的威胁。为了降低风险，企业及其成员都需要将彼此期待和相互合作的重心转向二者目标的匹配与调和。

“匹配”一词在汉语中具有“配合”“搭配”之义，在英语中的对译词是“fit”，指事物间及事物内各组成部分与整体之间在基本属性和特征上相似、配合或互补的关系状态。在企业行为学中，所谓匹配，预设了事物或事物中各部分的先在性，经过大量遴选和筛查，分析既有事物组合的可能性，使他们达到相似、吻合或者协调的效果。这也意味着，企业和个体要想建立长久的合作关系，在相遇时需要亮出自己的基本目标，然后审慎评估并发现其内在的关联性，为合作意向的达成扫清障碍。

众所周知，企业存在的意义就是通过协调内外部环境、优化资源配置，执行计划，达成目标。企业的一切活动都为目标服务，以其为旨归，企业本身也仅是实现目标的工具而已。企业目标是企业希望实现或达成的成果，是对企业生存、发展等基本问题的定性回答，决定着企业发展的走向。企业的初期目标往往先在成员共识达成前形成，且多为精英管理层协商的结果。但这样的初期企业目标还只是模糊的，必须通过一系列与成员互动和企业各项任务的完成等过程，才能逐渐变得细致和现实化。

虽然精英管理层作为企业的代理人是目标制定、决策、执行的中坚力量，但企业的目标还是有别于代理人的个人目标。作为对企业利益的综合考量，它是企业理性的集中体现。个人目标则是指个人基于“人生观、价值观和兴趣爱好确定的未来活动的结果，是个人期望通过努力获得满足的需求”❶。个人目标与个人持有的价值观念、人格特性、偏好、早期经历及成长环境关联密切。随着个人心智、阅历的成熟和丰富，个人目标也会有所变化。个人目标多呈现人际多样性、人生阶段性等特征。一般而言，个人目标形成于个体理性对自身要达到的期待的审慎思考和判断。需要强调的是，经济学及早期管理学中提及个人就将其视作“精于算计成本得失”的“理性经济人”是有失偏颇的，个体固然有追求经济利益、逃避责任等功利面，可这并不能构成分析个体的唯一视角，他们的目标中也会融入情感、尊重和承认等社会性需求，因此从综合、复杂化的角度考察个体目标才更合理。如果无视企业目标与领导者个人目标的差异只会助长成员认为“那是领导者目标，与己无关”的冷漠心理，而丧失对他们的号召力。

其实，在一个结构良好、文化积极、认同顺畅的企业内，企业的目标和其多数成员的个人目标在本质上存在高度可沟通性，均体现了各自意图达到的效果或期待。这样的高度关联，也是企业与成员在文化认同上实现比对、匹配的前提。那么，在企业情境中，二者如何匹配呢？

企业目标和个人目标是否匹配的考量多发生于企业和个人相遇、互相甄选时。换言之，这是两种先在价值判断、信念和行为标准发生碰撞之际。在碰撞过程中，双方都会以自身为标准，检视对方与自己的相似性，从而做出决策。在通常情况下，企业目标与个人目标完全一致的状况极少发生。企业或个人均

❶ 朱子龙 . 简论企业目标与个人目标的协调 [J]. 漯河职业技术学院学报，2010（1）：79-80.

会对目标差异保有一定的容忍度，即尽管二者目标略有不同，只要都处于双方均能接受的范围内，匹配的状况就可以发生。况且，企业目标与个人目标的契合并不是具体合作细节的商榷，而是二者在比较宏观的视野中对对方目标的总体性把握。因为二者目标上的相似性或适应性可为继续合作奠定对话的可能，从而使他们能够在众多参与者中彼此吸引。

施奈德（Schneider）等人曾提出用ASA模型（Attraction-Selection-Attrition）——成员与企业间的吸引、选拔和磨合三个相互关联的动态过程——来解释企业和成员的匹配。在这一模型下，处于吸引过程阶段，潜在的成员首先对企业与自身的匹配状况进行评估，产生与企业合作的意向；进一步地，企业也通过各种选拔程序将符合企业期望和要求的员工保留在企业中；暂时匹配成功的员工也还需要与企业继续磨合，要么与企业高度契合成为企业正式成员，要么离开。[1]从这一理论的三个环节来看，企业与成员在匹配选择过程中仿佛交替扮演主导角色。可实际上，该理论预设了企业理性对于个人选择的优先性。吸引阶段个人的控制权根本不能影响遴选的结果，选择的权力最终还是掌握在企业及其代理人手中。这也是当前个人与企业匹配领域通行的逻辑思路，集中体现了二者匹配的功能主义研究视角。

也应看到，企业与个人目标遴选、匹配的过程会发生扭曲和变形。当企业参与遴选时，往往委托下属机构的代理人负责甄选与自己目标相符的个体。此时，企业整体、宏观的目标被置换为由各个具体部门设置的、更细致的二级或者三级目标，使与个人目标匹配的对象出现细化，甚至分化。在拥有“强文化”的企业中，强大的文化整合功能在很大程度上消解了企业整体目标和亚群体目标的差异，进而使企业意图得到较好的贯彻，遴选到与企业目标相容度较高的成员。因为企业文化如果不能在下级部门融贯的话，各自为政的亚文化就会曲

---

[1] Schneider B. The People Make the Place [J]. Personnel Psychology，1987，40（3）：437-453.

解企业目标，以部门目标取而代之，致使甄选结果不尽人意。

所以，单纯依靠企业和个人目标的匹配并不足以推进成员对企业文化的认同程度，目标的匹配内隐着价值观的契合。个人与企业价值观契合是指“个人的价值观与所在企业的价值观之间的一致性程度”❶。木琴斯基（Muchinsky）和莫那亨（Monahan）认为，人与企业匹配存在两种方式：一致性匹配和互补匹配。一致性匹配是指个体特征和属性与其所在企业具有一致性；互补匹配则指个体和企业在特性和对另一方的需求满足上存在相互补充的关系。❷目标匹配与否取决于内在价值观的契合程度，没有价值观的契合，也就不会有目标的匹配。

实际上，在人与企业匹配考察的变量中，价值观匹配、目标匹配等因素主要应从一致性角度考察。因为企业与个人在价值观、目标上的一致性对企业的统合会更有利，而需求匹配、能力匹配等涉及个体差异因素的匹配则可考虑互补匹配的方式。这样有助于打破企业与个人之间的均质态势，发挥各自长处，实现优势互补。不仅如此，在匹配基础上实现的价值观契合还能产生一系列协同效应。如果企业和个人的价值观的吻合度高，二者目标的一致性相应也会提高。而且一旦成为企业成员，个人也能从企业职责的履行中获得较高的工作绩效和满意度，进而促进企业和成员在价值观和目标上的进一步契合。所以，在企业招募新员工时，企业和个人都需要审慎考量自己传递的价值观及其与对方的契合程度，增强二者间的一致性与相容度。

三、目标重构阶段

经过目标匹配阶段以后，企业和成员在价值观等方面初步具有了一致性，

❶ 谭小宏．个人与企业价值观匹配的效用研究述评 [J]. 商业时代，2010（29）：83-84.

❷ 袁凌，初立娜．个人与企业匹配对企业公民行为的影响研究 [J]. 当代财经，2008（8）：85-88.

二者的合作关系也日渐稳定。由于企业并不是原子个体的简单累加，而是由成员间、成员与企业间的交往行为构成多向度复合网络，成员在企业网络的交流和沟通过程中不禁会反思其与企业的关系，体味、领悟人在企业中的存在性，追问“我是谁”“我们是谁”等问题的答案。这就使成员对企业目标和基本假设的认同上升到一个崭新层面，即建构身份成为这一阶段力图解决的核心问题。这类问题之所以到此阶段才出现，其原因主要在于成员在前两个阶段中并未充分认识到自身与企业的内在关联性，从与企业目标的分立到契合，虽对企业文化要素的感知不断丰富，可并未把企业作为界定自我身份的参照体，也未在企业的文化场景中考量其存在于企业中的价值和意义。而随着成员和企业合作在时间向度和内容上的加深，成员日益对自我认同的需求不断提升。人如果单从主体角度来认识自身，必然会由于“身在此中”的狭隘而无法形成对自我的全面认知。只有找到作为自我的对立面——他者，才可终结自我的独白状态，使自我在与他者的对话中获知自身有限性同时拥有存在感。“借助于他者的关系，表明某个术语不是什么，明确缺少什么，是什么组成了它的外部这样一些‘积极’的层面——只有这样，认同才能被建立起来”❶。

长期以来，他者一直隐藏在主体自我意识建构的背景当中，直到胡塞尔先验现象学的诞生，才渐渐走出意识哲学的藩篱，获得自身独立存在的合理性证明。胡塞尔将“他我”作为自我的交往主体引入研究的视野，成为主体间性的最初孕育者。胡塞尔以“现象学还原”为起点，对经验自我进行“本质还原”“先验还原”，经层层过滤筛选出“先验自我”，这一自我可以通过意向性活动将外在世界呈现给意识，使外部世界成为意识活动加工的产物。为了摆脱唯我论困境，

❶ Stuart Hall. Who Needs Identity? [A]. ed. by Stuart Hall. Questions of Cultural Identity [C], London : Sage, 1996 : 4.

胡塞尔在晚年时期肯定了他人先验自我的存在，提出自我与“他我”关系的建构以躯体为媒介，通过类比使“他我”显现于自我意识之中，从而获得与自我同等的交互主体地位，从此首开“主体间性”之先河。胡塞尔从认识论角度指出了一条从“我”走向“我们”的道路。正如他自己所说：“第一个自我—主体和我们所有的人都相互一起地生活在一个共同的世界上，这个世界是我们的世界，他对我们的意识来说是有效存在的，并且是通过这种‘共同生活’而明晰地给定着。”❶

企业成员要达到对自我的认知也需要在企业中找寻鉴证自身的他者，完成由“我”到“我们”的转变。相对成员而言，企业本身成为最具参照意义和指示作用的他者范型。企业就像一面映照成员自我意识的镜子，既与自我共在“世界之中”，又具有相异于个体自我意识的他性，成为帮助主体确立自我身份的对象性标准。此时，自我意识走到自身之外，在扬弃企业中映射的另一个自我意识的同时也否定自身，完成否定之否定的辩证运动。

企业作为他者，是一种异质的他者，“作为他者，不仅是另一个自我，而且是我所不是”❷。一方面，他者不能直接同化自我；另一方面，自我与他者也不隔绝，彼此互相开放，构成一种求同存异的依赖关系。企业与个人的目标匹配与价值契合一般以二者的独立存在为前提，并力图通过审慎找寻将它们衔接起来的关联性。这样的相互选择和鉴别的过程，并不涉及对它们内在规定性的评判和修订。在现实中，尽管企业与成员在目标、价值取向和行为方式等方面还存在差异，可共在于企业情境的相关性使它们并不会彼此封闭，随着成员嵌入企业和彼此交往程度的加深，便会不断依据对方建议修正自身，从而实现企业与个人目标的妥协与重构。

❶ 多尔迈·弗莱德．主体性的黄昏 [M]. 万俊人，等译．上海：上海人民出版社，1992：63.

❷ Levinas E. Existence and Exitents，trans [M]. by A. Lingis，The Hague：Nijhoff，1978：95.

目标重构并非仅仅针对成员，对企业而言也是必不可少的。因为没有经过企业与成员共同协商的目标本身就不能自足，包含无法自洽的内在矛盾：纵然拥有企业理性和个人理性的规制，立足于企业和个体立场分别建构的需求和期待还是不能完全消解内生的褊狭性所造成的通约困难。那些近似“唯我”论调的目标（无论企业还是个人）都是需要在彼此关照的合作框架中实现。这就意味着，如果它们此时还固守自己边界不容僭越的话，那么只能导致合作关系的破裂。为了合作关系的延续和双方的共赢，它们唯有在一定限度内以对方为参照对象，在彼此间的对话中否定自身偏私性，才能达到企业与成员互动融通的更高境界。因此随着企业中文化认同的深入，企业和个人目标的重构实为合作关系得以延续的必然之举。

其实，企业和个人目标的重构力图倡导企业和成员以协商对话为契机的“视域融合”。企业及其成员虽被统合于一个理性的企业框架下，但他们并未进入以企业边界为限，达到目标、价值取向和行为标准的统一。相反，在企业中大量充斥的是个人利益与企业利益的矛盾、个人理性与企业理性的冲突，个体自由和集体意志的分歧等，这些矛盾和纷争时时威胁着企业整体性。企业固然可以通过多种工具性手段消除它们的负面影响，但效果极为有限。因为要想消除企业中的“离散失责”，还需要从最核心和关键的环节入手，达成企业与成员目标的重构，促成他们价值观念的“视域融合”。

这一目标重构层面的“视域融合”需要畅通企业与成员的沟通渠道。人并不是纯粹、不带有任何价值前见的主体，必然带有个体生活与文化观念的烙印，在进入企业时要求他们放弃全部的前理解是无法想象的。因此，必须正视企业成员作为文化个体的现实，用包容的心态接纳他们身上的文化印记，在肯定他们所具有的交往理性的基础上，倡导企业内全体成员主体间文化传统、价值观念的交融。“这样一种自身置入，既不是一个个性移入另一个个性中，也不是使另一个人受制于我们自己的标准，而总是意味着向一个更高的普遍性的提升。这种普遍性不仅克服了我们自己的个别性，而且也克服了那个他人的个别性”❶，使一切东西都在整体视野中重新审视和修正，通过对话与理解达成主体间目标和心灵的交流与重合。

❶ 伽达默尔．真理与方法（上）[M]. 洪汉鼎，译．上海：上海译文出版社，1999：391.

第八章　重建基于参与身份的社会责任文化

主体间性视野下企业社会责任文化的认同可分为以下三个层面。一是经验层面上的认同，成员通过在企业场景中频繁、深刻的交往和互动而就企业中的基本责任信念、价值观念和责任承担模式达成共识，并将这些共识进一步提炼和升华，使其成为文化认同指向的基本假设的深层来源。成员在面对这些精炼于协商共识的文化假设时，突破自身心理上的抗拒，转向对企业相关深层假设的接纳。二是建构层面上的认同，成员在体认、赞同责任文化基本假设时，在自身目标与企业目标分立、匹配和重构的转变过程中，逐渐确立对企业的归属和责任担当意识。但是，归属意识和责任担当意识需要立足于业已取得的企业成员资格，以叙事性分析为视角，从时空连续性演进层面考察责任文化参与的具体细节，并在文化参与意识引导下把握和阐释企业责任文化承载的符号意义和职业伦理精神，才能建构形成基于成员参与身份❶的企业社会责任文化氛围。三是社会渗透方面的认同，在企业所有成员广泛接纳责任文化时，企业从整体上完成对社会责任的体认，即企业对社会责任的主体性认知和其他社会主体的他者身份，通过与社会文化的对话实现与政府、社会组织的互动，切实提高企业的社会绩效和社会责任践履能力。

第一节　叙事性与责任文化参与身份

成员对责任文化的认同不会只停留在内化企业文化基本假设，接受价值观念、思维方式、行为准则等方面，还会进一步以企业为参照描绘个体的自我认同和对企业的社会认同，获得可以参与责任文化建构的机会。文化参与身份既是成员拥有参与企业文化权利的写照，也是成员主体性的极大显现。细化职责内容、确立考核指标、多元化考核方式等手段，都或多或少地带有强制性，因此，要想确定成员的责任文化参与身份，不仅需要外在奖惩手段的使用，而且更需要以一种代入式的、具有集体记忆般感召作用的叙事性方式，才能使企业成员更多感受到自身承载的职责和社会责任。

一、叙事性方法的引入

以叙事话语分析企业中成员建构文化参与身份的过程，意在还原、再现甚

❶ 企业中的文化认同超越了社会认同理论的“分类—认同—比较”三个环节的分析框架。因为社会认同理论仅从一般意义上界定了成员的群体资格，并未将企业独有的文化特质与成员身份衔接起来。笔者认为，企业社会责任文化认同关键在于如何使成员成为文化的参与者、社会责任的担当者，用企业文化情境建构的成员文化身份，使它们更能受到社会责任的熏陶和感染，成为社会责任积极、主动的载体。

至建构企业文化认同的现实情境。这一叙事方法的运用得益于人们对叙事内涵的认知日渐深入。

对叙事的最初理解就是故事，即“叙述在一段时间内，或者更确切地说，在一段时期间发生的事件”❶。作为文学、文化理论的常用概念，叙事意在讲述人和自然界曾经或正在发生的事情。叙事性方法作为日常生活世界的通行逻辑，与科学解释事物的方法不同。科学理性无可避免地把事物置于因果关联之中，考察致其发生的原因和由其导致的后果。而叙事性方法则往往以时间转换和日常性逻辑为线索，陈述一事件如何牵引出另一事件。正如福兰克·克莫德所言：“我把钟表的‘嘀嗒’作为我们所谓的情节的模式。一种组织，它赋予时间一种形式而使它具有人的属性。”❷实际上，“嘀”和“嗒”本身并无因果关联，相反它们指代的都是钟表行进中指针波动一次的声音。但是，这一从“嘀”到“嗒”的结构设计，却细致描绘了时间逝去的过程。这种以文本重新书写时间序列动态行为的方式被其他学科广为借鉴。在历史学中，叙事就被用作一种书面文体来解释历史的发展进程，即历史学家用一种充满细节的故事形式描绘人类历史中有顺序的变化。需要强调的是，这些对叙事的界定尚未认识到叙事本身具有的建构性意义。

正是基于这一认识，学界也对原始、朴素的叙事性方法进行了改造。沃尔茨基（Waletzky）就提出：“叙事将被视为一种重演过去经历的手段，具体地说，用于建构与过去经历的时间顺序相匹配的叙事单位。”❸❹从这一界定可以看到，

---

❶ 阿瑟·阿萨·伯杰.通俗文化、媒介和日常生活中的叙事[M].姚媛，译.南京：南京大学出版社，2000：4.

❷ 乔纳森·卡勒.当代学术入门：文学理论[M].李平，译.沈阳：辽宁教育出版社，1998：87.

❸ Labov W，Waletzky J. Narrative Analysis：Oral Versions of Personal Experience [A]. Essays on the Verbal and Visual Arts [C]. ed. by J. Helm. Seattle：UWP，1967.

❹ 杨芳.叙事认同的建构[J].赤峰学院学报（汉文版），2010（1）：125-126.

叙事不再平面性地讲述已经发生过的历史事件，而是采用重现方式再现经历的连续性事件，从而使解读者能够回到历史情境中重新体悟和感受。

笔者认为，叙事并不仅是以故事形式再现和重演（讲述历史故事），它还是社会生活展开的一种形式。社会生活本身就是故事化的，社会中的每一个人都主动或被动地谋划于生活的叙事之中。叙事性指代的社会性、历史性和关联性都成为建构社会生活的基本材质。学界也将叙事与认同结合起来，把叙事作为基础维度建构认同。

萨莫特就认为，叙事包括本体叙事、公共叙事、概念叙事和元叙事四个方面。本体叙事是社会行动者用以理解和指导他们生活行动的故事，通常被用来界定“我们是谁”。公共叙事是指依附于文化和体制形态的叙事，范围较广，既包括家庭的叙事，也包括工作场所、教会、政府和国家的叙事。元叙事建立在一些抽象的概念和解释图示基础上，通过对这些主导叙事（如进步、衰退、工业化、启蒙运动等）的加工，时代发展和变迁的历史进程。例如，从封建的传统社会走向工业化主导叙事就是元叙事植根于社会理论的例子。概念叙事则是指社会研究者建构出的概念和解释。运用这些词汇可以在时空中重建和规划历史行动者的本体叙事和关系，指导生活中公共和文化叙事，并分析这些叙事与其他社会力量的贯通等。❶他还指出，本体叙事、公共叙事和元叙事都具有一定的时空界限、因果性的情节化、人物，以及他们的行动等叙事的一般要素；而概念叙事作为分析的范畴，如同社会、文化等一样并不带有时空性，因为作为社会科学研究的工具，它们被有意识地抽掉了本身所具有的历史性和关系性。在这里，萨莫特以展现对象丰富内涵的方式把叙事与人的日常生活世界结合起来，建构了审视周遭环境的崭新视角。虽然笔者也对概念是否具有叙事性问题持保留意

❶ 玛格丽特·萨莫特．认同的叙事构成：一种关系和网路的路径 [A]. 李林艳，成伯清，译．周宪．文学与认同：跨学科的反思 [C]. 北京：中华书局，2008：31-54.

见，但值得肯定的是，这里有一个非常重要的思想：社会生活、社会组织、社会行动和社会认同都是叙事性构成的。

法国学者马丁也强调，“认同是一种特殊的叙事形式，其情节可以被重组”[1]，认同在与过去、空间和文化的关系中展开，并得到诠释。在马丁的分析框架中，文化也被理解为可与历史并列的一种意义和智力系统。这意味着历史并不包含在文化的范畴之中，仅仅从狭义层面来看待文化的内涵。笔者虽然反对将文化概念做包罗万象的泛化，但主张历史传统、习俗惯例等内容无法脱离文化母体，过于褊狭地理解文化，就会使文化丧失对具体行动的指示能力。因此，笔者对马丁的观点进行了修正，认为应当恢复历史传统和行为惯例在文化中的位置。

由以上分析可知，叙事以时间序列为基准展开，强调把认同情境的诸多事件和片段以历史性和连贯性的方式组合于企业情境中。认同的叙事维度假定，只有在我们认识到行动者置身于一定的公共叙事和关系场景中时，才能理解他们的行动。也就是说，人们的行动受到所处的结构和文化关系的影响，只有从他们建构的关于自我连续的生活片段、关系中，才能真正理解企业及其行动者。

二、基于成员“在场”的文化参与身份

“身份”一词的含义颇为丰富，由于笔者力主分析的是企业成员的身份，不仅强调他们“是其所是”的独有品质，更强调他们对群体的归属及在群体中所处的位置和扮演的角色，所以此处的“身份”应对译为“membership”，表明成员群体身份的关键点：它不是孤立品格的说明，而是成员群体性和在场性的显现。

[1] 张旭鹏．文化认同理论与欧洲一体化 [J]. 欧洲研究，2004（4）：66-77.

1936年，拉尔夫·林顿对身份做出经典界定："身份是在特定社会结构模式中所占据的一个位置。"❶身份意味着社会等级、权利、权力、利益和责任，主要包括在社会上的位置、在等级制度中的位置、一种继承来的社会地位、任何一种用客观的特点（如职业）的地位、声望、权利和义务的集合。任何形式的身份都不可能孤独呈现。源自于个体性的身份还需诉诸群体的认同才可生效，没有关照对象的个体根本无法形成关于身份的独特认知。简单来说，身份具有双重性：一方面"指向的是某种自我认同的同一性和这种同一性标示的独特标记"❷,另一方面也体现了个体与参照群体社会关系的建构。在日常生活世界中，个体由于扮演多重社会角色，必然获取诸如政治身份、文化身份、人伦身份等多重身份，用以综合说明个体在社会中的具体关系和实际状态。在多重身份中，建构于文化情境中的文化身份，"反映了个体和社会与文化模式之间的历史关联性和现实互动性"❸，是个体受参照群体文化特质影响所完成的文化定位。企业情境中的文化参与身份实为成员与企业间形构的一种文化关联，它体现为企业成员所具有的一种文化归属，即在认知、判断和情感上均把自己视为企业的一部分。

值得强调的是，身份也存在个体接纳群体理念的界限。个体不会无限度接纳相似之物，一旦突破了临界值，个体会产生警觉，与他者区分开来，甚至返回到自身，脱离群体身份。所以，所谓身份认同，即"处在某一群体中的个体，主动建立一个认知和表达体系，在自己是谁、自己是做什么的、扮演什么社会角色、遵循什么规范等问题上，形成清晰的主体意识并表现出相应的主体行

❶ 李强.当代中国社会分层与流动[M].北京：中国经济出版社，1993：2.

❷ 陈庆祝.全球化时代文化身份的构建[J].理论导刊，2008（11）：41-43.

❸ 翟石磊，李川.身份认知与文化维度——中美文化背景下的集体主义和个体主义对比研究[J].哈尔滨工业大学学报（社科版），2010（12）：37-43.

为”❶，只有在个人和群体对立、协同与转化这一不断往复的反复过程中才能得以实现。正如亨廷顿所言："为了建立关于'我们'的认同，必须寻找对立面，即建构"敌人"，从对"敌人"的想象中寻找我们自身的想象。"❷因此，要了解人的企业行为，就必须了解人们在企业社会责任履行过程中如何建构自我身份和群体身份。

企业文化参与身份的认同则关注在社会责任文化参与过程中，成员既作为文化主体参与企业历史的创造和传承、参与社会责任的实践活动，又作为文化客体接受企业社会责任文化氛围濡染，而形成的"我与企业应承担的社会责任是什么、我与企业承担的社会责任有怎样的文化关联"等认知。他们也由此在文化想象中将自己的责任与企业的责任联系起来，与企业建立深切的价值、情感关联。企业情境中社会责任文化参与身份的认同，绝不能仅仅通过把成员划拨到具体工作部门或岗位就能实现，而是需要使他们能够卷入式地融入创造良好工作环境、提供优良产品、诚信履约、服务社区、扶助弱势群体、保护资源环境等社会责任活动中。只有强调成员持续地参与到社会责任文化构建中，才能完成从协商共识到文化基本假设提炼，再到以企业为参照确认自我身份。可以说，文化参与身份的获得是一系列主动参与、实际在场、深度介入后的结果。

成员也不仅仅作为企业社会责任文化的服务对象，而是把自己融入企业社会责任文化体系，在与企业的相互参照中，界定自己具有企业成员身份后应秉承的责任边界；而企业社会责任也以成员的支持与体认为依托，从企业高层到普通员工都能够充分展现自身参与社会责任实践的具体行动，从而形构企业和成员社会责任文化的同一。这一双向互动过程使企业社会责任文化找到了具体、

❶ 罗拾平．非营利企业专职人员身份认同与专业化研究 [J]. 甘肃行政学院学报，2008（6）：110-118.

❷ 亨廷顿．文明的冲突与世界秩序的重建 [M]. 周琪，等译．北京：新华出版社，2002：20~21.

生动、极具现实性的责任主体，其正当性获得了充分的理论支撑。那么企业与成员的交互参照如何展开？社会责任文化参与身份又如何获取？

文化参与身份的认同多在与企业、企业文化的叙事结构中实现。吉登斯就曾指出："个人的认同感不是在行动之中发现的（尽管行为很重要），也不是在他人的反应之中发现的，而是在保持特定的叙事进程之中被开拓出来的。……它表现为持续地吸纳发生在外部世界中的事件，把它们纳入关涉自我的、正在进行着的'故事'中。"[1]也就是说，认同无法离开叙事性的日常生活世界，唯有在与外部性事件的持续对话及历史的连续性中，个人才能建构、解释和阐明自我的身份认同。其实，个体之所以能以企业成员自居，是因为他们已经置身或被置于企业的叙事当中。正是这些交叉、纠结的叙述性事件或活动线索，使成员找到其在企业中的位置，将自身编制于企业的意义之网。

三、责任文化参与身份的叙事性展开

叙事性主张采取一种时间连续性视角分析问题，即通过把对象置于动态、连续的时间序列来把握其属性和本质。这对企业文化认同的考量颇有启示。企业抑或个体都不是静止的，它们在以时间为线索展开的有关企业产生、发展、繁荣和衰落的谱系中发生着大量的交互作用。离开了这些直接经验式的交往活动，概念上、逻辑上企业和个人的关联性只能陷入一种虚空。然而，令人忧虑的是，这些鲜活的惬意情节往往在理论研究中被当作无意义的东西而从企业分析中剔除，只剩下空泛的企业理论架构而与管理实践渐行渐远。企业文化认同分析中叙事性方法的运用，就是要使企业文化回归到鲜活的企业生活，使其在具体中不断丰富。

[1] 安东尼·吉登斯．现代性与自我认同 [M]. 赵旭东，方文，译．上海：三联书店，1998：60.

一般而言，认同往往强调认同者和认同对象的相对稳定性。正是二者相对稳定的体认关系，使认同关系得以现实化和巩固。但企业中的认同者——成员和认同对象——社会责任文化假设并不能在真空中相互承认。它们经验性地交互作用于企业的具体场景中。企业内部以时间为线索发生的诸多种事件片段，也自然而然地穿插于成员对责任文化假设的接纳过程。换言之，正是由于成员参与了企业履行社会责任过程中的多种事件片段，他们才对社会责任文化假设的认识逐渐加深，并在协商处理经验问题时得到磨炼。这样一来，不仅社会责任文化假设对于成员的陌生感被大大消除，它也可以更容易地与成员的职业生活相契合，更易于让他们接受。在这一过程中，成员也会以企业为参照，逐渐把对企业、对社会的责任感写入他们的自我认同，获得与企业相融的文化身份。实际上，以叙事视角展开的文化参与身份，就是把身份认同过程与企业成长、企业社会责任践行过程相结合，以发展的观点把企业的责任事件片段整合于一种连续的社会性和历史性当中。成员为企业厚重的责任文化传承所感染，参与其中并成为企业文化不可分割的部分，才能更好地取得文化参与身份。文化认同在叙事性时空关系中按以下方面展开。

首先，责任文化的叙事性认同强调对企业传统、社会责任践履实践的体认。

现实生活中，企业虽总要面对自身的变化和环境的变迁，却从未遭遇无法识别自身或他者的问题。这就表明，即使企业及其成员在形式上发生流变，可在变动中它们却一直保持了能够成就自身的“本真性”，“是其所是”得到了延续和传承，从而在日常生活世界呈现出稳定同一的状态。

企业作为经济实体承担了满足社会物质需求的重任。企业从最开始的手工作坊，到工场手工业，再到现代工厂制和全球化时代的跨国企业，在形式、数量、规模、生产技术、雇佣人数、从业范围等方面都发生了翻天覆地的变化。从产生那一天起，企业这一名称所指代企业实体虽已经历了无数的兴衰变迁，但这一企业形式却被保留传承下来。无论中世纪工场的手工劳动，还是福特公司现代化的生产流水线，企业都一直保有着以目标为核心聚集人力和物力资源，达到规模效应的核心本质。企业实际上与社会具有天生的关联性。企业在叙事性时空序列中保持了其相对稳定的本真性。这种容纳在时空情境中的本真性固然可以呈现在企业与社会、个体等概念的逻辑分析中，但如果只停留在这个层面，那么它就仅仅是一个抽象、干瘪的概念。

所以，需要把企业具体还原到它肇始、勃兴的历史情境中，把它作为研究对象从被剥离的社会性和历史性重新恢复出来，使企业展现出更为丰富的层次性和立体性。运用叙事性方法考察企业可发现，在物质环境和人员更迭的过程中，唯有企业独特的文化痕迹会被保留下来。这些文化痕迹来自企业多年发展的历史，曾经和正在这里工作的成员，以及企业的风俗、习惯和精神状态，它们以一种共同的集体记忆形式，朴素、如实地记录了企业发展和个体成长的历程，成为他们共同使命的文化源泉。

因此，在时空连绵伸展的场景中，特定企业不再是僵硬结构和严厉制度规范的结合体，而成为一个血肉丰满、有深厚文化底蕴和社会责任意识的参照实体。成员在与企业的交往中会投入与企业共同集体记忆的建构。这是成员形成对企业责任感的序曲。能够承载企业文化历史传统和社会责任践履的形式有很多，既包括对企业社会责任实践参与的书写文本，也包括将行为传统凝固化的习俗和惯例。在这些具有深厚时间感的因素安排在社会责任文化的叙述性情节中，成员可复归于企业产生发展的历史背景中，了解、熟知企业发展的重要转折，回顾参与的社会责任实践活动，以及追忆杰出人物的责任担当等。这一由关键节点拼插起来的文化事件，有助于恢复与挖掘企业和个人共同成长中的集体记忆，帮助成员找寻参与文化传承和延续中的自我映像，发现他们对企业建构和完善的意义，也会使成员对社会责任文化的参与性得到切实的保障。

其次，成员在充分展开的文化仪式等交往活动中建构参与性。仪式是一种动态的行为组合，为企业成员提供较大的参与空间。仪式通常是“象征性的、表演性的、由文化传统所规定的一套行为方式”❶，在特定群体的文化沟通、整合、秩序强化方面具有天然的优势。迪尔和肯尼迪率先把仪式从宗教学、文化人类学界域中引用到企业管理领域。

迪尔和肯尼迪不仅把仪式引入企业文化领域，还对企业情境下仪式的内涵做了界定：“仪式是公司日常生活中一些系统化和程序化的惯例。”❷而且每种仪式背后，都有企业文化的核心信念作为支撑。如果没有了这种联系，那么就是普通的惯例而非仪式。这就为责任文化认同找到了可以切入的企业行为环节。

企业社会责任文化强调企业与所有相关社会主体共同来完成分内之责，是一个多层次、可互动的文化体系。企业社会责任理念使成员对于职业的认知远远超越了任务、工作、个人或企业内部利益视角，为每一名成员提供了一个通过日常工作找寻生活意义的通道。❸因此，社会责任文化认同强调成员参与身份的确立。这种参与并不仅仅是成员与企业行为关系的建立，还需找到具体的、可实现的参与节点。前文成员在叙事性框架下对企业文化事件的参与可为其一，但不应止步于此，成员还可参与到企业内外部多种彰显社会责任的交往活动中，如成员对企业不道德行为的态度、企业对工作环境的改善、企业对社区的捐赠等。这些活动的内容可依据企业的主营业务、利益相关者的需求而各有不同，并受到企业正常生产行为及社会责任活动规模、资源的限制，不可能使所有成员都能参与其中，因而就需要摆脱具体社会责任活动的内容局限，找寻

❶ 郭于华．仪式与社会变迁 [M]．北京：社会科学文献出版社，2000：1.

❷ 特伦斯·迪尔，艾伦·肯尼迪．企业文化：企业生活中的礼仪与仪式 [M]．李原，孙健敏，译．北京：中国人民大学出版社，2008：14.

❸ Aguinis H，Glavas A. On corporate social responsibility，sensemaking，and the search for meaningfulness through work [J]. Journal of Management. 2017.DOI：10.1177/0149206317691575.

到一种能够超越不同社会责任活动议题的通用形式，即兼具传承性和独特性的习俗和仪式。

成员对社会责任活动习俗和仪式的参与，实际上是对成员在企业社会责任文化中缺席状态的一种校正。在自上而下的精英型企业社会责任运动中，社会责任文化的基本要件如基本假设、价值观念、行为准则等均来自于领导层一手策划和掌控。成员在强大的精英文化体系面前只能消极接纳，即便他们参与了责任文化的具体活动，也往往由于无法在责任文化的精英话语体系中发声而失语。所以，叙事性文化认同强调成员的在场性，为他们搭建获得直面社会责任文化体系的机会与平台，不仅是企业开展诸多社会责任活动的"看客"，而且是具体社会责任议题的企业者、参加者、分享者和感受者。

成员在社会责任文化中的"在场"不仅仅是一种状态，更是一种参与的行动，一种在场景中的行动。成员要参与到形成集体记忆的社会责任文化瞬间之中，在新老成员的加入和离职仪式上，在物资、时间、服务捐赠的仪式中，见证责任文化基本假设的效力，分担文化建构任务，与其他成员建立亲密关系。

所以，叙事性视野对成员在场的关注是把社会责任文化的议题、参与环节、流程无遮蔽地显现过程，是对成员文化主体地位的强调与回归，可以为文化参与身份赋予丰富的企业认同内容。如果没有秉承叙事的视角，或者没有将这些事件片段放在连续性的视野中考量，就无法发现这些记录企业和成员个体成长的文化碎片的内在关联。因为正是这些文化碎片形构出的企业和个人共同的历史记忆和责任感，才使他们在过去的历史中结合为一体，在未来也有了继续合作、融合统一的可能性。

最后，以叙事性方式把企业共同责任愿景和个人责任愿景关联起来，推动成员认同。

"愿景"（vision）的内涵较为丰富，从字面上理解可指远景、愿望和目标，一方面带有期待性，即一种渴望实现的愿望和目标；另一方面也蕴含着可实现性。愿景虽不可能具体，但并不意指虚无缥缈、不切实际的愿望，而是与个人或企业实际状况结合起来的发展图景，带有一定的规划性和激励作用。根据所涉及的人员不同，愿景可分为个人愿景和共同愿景两类。个人愿景“是一个人心中或脑海中所持有所期望的未来意象或景象”❶,是与个体的内在需求直接关联的目标愿望。共同愿景是由美国管理大师彼得·圣吉提出而后风靡世界的。圣吉在《第五项修炼》一书中提出，成就学习型企业需要融合自我超越、改善心智模型、共同愿景、团队学习和系统思考五项修炼。共同愿景是“企业中人们所共同持有的意象或景象，它创造出众人是一体的感觉，并遍布到企业全面的活动,而使各种不同的活动融汇起来”❷。责任愿景则是对企业与个人承担的责任的规划与目标，企业对自身承担责任的清醒认识是其成员确认自身职责的前提。因此，企业先要对以集体形式承担的共同愿景做出明确界定，然后将其与个别成员的责任感与使命感相匹配，才能形成企业具有渗透力与影响的共同愿景。

愿景一旦涉及“共同”就需面对多主体参与的问题。共同愿景是以企业整体为特色的愿景表现形式，是企业范围内成员的共同愿望和图景。作为把一般企业凝练成学习型企业的黏合剂，它使个体摆脱各自的利益局限，获取共同渴望实现的目标，有助于提高成员奉献和投入程度。

共同愿景并不主张对个人愿景的倾轧。由于共同责任愿景是所有企业成员真心追求、深受鼓舞的，所以它必然由从个人愿景汇聚而成。圣吉认为，对共同愿景的关注植根于个人愿景。“有意建立共同愿景的企业，必须持续不

❶ 牛继舜．论共同愿景的构成要素与作用 [J]. 现代管理科学，2005（6）: 55-56.

❷ 彼得·圣吉．第五项修炼：学习型企业的艺术与实务 [M]. 郭进隆，译．上海：三联书店，1998：238.

断地鼓励成员发展自己的个人愿景”[1]，这一睿见修正了目前许多流行的以企业为核心和先导、把个人愿景消融于企业责任愿景之中的观点。立足于成员个体愿景的充分展现来实现共同愿景，这正是圣吉学习型企业理论的独到之处，他也充分考虑了成员在企业责任规划中的主体性地位。奠基于尊重和承认个人愿景的基础上，共同责任愿景才能走出空洞的理想性，变得更加生动、真实。

其实，圣吉共同愿景修炼的第一步就是“放弃愿景总是由高层宣示，或者来自企业制度化规划过程的传统观念”[2]。也就是说，传统由领导层策动、自上而下的方式无益于共同责任愿景的生成。因为这种策略型愿景往往是“官方意志”的体现，是成员噤声、听命的结果，并非从个人愿景中建立起来的。成员根本无法共同感知这一责任感和使命感，更不用说真诚的投入和认同了。所以，共同责任愿景的关键之处在于消弭官方意志对个人愿景的压制，使企业内的所有成员都对企业未来的责任和使命提出意见，使共同责任愿景与企业内的个人愿景连成一体，从而把“我的愿景”转变为“我们的愿景”。这就使成员确立了与企业相吻合的文化身份。

共同责任愿景的这一整体论立场强调了责任愿景的共有性和可分享性，“如果你我只是在心中个别持有相同的愿景，但彼此却不曾真诚地分享过对方的愿景，这并不算共同愿景”[3]。共同愿景来自于企业成员的共同关注。只有当他们真正共有愿景时，共同承担社会责任的愿景才能真正发挥出道德感召力，成为凝聚人心的力量。因此，愿景需要企业成员的多方参与并协商达成共识。

---

[1] 彼得·圣吉．第五项修炼——学习型企业的艺术与实务 [M]．郭进隆，译．上海：三联书店，1998：244.

[2] 同[1]：246.

[3] 同[1]：238.

企业情境中的叙事往往将成员与企业共在的经历作为一个有意义的整体来呈现。在这一交互作用的整体中，成员间的责任意识和使命感融汇在一起。所以，企业共同责任愿景对个人愿景的容纳，为个体取得参与企业责任文化的独立主体身份奠定了基础。但个人愿景产生、成长为共同责任愿景的过程不是一蹴而就的，需要成员在文化想象中，把企业和自身关系进行时间序列的切分，发现其与企业在社会责任实践延续中的关联，清楚界定和把握自身在企业中的地位，从而使个别人的愿景成长为共同责任愿景。在这一过程中，成员参与企业社会责任活动的事件片段越多、在企业中供职的时间越长、与企业形成的历史积淀和集体记忆越丰富，就越会形成一致性较高的共同责任愿景。因此，扬弃共同责任愿景的高度抽象性，将其化约为叙事方式阐释出来，便可缩短愿景与现实的差距，使共同责任愿景获得成员更大的支持。

运用叙事性方法来纾解责任文化参与身份，强调社会责任文化及其参与是可以时间为轴线推进和变化的。文化即便受制于狭小的企业境遇，其本身却还保留着历史性展开和传承的特性。恰恰由于企业文化可被以时间序列为线索的历史文本所书写，企业关于社会责任的文化理念才能在企业的不同发展阶段、新老员工之间传播和延续。另外，文化参与身份论证中叙事性方法的运用，也进一步重申了企业文化的开放性。以时间序列展开的叙事性探究表明，企业文化虽以历史传统为旨归彰显了各个企业独有的文化品质，但它并不封闭，具有相同境遇的企业间可以进行文化形式的通约和借鉴。

运用这一方法检视沙因的企业文化理论发现，沙因理论作为功能主义视角企业文化研究的典范，关注企业文化在内部成员间的传承及其对企业一致性、凝聚力等方面的功能性意义。这种完全面向企业内部的建构方式忽略了企业文化本身所具有的开放性，使个别企业甚至企业中个别群体中的企业文化趋向保守。而叙事性方法建构的企业文化理论则更注重成员在企业文化中的在场性，认可他们文化参与在价值层面重于其功能的发挥，进一步修正了功能主义文化理论，是人本主义管理思想的集中体现。

第二节　文化参与的责任意义诠释

成员不仅通过追忆、叙事等途径参与企业历史性、关联性的责任文化传统演进历程，而且还需介入企业文化生发、阐释、传递的文化表征和意义诠释过程，并以对劳动操守的认同建构职业伦理精神。只有这样，才能使成员无论在理论上还是在实践上均参与到责任文化氛围中，成为社会责任文化参与的主体。

一、文化参与和文化表征

就其本性而言，个体的文化参与并不是他们与生俱来的能力或属性，而是个体进入企业边界后，在与企业及其他成员的文化互动中逐渐形成的。这种文化互动既包括企业及其成员劳动产品的互换，也包括在日常生活中他们思想、价值观念的交流。然而，成员对企业社会责任文化氛围的感知并不能通过心灵上的互感直接获得，而需通过解读企业中多种多样与诸多利益相关者交往互动的图像、声音、文字、标识和活动等符号及其意义，逐渐感受和体悟。这些代表和承载责任文化的符号形式构成了企业社会责任文化的表征系统。

企业社会责任文化的表征系统内容十分丰富，包括标识、口号、仪式、物质环境与要素、制度及行为规范等。这种呈现企业社会责任文化的方法来自于历史悠久的企业文化象征理论。该理论就主张运用一系列象征性符号来表达和彰显企业的文化特质，从而使成员和社会公众对企业文化形成具象化认知。从迪尔和肯尼迪《企业文化——企业生活中的礼仪与仪式》中的“英雄”“仪式”

到霍夫斯坦德理论中的“符号”“礼仪”，象征符号潜移默化地发挥作用，累积于企业的成长和实践中。

究其本源，表征是当代文学和文化研究中一个非常重要的概念，来自对英语词汇 representation 的译解。表征总是以某种方式将人或物加以本真性的描述和形象性再现，指“制造符号以代表意义的过程与产物。……是在一切有效的意指系统内形成意义的社会化过程”❶。这表明，表征实际上是通过符号将其指代的意义呈现甚至建构出来的过程。符号是表征的媒介和方式，而意义的建构才是表征的终极指向。

作为表征自在言说的指向，文化成为意义的海洋。正如威廉斯所言：“文化是对一种特殊生活方式的描述。这种描述不仅表现艺术和学问中的某些价值和意义，而且也表现制度和日常行为中的某些意义和价值。”❷表面上，成员依赖由企业文化编程塑造的道德规范、价值判断和行为准则所建构的文化表征系统，社会性地徜徉于企业文化氛围中。然而，成员的交往活动正是意义的真正来源。在企业情境中，成员总是以评价和解释的目光审慎看待周围，在与其他成员、中高层管理者，以及企业的供应商、消费者等他者的对话、协商甚至对抗中，建构责任文化的意义和价值观念系统。

众多的文化研究者均指出，企业文化拥有自己独特的符号表征和意义沟通系统。沙因的企业文化理论包括标识、服饰、建筑等人工制作物，并指出企业结构、规则、行为模式和沟通方式均可作为文化深层假设的外在表征。换言之，文化内在的基本假设只有以外显为载体，才能把文化的基本理念呈现出来，并在外显中得以修正和完善。

阿奇（Hatch）在沙因文化理论的基础上，更明显地植入了象征符号

❶ 王晓路，等．文化批评关键词研究 [M]. 北京：北京大学出版社，2007：166.

❷ 刘象愚．文化研究读本 [M]. 北京：中国社会科学出版社，2000：126.

（symbols）❶。象征符号是一种典型人工符号，它的独特之处在于这类符号与指代对象之间的关系不是必然的因果联系，而是人为设定的象征意义。阿奇(Hatch)在强调外显本身并不能与企业文化发生自然衔接，而需要开发它们的象征意义，把它们与企业的深层假设关联起来。也就是说，完成了象征化过程，外显才能获取象征意义，成为企业文化的代表。

阿纳特·拉斐尔（Anat Rafaeli）和莫妮卡·沃林（Monica Worline) 则认真考察了企业文化中可观察到的象征符号，提出："象征就是组织中可见的物理表现，同时也是组织生活的指示器。象征对于组织具有重要意义。这些意义是由文化、社会习俗等所确定的。在我们的定义中，象征是一种特定的事物，这种事物可以通过感觉来体验，被组织成员用来赋予某种意义。象征通过视觉、声音、接触、嗅觉等途径来引起人们的注意。象征是一种真实的经验，并且会产生明显的组织结果，组织设计、组织面貌和组织成员的服饰等都是象征的例子。"❷

由上述三位企业文化研究者的观点可知，企业文化研究日益重视利用象征化手段把企业内部的多种符号赋予象征意义，使它们成为企业文化的象征性代表，从而极大地丰富了企业文化的表征系统。

其实，企业文化表征体系中意义传达的符号多为象征符号。因为该表征体系中符号与文化意义之间并无内在因果关联，多为企业及其成员积极建构的结果。如海尔集团的标识等符号行为与"真诚到永远"核心理念、中国福利彩票与"信用为本、责任在心、造福在民"的象征性关联就是人为赋予和建构的，

❶ Mary Jo Hatch. The Dynamics of Organizational Culture [J]. The Academy of Management Review，1993，18（4）：657-693.

❷ Anat Rafaeli，Monica Worline. Symbols in Organizational Culture [J]. The Handbook of Organizational Culture and Climate，1999. 转引自冯云霞，廖飞．试论企业文化的有效管理 [J]. 外国经济与管理，2004（4）：8-12.

这些符号可称为“象征符号”。通过象征符号的互动，企业社会责任文化的深层意义得以显现。从这一意义上说，隐匿在企业深处的文化独白没有任何现实意义，需要通过日常性、生活式维度叙事性地展现于成员面前，并获得他们的积极认可和参与。

二、文化参与和责任意义生产❶

自我认同的身份到底来自何处？它不在个体之内，如果缺少必需的参照体系，孤独主体的独白毫无意义，那么只能来自于自我和他者的交互作用。但个体的文化参与身份并不是基于自我和他者的简单区分，而是在对“我”与“非我”关系的叙述中逐渐取得的。个体在企业情境中的存续构成了企业生活的现实场景，在企业以个体为因子形构自身同一性的同时，个体也以企业展开的叙事场景为依托，描述自我与企业的关系。这种交互作用往往以企业中对文化符号意义的生产和传播为媒介。正如格尔兹和韦伯认为的那样：“人是悬挂在由他们自己编织的意义之网上的动物……文化的分析不是探索规律的实验科学，而是一种探索意义的阐释性科学。”❷我们就是在找出企业社会责任文化的阐释方式，一种责任背后深植的意义的社会表达方式。

企业社会责任文化最显要的特征就是，对展现文化特质的象征符号及意义的创造和再创造。日益丰富的象征符号和意义表达促成了文化表征系统繁荣。但值得注意的是，表征虽然强调对思想和经验世界的再现，这一呈现却并不能完全客观。由于编码者所处的立场、采用的方式手段不同，建构出的意义往往大为殊异，也会带有很强的主观色彩。换言之，表征并不为文化中的特殊人群

❶ 颜冰，李圣虎，郑克岭．论基于文化表征与意义诠释的企业文化参与 [J]. 赤峰学院学报（自然科学），2012（4）：52-53.

❷ 克利福德·格尔兹．文化的解释 [M]. 纳日碧力戈，等译．上海：上海人民出版社，1999：3.

所专断，支配与被支配、强势与弱势等对立双方都可以根据自身需要对表征系统进行建构和解构。虽然理论上如此，但是在责任文化表征的建构中，编码者经常受到既有思想观念的支配，对图像、声音、文字等符号形式进行有意或无意的筛选和加工，所以责任文化表征系统必然包含了“谁在加工”“为了谁的利益加工”等指涉倾向。也就是说，表征系统内隐着一定的支配与被支配的关系、权力和话语倾向。关于企业对社会责任的践履并不是简单地拨出大量人力、物力资源或者金钱发放或投入给特定人群，而是需要通过事前的深入调研了解利益相关者的需求。评定这些需求的有效性及企业能够满足需求的程度，确定出能够满足的需求的先后次序，在企业内甄选可以完成该工作的成员，进行履行社会责任的计划及实施方案，协调企业内外部资源统筹配合，最后把企业对利益相关者的尽责之心落到实处。企业践行社会责任的这一流程当中每一环节涉及调查报告、文案、计划、人员甄选原则、支撑为需求排序的价值理念等，都是企业社会责任文化帮助成员建构责任感和使命感的重要表征。

然而，企业情境中对责任文化意义的建构往往带有精英文化意识形态的色彩。作为企业的代理人，他们在建构文化表征体系时具有普通成员无法比拟的优势，往往把表征与企业中的意识形态、权力结合起来，建立一种充分表达支配性群体意见和利益的文化体系。在强势的文化压力下，普通成员的话语权被剥夺，只能沦为责任与使命等意义的简单接受者。然而，在这一互动关系中，成员并不会永远平静接受“被对话”的状况。他们在能力所及范围内对主流的价值取向和文化意义进行选择性理解和记忆，从而消解权力精英文化渗透的威力，使企业社会责任文化对成员的激励与引导效力大大减小。因此，主流与边缘、服从与对抗、封闭与对话一直是企业社会责任文化交往的恒久主题。

其实，“意义并不内在于事物中，它是被构造的，被产生的。它是指意实践，即一种产生意义、使事物具有意义的实践的产物。……意义是被表征的实践和

‘运作’产生出来的。它经由意指（也就是意义的生产）实践而得以建构。”[1]这就表明，要想重构能够得到普通成员赞赏并积极实践的责任文化体系，就要让他们以塑造文化表征意义的主体形式出现在责任文化的建构情景中，并获得表达意见的话语权。而这其中最关键的环节就在于成员对“通过表征产生意义过程”的参与。

第一，成员对意义的参与首先取决于责任文化界域向成员的开放程度。如果企业文化的意义建构之门仅对企业精英管理层开放，企业还坚持由精英领导层自上而下地以文化宣言的方式设定意义，无须成员介入的话，那么成员的参与也就形同虚设，并无实质性进展。因此，在企业社会责任文化建设中，平民化视角的选取是使成员获得文化参与身份的前提。

第二，成员参与责任文化表征的意义产生过程意味着他们能够对意义的内容和性质产生影响。实际上，在意义生产过程中，表征和意义间存在距离。当人们在表征与意义间人为建立联系时，其实就是在寻求二者的可沟通性，从而跨越它们之间的距离。而当人们选择以何种现象、事物作为表征的质料时，就已不可避免地融入了他们的价值判断。如果成员业已参与企业社会责任文化的意义诠释过程，那么他们也会拥有按照自我对责任文化的理解展现和再现企业社会责任文化情境的权利，从而使成员的意志得到关照和体现。

当企业要凝练责任文化的基本假设时，就会形成两种不同路径。一种是传统的自上而下的方式，即由领导者率先提出一个基本假设的语言表达形式，再由成员提出意见，进行修正。领导者开始在企业中宣传和推行这一价值观，而成员所做的事就是最大限度接受而已。另一种则是以普通成员作为责任文化基本假设产生的源头，即企业倡导成员参与责任文化基本假设的提出、凝练甚至

[1] 斯图尔特·霍尔. 表征：文化表象与意指实践 [M]. 徐亮，陆兴华，译. 北京：商务印书馆，2003：24，28.

实施过程，让每一成员均有机会表达其对基本假设的意见和态度，及其可能的语言表达形式。然后，成员成立内部文化的咨询小组，由他们对这些普通成员关注的基本假设进行筛选和梳理，从而确立初级的责任文化假设。此时的文化假设可谓成员发挥主体性、参与意义建构的结果。再将备选的初级责任文化假设提交给企业全体成员，他们可以采取投票、辩论等形式，从中确立企业最终秉承的责任文化假设。这一过程可能较为漫长，且因为涉及企业全部成员，操作和管理成本也会在一定程度上有所提高。但由于这一方式采用了一种把普通成员纳入意义生产的具体过程中，并使其充分表达了对意义看法和观点，这样确立的责任文化假设就已经走出了精英阶层的独断，而成为成员协商共识的产物，可以最大限度博得成员的认可、支持和践行。

在企业集体行动中，企业、其他成员，以及具有文化意义的一切社会责任担当行为，都成为展现在成员面前的“企业文本”，成员依据自己的“价值前见”行走其间，以文本书写者和解读者同在的双重身份，理解、评判、诠释和建构企业生活中履行社会职责的文化意义和价值观念。只有这样，成员才能真正清理精英文化的遗产，纠正其中的曲解和误读，以有效的表征系统阐述自身的文化诉求，正视自己的文化主体身份，表明平民化的文化参与立场，从而颠覆责任文化表征系统中对成员的忽略。

由成员自己书写的文化表征系统也可采取口号、标语等形式，但他们与精英文化主导下的表征形式已有了质的区别。因为精英文化策动下的基本假设需要经历成员的校验，以弥合二者之间的罅隙。而成员自主阐释和书写的基本假设业已站在了成员共识的基础上，使成员对责任文化假设的认同问题迎刃而解。

因此，对责任文化意义生产和创造过程的参与，是成员切实进入企业社会责任文化建构核心领域的重要途径，可以有效地改变成员被企业精英领导层边缘化的境地，他们的主体性地位得到了郑重而具体的认可，从而使企业社会责任文化理论的平民化诉求得以实现。

三、文化参与和责任伦理精神的回归

成员对表征系统意义生产过程的参与消弭了企业内基于权力、身份、地位等差异对文化参与机会和程度的影响，不仅充分彰显了企业对成员主体性的尊重，而且更是对目前企业文化精英化趋势的有力校正。这对挽回现代企业的交往困境、平复对企业文化合理性的争议较有助益。但是，成员对企业责任文化的认同不能仅仅停留在基于打开企业责任文化壁垒、使成员加入文化生产行为的表面性上，还需要深入挖掘成员自身对职业、岗位的态度和观点。作为企业职责的履行者，成员对职业的定位和判断，可直接影响他们在职业活动中的表现，进而也成为文化参与能否实现的关键。

随着科学精神的普及和企业巨大化趋势的发展，企业通行目标、结构、战略的宏大架构使人在企业中的地位日益极大萎缩。成员主体性地位的缺失一方面极大消解了他们投入企业生活的忠诚和热情，仅专注于谋求个体利益、而与企业建立简单的物质交换关系；另一方面也造成职业伦理精神的沦陷。不仅企业把成员视为达成企业目标的工具，成员也将自身视为服从生存目的的手段。为了生存而生存，为了利益而工作，他们在对物质因素粗朴的追求和满足中丧失了存在感、归属感和责任意识。企业从成员确证自我存在的方式、依据甚至道德标杆，降为困顿成员道德自由与责任行为的桎梏。在这种情况下，成员丧失了对职业的敬畏，职业伦理也被瓦解。所以，企业需要找到能够激发人劳动热情的文化特质，唤醒成员的职业伦理情怀，并将其内化于心智之中，从而促成职业伦理精神在企业及其成员身上的重现。

何谓职业伦理精神？职业伦理精神也可简称为“职业精神”，是以职业伦理为依托，基于所从事职业而产生的一种“尽责”工作状态和劳动精神。对职业精神的倡导，实际上是对职业本身所承载的责任和义务的强调，是一种全身心投入职业的精神状态。这里的职业并不是简单的谋生手段，而是个体道德生活的重要形式之一。这种对职业道德层面的定位与当今社会对职业的理解可能有所不同，因为其来自于职业最初的宗教含义。

在西方社会的宗教传统中，职业（calling）虽然存留在世俗社会，而本质上则是一种使命或天职，是世人响应上帝召唤，在现世的责任和义务❶。在此意义上，西方近代工业文明早期有个别开明的企业家或部分企业人士在自家企业中开展了伦理尝试❷。基于他们本人的宗教情结，许多商人在经营行为中保持了自制、自省、勤奋、尽职的个人德性，“在一个信奉基督教的国家中，宗教道德要求所有的人都正直无伪……尊重契约是商人们特殊荣誉的一个组成部分，也是与他们地位相称的。由于尊重契约，他们就比被看作没有道德准则的平民高出一截”❸。这是职业伦理发展的最初形式。

随着市场经济的发展，契约思维日益走入市场主体的视线。实际上，市场并不仅仅是物物交换的场所和空间，它还通过物的流通直接协调处理了人与物、人与人的多重关系。多元主体间不仅是交恶的背叛疏离关系，还是诚信和睦的互助关系，直接体现了市场中通行的道德原则。这一原则划定了市场交换行为的道德底线。一般企业及个体只有认真体悟市场的基本道德原则后，才能树立相应的市场意识，成为市场交易主体。因此，市场伦理的勃兴为个体职业伦理

❶ 马克思·韦伯．新教伦理与资本主义精神 [M]. 李修建，张云江，译．北京：中国社会科学出版社，2009：56.

❷ 李萍．企业伦理：理论与实践 [M]. 北京：首都经济贸易大学出版社，2008：43.

❸ 菲利普·迪里巴尔纳．荣誉的逻辑：企业管理与民族冲突 [M]. 马国华，译．北京：商务印书馆，2005：93-94.

植入了现代的市场理念。此时，个体的职业伦理以契约精神为核心，强调成员在职业活动中按照劳动契约的约定履行职责，奉守公开、信用的处事原则，处理企业和个人的关系，并不随意做出损害企业利益的行为。

实际上，在市场伦理运行机制中已孕育了对个体价值的肯定和高扬。现在企业以对独立个体的吸纳为其运行的必备基础。于是，具有自由意志的个体进入企业，获取了在企业中享有权利和承担责任的成员身份。这种对个体成员主体性的承认，在使他们得到尊重的同时，也为他们的职业行为注入了独立、责任、自由理念。但他们并没有意识到自身对于企业行为具有的参与能力和机会，可以说是市场经济下职业伦理的一点缺憾。

现代民主政治的发展，使民主、对话、协商等一系列原本只运用于国家政治生活的理念进入企业境遇。这些理念对企业生活的渗透，使成员间针对企业目标、行为标准等问题的对话、协商、质疑成为可能。成员在企业中日益具有了参与企业决策和行动的权能，这不仅彰显了他们主体性，更是他们与职业相契合的表现。实际上，企业中的行动决策只有经过成员商榷、辩驳，才能走出行动的可能性而拥有现实性。在这一过程中，成员也会对职业形成专业精神。这种专业精神使其能够把自身与所从事职业结合起来，并且能够运用社会认可的道德原则捍卫自己的职业行为。比如，法官在处理法律诉讼时，需要价值中立地贯彻社会一般的公平和正义，而不能以个人情感和一己私利影响职业行为，这就是职业所要求的专业精神。企业在生产经营过程中也要充分唤醒成员对职业责任的专注与热爱，其实，企业社会责任细化到成员身上时，已经转化为做好自己分内之事后，再力所能及地担当其他责任。换言之，成员认真、一丝不苟、本着做人的良知、企业的良心做好本职工作是企业履行社会责任的首要任务。只有把这份最基本的责任做到精益求精，才能使企业在担当完美承担经济责任、法律责任基础上，承担更多的社会期待和实现更多社会绩效。

所以，职业伦理精神并不一定是外在约束的成果，相反它来自于企业成员的道德责任的履行。然而，令人尴尬的是，虽然职业伦理精神一再得到重申，社会中却仍绕充斥着大量无良、无德的职业行为。这就表明，这些企业人并没有给予自己的职业及服务对象以充分的敬畏与尊重，也未形成一种“履责需尽责”的专业精神。

而企业社会责任文化的平民化视角对成员参与的关注，恰恰可以成为企业营造职业伦理精神的契机，在使企业成为具有高度凝聚力和一致性的精神集合体的同时，倡导成员对劳动操守和专业精神的认同，使他们在企业日常的叙事性活动中找到存在的意义和价值，获得基于企业境遇的存在感、归属感和担当意识。其实，成员对企业社会责任交往活动参与的意义就在于他们在职业领域内对伦理生活的回归，是一种对工作精神、劳动态度和职业操守的重新建构。

同时，成员对企业社会责任文化参与也应倡导他们对道德责任的担当。我们知道，以工作任务为核心仅是责任的初阶含义，这是成员对最基本的要求，履行岗位职责是成员在场的标记。作为交往主体，正是不断地与企业中的他者进行深度会话，成员开始立体地融入企业世界：通过对经验性直观的认知和反思把个人价值与企业价值衔接起来，萌生以“我企业”为标志的归属意识和职业忠诚，继而成为文化的创造者、传承者和反思者。例如，日本企业在第二次世界大战后广泛采用终身雇佣、年功序列和全面福利三大举措，成功打造了成员对企业的高度认同，促使员工自内心生发出贴近企业的强烈情感，全身心地投入职责行为中，“忠诚”“敬业”是日本企业鲜明文化特色。实际上，具有文化主体身份的成员对责任的理解早已超越原有简单的岗位职责，而是对日常行为中职业道德要求的全面践行和反思。在濡染、陶冶心智和思想情感的文化氛围中，企业文化中流淌的道德之义侵润成员的心灵，帮助他们确立正确的职业观念，形成对事业、对企业、对他人真诚的道德职责，使他们共同认知并确立自己职业在社会上的信誉和荣誉感，成为职业伦理精神的现实载体。

第三节 “政府—企业—社会” 社会责任文化体系

前文已分析，运用主体间性对企业承担社会责任文化进行考量的结果，衍生出企业社会责任文化认同的三条路径。其中两条指向企业内部：在企业体系内部，企业并不是承担社会责任的唯一主体，在委托代理运作模式下企业中每一名成员都是企业真正的社会责任承担者，只是由于他们在企业中处于不同职能结构发挥不同的文化塑造作用而已。社会责任的践履在企业内部就转化为成员主体责任意识的构建与担当。一方面他们率先做好自己的本职工作，努力为社会呈现质量优良、诚信有序、具有环保意识的产品和服务；另一方面，在自己的职能范围内，推动建立健康安全工作环境、提高供应链的“清洁”程度[1]、为社区提供服务、帮扶对弱势群体等社会责任有层次、有计划的实行。

企业社会责任文化的另一认同路径则指向企业之外：企业在履行社会责任时，需要把握主观意愿、企业责任联盟企业、政府及社会的交往界限，确立企业与政府、公众一道都成为社会责任践履的多元主体，在相互认同、尊重的前提下，建立能够发表意见、自由选择承担责任的类型、层次的交往平台，划分企业、政府、社会力量在社会责任不同层次上的作用层次与势力范围，从而营造出一个能够给企业更多呼吸空间、给社会带来更多公共利益，实现一种企业、社会和政府范围内可持续治理模式。因此，企业社会责任文化的认同路径是以企业内部成员主体性的充分高扬为前提。也就是说，企业内部已经形成一个成员认同并积极践行的责任文化，形成“政府—企业—社会”互动的社会责任文化认同体系，见图 8.1。

[1] 此处“清洁”的含义为企业还需要帮助上游供应商、下游营销商建立公平合理的维护企业员工利益的管理体系与利益分配机制，保障员工合法权益不会受到企业集团的集体压榨，尽力降低供应链上出现“血汗工厂”的可能性。

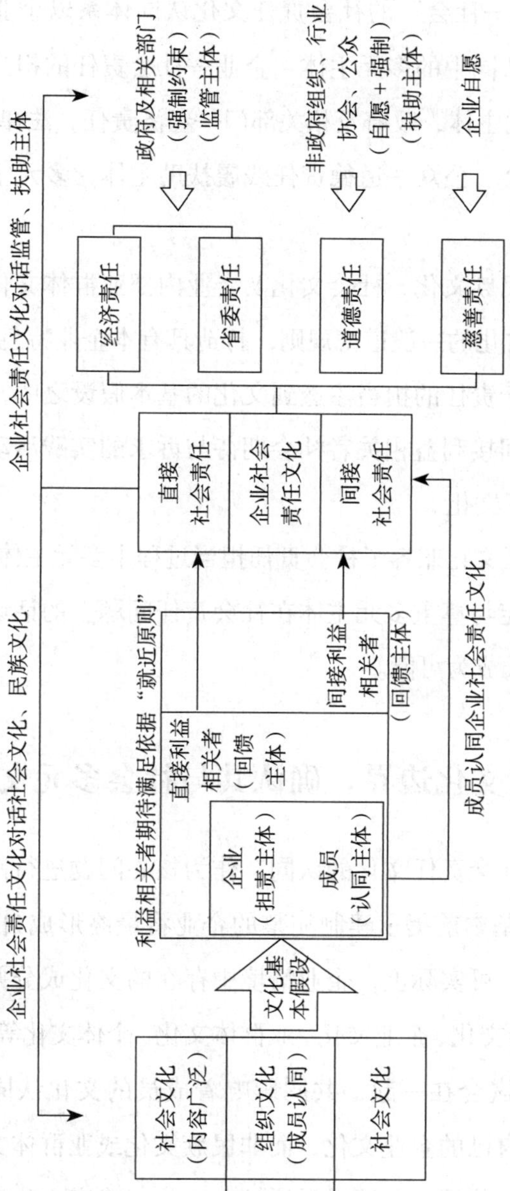

图 8-1 "政府—企业—社会"社会责任文化认同体系

（1）“政府—企业—社会”的社会责任文化认同体系以企业为核心，充分考量了社会责任文化认同中的多元主体：企业—社会责任的担当主体，成员—企业社会责任文化认同主体，政府及相关部门—经济责任，法律责任监管主体，非政府企业、行业协会、公众—道德责任践履扶助主体，多元主体共同助力企业担当社会责任。

（2）企业通过与民族文化、社会文化及企业内部亚群体文化的对话，吸纳民族文化特质、社会文化的一般道德规则，打造具有本企业特色的企业文化。

（3）当企业把对于责任的担当渗透到文化的基本假设之中，并结合企业满足直接利益相关者和间接利益相关者社会期待与诉求的实践活动，基本就可以勾画出企业的社会责任文化。

（4）企业社会责任文化兼容了社会责任担当过程中多元主体的交流、对话、与互动环节，充分肯定与尊重多元主体在社会责任问题上的话语权力，使他们的深度交往、共同成长成为可能。

一、划定企业文化边界，确认其与社会多元文化的关系

将“成员对企业社会责任文化的认同”作为核心问题进行阐释，就意味着预先接受了这样一个基本前提：建制完整的企业将最终形成自身明确、清晰、融合统一的企业文化。可实际上，企业情境中存在的文化成分并不单一，往往杂糅着民族文化、社会文化、企业文化、亚群体文化、个体文化等多种文化样态。这些文化特质交叠、嵌合在一起，共同影响着成员的文化认同行为。对成员而言，他们亟需认同自己的企业文化，而非民族文化或亚群体文化，却不能把成员封闭在企业文化的范围内，还需对话社会文化，确定文化参与过程中企业文化、民族文化、亚文化的边界，检视他们共在又不彼此冲突的条件，为维护与通行社会道德要求不悖的企业文化参与。

（一）企业与文化的边界及其融合

企业由于浸润在社会文化、民族文化环境中，又与具有文化创造力的人之要素相遇，注定了其与文化的纠结和不可分割。那么，企业边界与文化边界是否合一？成员作为文化参与者怎样才能称作进入了企业文化的界域？无论无意识的原生态文化还是有意识的建构文化，都无法回避这些关于企业边界与文化边界如何划分的问题。

就企业边界而言，学界对划定的原则、标准一直争论不休，学者们多从各自研究旨趣出发提出互不相同的观点。如科斯运用交易费用理论，对市场和企业进行划分，指出“企业边界的确定实际上即为交易行为选择在企业内或市场上（企业外）完成的确定”；普费弗（Pfeffer）和杰弗里（Jeffrey）从企业与环境的关系角度把企业的边界描绘为“一个企业终止的地方和该企业所处环境开始的地方”；资源依附理论则认为企业是协调、控制资源的权力发挥作用的势力范围等❶❷❸❹。一般而言，企业边界可分为物质边界和心理边界两种。物质边界指由企业占有的地域空间、规则制度体系等划定的、相对稳定的有形界限。物质边界不单划分了企业的内外环境的界限，也为企业安排了空间布局，更以职责描述的形式对内部层级结构进行了规定。除可见的物质边界外，企业在其成员心中还留存一种心理边界，即在企业条块分割的结构中，存在一种成员对与我同类之人的划分。同一心理边界内的成员往往拥有共享意义空间，通过频繁的交流互动形成较为融洽的情感关联。这种心理边界与物理边界未必一致，

❶ 笔者此处运用一般意义上的划分方法来说明企业边界问题。

❷ 李晓青．企业边界的多重视角 [J]. 长沙大学学报，2007（6）：20-22

❸ 陈兴淋．企业边界的理论及其作用 [J]. 学术界，2008（2）：84-88.

❹ Pfeffer，Jeffrey，Gerald R. Salancik. The External Control of Organizations [A]. A Resource Dependence Perspective [C]. New York：Harper and Row，1978：118.

一般隐藏在企业的正式结构背后。值得强调的是，尽管这两种边界共存，可由于心理边界的内隐性往往没有得到企业正式结构的充分重视。

随着企业的发展，带有功能主义色彩的文化影响力也在成长。人们普遍认为，企业视野中的文化一般针对企业的物理边界而言，意指一定物理界域内的企业及其成员所拥有的价值理念、习俗惯例和行为标准等的总和。这实为文化边界与物质边界的重合。其实，由于文化在思想、信仰、价值观念、意识形态和行为规范中的内隐性，对文化的识别和考量相对较为困难。这种将文化与企业置于同一物质框架的做法大大增强了文化的可视性与可理解性，使企业文化的深层假设得到较好显现和外化。可另一方面，文化的边界远非单独的物质力量所能涵盖，规则、制度上的文化尺度较易把握，植根于成员内心对文化的认同则很难测量。所以，如果单从企业整体视角对企业文化进行宏观描绘，根本无益于企业文化在成员中的内化，只有实现文化与成员的心理对接，得到他们体认和赞同，才可能发挥出文化对于企业的凝聚、引导、辐射等功用。

所以，企业文化的边界不能仅停留于与企业物理边界的融合，还应在与成员的共同商榷中渗入他们的心理边界，使他们与企业缔结更有亲和力和凝聚力的心理契约作为文化参与者。成员在进入企业物理边界时完成对企业文化的心理认知，在与企业建立态度和情感关联时实现自身文化参与身份的转变。

（二）企业文化与多元外部文化相互依存❶

企业文化固然以企业边界为限圈定其作用范围，可这并不意味着它可以

❶ “多元外部文化”是指企业物理边界之外可能触及的民族文化和社会文化。其实，企业自身的文化与其所在的民族文化、社会文化并不是非此即彼的关系，而是互相交融、相互影响的关系。此处把民族文化和社会文化作为外部多元文化提及，是为了建立一个简易的分析框架，并不是主张彼此存在着泾渭分明的界限。

屏蔽社会文化的影响。"文化学之父"泰勒认为："文化，就其广泛的民族学意义来说，是包括全部的知识、信仰、艺术、道德、法律、风俗及作为社会成员的人所掌握和接受的任何其他的才能和习惯的复合体。"❶每一个社会都有和自己社会形态、族群特征相适应的社会文化，并随着社会物质生产的发展变化而不断演变，因此，文化就历史意义而言，必然以民族文化形式呈现出来。

一般而言，民族文化发源于具有地域、血缘、业缘联系族群的共同生活经历和传统。在长期累积的历史过程中，各个民族创造出特色鲜明的语言、文字、思维方式、习俗惯例等文化特质。在民族文化的强烈濡染下，成员也被紧紧编织在族内盘根错节的交往关系中。民族文化不仅营造了族群生活的背景，而且还把强大的精神信念辐射于族人，造就了他们与本民族强烈的、不可分割的命运归属感和情感依赖。所以，民族文化对个体的影响是渗入骨髓的，很多时候根本无需话语，个体的举手投足便在无声地诉说所属民族的文化特性。民族文化具有强大的渗透力，它经常使企业和个人无意识地表现出本民族通行的价值判断和行为标准。这些标准在一种民族文化内可能是有理性、有道德的，甚至是合法的，可一旦踏出族群界限，进入其他族群当中，就要接受另外一套规则体系的检视和考量。因此，民族文化的存在最大限度地彰显了文化的相对性及多元文化并存的现实场景。这就使企业经常需要面对多元文化的沟通与合作问题。

就作用的社会范围而言，文化以约定社会运行的一般道德、秩序规则的方式对社会成员施加影响。因此，除了强制性的法律法规意外，社会文化的道德要求一般以融入日常生活世界的方式向个体渗透，潜移默化地积淀于成员的文

❶ 爱德华·泰勒．原始文化：深化、哲学、宗教、语言、艺术和习俗发展之研究 [M]. 连树声，译．上海：上海文艺出版社，1992：1.

化心理和行为之中。应该看到，社会文化中也不乏教化与意识形态的灌输，但一般以较长时限和广泛的社会事实为依托，通过日常生活世界的习惯和延伸效果，把社会一般规范和价值原则逐渐渗透于社会成员的价值判断之中，从而使有形的社会准则转换为成员“内心的道德法则”。这样的过程常常是“润物细无声”的，并不会引起人们的敌意。相反，人们还会对自己的违背行为产生强烈的自我谴责感。

企业文化是企业范围内多数人所共享的一系列价值观、态度、信念和规范的总和，展现了企业的文化特质。随着全球化进程的开启，高扬营利目的的企业开始跨越族群或民族国家的边界拓展势力范围，形成跨国集团。在这些跨国企业中，多种价值理念、信念和行为准则在同一时空内的共存必然诱发矛盾和文化冲突。这样，共时态地应对多元外部文化的共生问题成为了企业文化管理的重要内容。企业也曾希望通过推行简便的、统一的文化样式来消解企业内外的文化多样性。可企业文化作为企业理性和成员文化心理的结合体，根本无法消除成员个体所携带的民族文化信息。企业及其成员即使对自己的民族文化身份毫无觉察，也会自然而然地运用支撑他们价值理念的族群文化、社会文化碎片建构自身身份，并以此来解读所在企业。唯有如此，他们才能创造出没有不适感的文化氛围。

倘若说企业文化就是一种民族文化、社会文化在企业中的变形和再现可能有些言过其辞，但不能否认的是，学界对企业文化的关注就肇始于对美国与日本企业管理文化差异的惊诧。同在一个族群内部的企业由于受到相似文化的熏染，有时可能无法表现出文化的差异。可一旦多元文化入主企业情境，民族文化、社会的特质瞬间变得明晰。成长于不同民族文化、社会文化背景下的个体，虽然共在于同一企业境遇，也会在思维方式、价值观念和行为举止上表现得大相径庭。因此，内隐于企业文化之中的民族文化、社会文化也会在很大程度上引导和规制成员的文化心理和行为。而且民族文化、社会文化的差异也成为区分企业文化的重要维度。

需要强调的是，民族文化对于企业文化具有双面性。民族文化为企业文化提升凝聚力提供了良好范例。民族文化的最大特色就在于其以地域、血缘、业缘为纽带形成极强凝聚力和归属感。个体不仅高度认同所属族群，甚至为了民族大义还会完全放弃、牺牲自身利益。民族文化的这一优势足以让苦苦追求凝聚力、向心力的企业文化垂涎，企业文化也要力图落实成员文化参与身份、促成企业与成员的有机团结。然而，假若企业文化中流行的民族文化因子过于多样，就会存在分裂的风险。因为族群是比企业联系更为紧密的结构形式，企业内族群的繁荣往往破坏企业中作为公共领域进行信息和文化交流的平台，取而代之以人情、面子等私人交往形式，从而使统一的企业文化被肢解。

因此，必须正视企业文化与民族文化之间的关系：二者间存在交集，既不能妄图在企业文化情境中消解民族文化，也不能固守民族文化而忽视企业的价值旨归。只有将民族文化特质很好地契合于企业情境，才可在尊重民族文化的同时彰显企业文化特质，营造成员无障碍进入和沟通的文化氛围。

（三）企业文化与亚群体文化的交织共在

尽管本书倡导企业文化应为一种具有包容力和规制力文化体系的观点，但这并不意味着企业内必然保持一种均质分布的文化样态。实际上，企业中并存多个管理层级和职能部门。虽然它们共同受制于企业目标的指引，可由于承担的工作职责在性质、内容等方面的差异，它们往往把企业总体目标细化为多个与工作境遇相结合的子目标，从而使企业宏观、整体的文化状态发生分化，裂变为镶嵌于具体岗位职责的亚群体文化。理论上讲，亚群体文化应当分有企业整体文化的“本真性”。此时的亚群体文化就具有积极的意义，能够保持企业文化的连续性和同一性。

然而，理论状态永远仅是理想状态的代名词，现实的情况是，职能部门对总目标与子目标关注点的差异、实施策略的水平，都会使企业文化和亚群体文化的差距日渐拉大，甚至无法弥合。这就为文化参与者的认同设置了难题，是参与到企业整体文化倡导的理想情境，还是加入现实职能部门的亚文化中？回答这一问题的关键就在于成员具有怎样的文化主体性。企业文化不是均质的，管理层级和职能部门的亚群体文化的存在具有必然性。妄图建立功能强大以至能够完全消解亚群体文化的企业文化，是不现实的。作为企业文化的参与者，成员就必须面对企业内部多元文化的冲突与碰撞，这才是富有生机和活力的企业文化的本真样态。初次进入企业结构的成员在面对庞大且多枝的企业文化时可能无所适从。但经过一段时间的相互适应后，在多元文化的锤炼和交错中，成员的文化甄别能力得到切实提高，就有可能在与其他成员的交往中相互协商，达成具有相对一致性和稳定性的共识。

而且，企业文化整体对于亚群体文化来说具有逻辑上的优先性。作为复杂的统一整体，企业文化中任何组成部分的性质都不可能孤立地被理解，需要被置于一个整体的关系网络中，即把它与其他部分联系起来才能被系统化理解。所以，企业内部的多元紊乱状态是有序态势的前奏，是磨炼交往主体文化建构能力的平台。在多元主体的共同参与下，在协商共识的基础上，企业内部才会催生对多元文化差异、多种价值观念对立具有吸纳、包涵、调和能力的文化样态。换言之，能够使异质意见发出声音的文化秩序才是企业文化的理想形式。

因此，企业文化参与就演变为两种情况：一种是成员对企业文化的参与，强调个体在进入企业边界后，以自身的主体性优势投入到企业文化的建构流程中，在学习企业要求、履行岗位职责的同时，不仅体悟企业的价值观念、行为习惯，也会无意识地将自己对企业通行规则体系的理解和心得传授给企业中的他者，促成企业内部的文化融通。另一种就是企业以自身的整体性文化特质为依托，参与到与多元利益相关者的互动当中，就社会对企业的期待与企业满足社会期待的权能进行对话，从而使企业在促进自身发展与提升社会绩效间找到平衡点。

二、对话社会文化道德要求，增加对一般道德责任的认同[1]

虽然企业社会责任的理念已经渗透到许多企业的经营管理行为中，但由于社会绩效对企业的积极影响具有长期性，不能在短期内以一种较易量化的方式衡量与展现出来，所以还有业界人士把企业社会责任置于企业要想融入某一贸易体系或认证标准的门槛,缺乏自主的社会责任意识。因此,企业需要转变观念,把社会责任从企业的负担转变为企业的发展契机，把企业被动接受责任标准的审计与相关法律的制约转变为对道德层面责任的积极践行与倡导。

企业文化与社会文化的一般道德要求之间存在着复杂的关系。企业文化产生之初就把改善成员工作状况与生活水平作为一个重点内容。最早的企业文化实践开始于日本第二次世界大战后财阀企业的大规模解体。其间，大量高层管理者被迫离职，新提拔的高层管理者都来自一线生产岗位，具有丰富的现场经验与专业知识，对底层工人也极富同情心。这些年轻的管理者将对劳资关系、企业使命、人力资本等问题的独特理解注入管理革新之中，敏锐认识到企业的首要任务不仅仅追求利润，还要竭力谋求相关利益的平衡，尤其要增进企业成员的福利，保障他们的生活条件。如完善了长期雇佣制和年功序列制，使企业

[1] 颜冰 . 企业文化的道德审视——问题奶粉事件引发的思考 [J]. 湖南社会科学，2008（6）: 51-54.

与成员之间建立起长期、稳固的工作关系，进而增强了成员的归属感和凝聚力；推行内部福利制度，企业成员除享受政府提供的全民福利外，还可享有包括住宅建设、医疗保障、娱乐设施等涉及生活各方面的企业福利，使成员与企业之间形成非单一经济型的多元关系。此外，企业内部设立了独立工会，在保障企业生存前提下直接参与企业的经营管理活动，成为帮助企业稳定生产秩序、调整和改善劳资关系的重要手段。

可以看出，企业文化对社会道德要求不是置之不理的，而是在产生之初就逐渐将对资本主义生产方式逐利动机的反思纳入文化价值体系当中，发现企业仅追求经济利益的无限增长必然与政治、民主和和秉持道义诉求的社会公正价值观发生明显冲突，甚至使劳资双方陷入紧张对抗之中。因此，企业文化把企业对成员、对消费者、对社区、对供应商等相关者的道德责任放在企业发展规划和行为守则之中，不着痕迹地把与企业有关系的“人”放在与企业利益同等重要的位置，通过企业对多种社会责任活动参与，多角度满足利益相关者的外显和潜在需求，使追逐利益的企业行为在社会一般道德框架下得到政府和社会公众的认可。

因此，在企业文化建构过程中，把社会一般道德要求与企业行为规范、制度建设衔接起来，用社会一般道德统领企业的责任文化，使成员德性和责任感在企业价值观统合的强大背景下仍能显现出来，使企业成为一个具有良知的公民企业。

三、对话社会管理结构，加强社会责任实现的理性力量

一般而言，现代社会往往由政治、经济、司法机关组成的网格化管理结构来维持正常的运行秩序。这些结构合理与否很大程度上制约和影响了微观企业

及其活动。所以，对一个社会治理体系做出好坏评价的关键，不在于是否存在社会治理主体和运行机制，而在于是否具有完善的社会治理规则，且该规则体系是否与社会中诸多主体的行为相契合，即能否满足社会主体的需求且对他们的行为产生有效约束。

基于此，要想使企业社会责任理念深植企业、政府与社会组织的互动当中，要从社会管理结构上解决责任文化通过文化濡染和浸润等感性方式影响企业、代理人及其成员的状况。因为依赖责任主体道德良知与善意的责任文化的约束力较为薄弱，当企业没有经济利益、竞争等压力时可能会产生效果，但企业一旦遭遇生存危机时，承担社会责任的想法或愿望就会被逐利心态所取代。因此，企业社会责任思维和体系的形成，一方面要求在社会文化中强调政府的干预作用，建立相应监督管理机构，通过健全、完善的法律法规系统清晰划定经济、法律、道德及慈善责任的边界，明确企业承担的经济、法律责任底线是不能逾越的，一旦触碰必然受到严厉惩罚。这种严明的政府管理体系、受到尊重的产权、权力对等规则以及政府与企业行为各自独立的权力边界，成为保证企业建立责任文化体系不可或缺的宏观社会管理结构。

其次，非政府组织、行业协会、民间团体等独立存在的社会力量，也可以成为帮助企业确立责任文化的重要社会组织结构。由企业自发结成、自主运行的行业协会往往具有比政府监管还要有力的约束作用。因为政府对企业行为的监管要想达到效果必须投入大量的人力、物力，监管成本极高。而且，由于政府依据法律法规强制执行的监管方式，往往也只能够触及企业社会责任的底线，并不能推动企业达成社会责任担当的理想状态，即只能维持“不是最差”，却很难达到“业内最佳”。相对而言，企业自愿组建或加入的行业协会、民间团体则完全不同，采用“自觉+外在强制”的组合约束方式，即行业协会提出的责任标准是经企业一致表决赞同的，因而对企业本身就具有最大的行动力。此外，行业协会虽为自律组织，但因其对行业运作方式和对行业供应链体系的熟知，而对业内企业运营的关键环节达到最有效力的约束。企业在与行业协会、非政府组织打交道、不断试错的过程中，社会责任承担能力也在逐步提升。

最后，与经济责任、法律责任的履行不同，道德责任和慈善责任本身的自愿性赋予企业在承担这些责任时需要更大的自由选择权利与空间。企业应当在充分发表意见基础上，选择能够承担、愿意承担的道德责任和慈善责任。虽然道德责任和慈善责任对企业并不存在“一票否决”的约束力，却可成为企业提升经营层次和水平的重要演练平台，切实提高企业服务众多利益相关者的综合实力。但是，企业的利益相关者群体庞大、利益取向与社会期待并不相同，企业很难准确了解他们的需求。因此，企业可以通过热线电话、电子邮件、社交媒体等，建立一个能够为企业雇员、消费者、供应商、竞争者、政府、社区和媒体等利益相关者接触、提问、交流甚至质疑的沟通渠道，充分尊重利益相关者，切实提高企业社会责任履行的针对性和效力。

四、深描企业伦理议题，对话利益相关者，确定企业担责的“就近原则”

不可否认，在大力倡导企业应承担社会责任时，仍无法否定企业对经济利益追逐和渴望。很好履行企业责任的企业也均较好处理了效益追求和道德追求的关系。实际上，企业追求经济利益本身在道德上不具有善恶之分，但是企业追求经济利益的方法却千差万别。企业是以牺牲公平竞争原则、牺牲环境，甚至以牺牲员工的健康和安全权益为代价追求经济利益，将企业利益与消费者利益、企业利益与社会利益置于尖锐的对立中时，企业行为就有了道德价值上的优劣。换言之，企业为了生存必须赢利无可厚非，但是企业被经济利益左右，或者采用不正当方式和行为获取经济利益必遭人诟病。因此，企业日常生活中必然经常遭遇经济价值（利润、薪酬、物质利益等）与道德价值（公平、正义、正直、诚实、信用等），经济效益（财务赢利、成本、绩效指标等）与社会绩效（公共利益、道义责任、经济发展贡献率、带动人口就业率等）如何平衡与取舍的难题。这些难题在企业伦理文化中转化为一些具有共性的伦理议题，具体为“商业贿赂、公平竞争、合理定价、诚实交易、高质量产品、人员培训、商业机密、广告或宣传材料作假、采购中的回扣、经营战略手段、股东责任、社区关系、工作环境、内部道德稽核、财务控制、绩效控制等”❶。

企业管理者和其他雇员面对这些伦理议题时，会应用自己的价值标准进行判断，进而做出伦理决策。然而，企业成员的价值标准与社会普通民众的价值标准并不一定相同，而且成员对企业归属感、认同度越高，他的价值判断标准越是与社会一般公众不同。为什么呢？如前所述，个体融入企业完成企业化过程的结果就是消弭个体与企业在价值判断上的差异，接纳企业的价值观点，成为一名名副其实的“企业人”。因此，企业成员进行价值判断时，同时会有二种基本价值假设发挥作用❷：一是企业已经形成并内化于成员的文化价值判断，另一个则是企业成员作为社会公民在道德操守和良知作用下的价值判断。在针对同一问题时，二种价值判断的立场和观点可能未必一致。例如，一家汽车企业的设计环节出现了问题，导致生产的某一型号汽车具有质量缺陷，汽车在行驶 8000 公里以上时发动机就会漏油。在汽车上市 6 个月后，企业质检部门就已

❶ 李萍．企业伦理：理论与实践 [M]. 北京：首都经济贸易大学出版社，2008：78.

❷ 如果企业的价值体系与成员个体的价值体系完全吻合，那么就不存在两种基本价值判断，但在现实情况下，二者不经调整完全吻合的情况很少发生。多数情况下，成员会把部分企业价值判断内化于自己的价值观之中，对企业中的问题也会保留个体对于争议问题的独立判断。

经发现此问题，并及时上报给企业的高层管理者，那么该企业应当做出怎样的决定？企业面临的选择，是捍卫消费者利益，提供免费维修服务，甚至召回有质量缺陷的汽车，还是维护企业形象与利益对这一问题不作回应与处理？该企业的决策层就面临着维护企业利益与保障相关者利益如何取舍的问题。作为企业的代言人，决策层应当把企业利益放在首位，作为一个有良知的公民应当如实向消费者阐明问题，这两种不同的行为结果实际上就来自于他们基于不同立场进行价值判断的结果。

这表明，实际上，社会责任离企业的日常经营行为并不遥远，企业做的每一项决策都会影响利益相关者的权益。企业在进行许多决策时都会涉及公平、公正、诚信等道德价值的考量。因此，企业关于“企业利益与相关者利益孰轻孰重、公平公正的实现是否存在条件、人与物的要素何者更重要”的基本假设就会决定以上伦理问题的决策方向。所以说，企业文化对于企业社会责任的影响不仅仅在于企业针对何种对象做了何种慈善行为，还要考察企业及其成员是否深植一种关注他者利益和需求的基本假设。这种责任文化的基本假设隐藏在企业履行社会责任的行为背后，虽然没有鲜明的标语、口号作为诠释，但只要企业遇到利益冲突、道义矛盾时，它就会第一时间出现在企业及其成员的价值判断中，左右企业决策的结果。

那么，如果企业确定了关于社会责任担当的文化假设并内化于所有成员价值观中，是否在履行社会责任之时就一往无前了呢？现实往往要复杂得多。企业虽然具有担当社会责任的勇气与决心，也划拨了人力、物力资源，但是面对诸多利益相关者多元需求时，企业有限的担责能力与利益相关者的社会期待间肯定存在差距，那么企业该满足哪一个相关者的何种需求呢？这就涉及需要为企业的利益相关者及他们的期待进行排序。

对利益相关者及其社会期待进行价值排序是企业社会责任文化实施过程中

亟需解决重要问题❶。然而在现实生活中，企业界并未形成较为科学、合理的统一原则，有的企业根据反映出问题矛盾的焦点、有的企业依据对利益相关者的了解程度、有的企业依据担责成本的高低、有的企业依据产生社会效应的大小，企业根据自己的实际情况现实、权宜地进行着承担社会责任内容的排序。这种个性化的排序方式最大的优点就是有效服务了企业的短期目标，为最大化企业利益，或化解企业利益与社会利益的矛盾找到了最简便易行的路径。但也正是这种"头痛医头、脚痛医脚"的价值排序方式，不仅使企业无法形成清晰的价值排序链条，不知道"接下来""下一个"即将满足的期待是什么，而且也会使企业成员对于该怎样承担社会责任感到迷茫，从而使企业社会责任的践履变得混乱而无序。

正是基于对该问题的深入思考，笔者认为对企业承担社会责任的价值排序应在遵循"就近原则"的基础上，形成一条较明确的价值排序链条，见图 8-2。

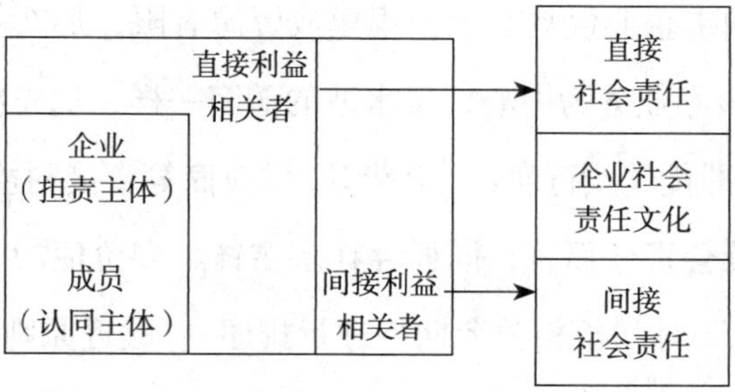

图 8-2　利益相关者分类及"就近原则"

❶ 在企业文化建设中，一个发展阶段或时间节点内对于企业有价值的价值判断不止一个，企业不能面面俱到地秉承每一个对企业有意义的价值观，把每一件事都做好。所以，企业一般需要对这些价值观点或事件进行排序，给予符合企业当前生产经营状况、成员思想状态水平或者具有前瞻性的战略规划的价值判断或事情以较高的优先级别，从而使企业通过对核心价值观念的专注与投入，获得和保持具有优势的核心竞争力。

（1）对企业的利益相关者进行划分，按照他们与企业核心业务联系的密切程度，划分为直接利益相关者和间接利益相关者。这里的“直接”与“间接”的区分，意在说明直接利益相关者是企业价值创造链条上的核心因子，如雇员、消费者、供应商、社区、竞争者、政府和媒体等；间接利益相关者则指与企业价值创造关联性不大，但可使社会整体绩效得到提升的远期相关者，如扶助弱势群体、捐资助学、不发达地区的技术支持等。

（2）针对不同属性的利益相关者，企业分别承担直接社会责任和间接社会责任。直接社会责任是指企业有针对性地满足直接利益相关者需求，这些需求与企业的生存、发展关系密切；间接社会责任则指属于整个社会范围内而并非企业主营业务发挥作用的核心领域，往往对维护和改善社会公共利益影响深远，但对企业短期发展助力并不明显的社会责任。

（3）如果企业是实力雄厚的跨国公司，那么企业可以同时兼顾直接和间接社会责任，既对企业发展有利，又能推动诸如反贫困、生态资源保护等宏观社会问题。但是，如果企业仅具有中小规模或资源有限，那么就需要按照“就近原则 1”，以企业核心业务为中心，像水波的涟漪一样，优先次序按照与企业密切程度依次递减，即优先践行雇员、消费者、供应商等直接利益相关者社会期待。

（4）就直接社会责任而言，同样存在多主体、多价值的问题，那么就需要依据“就近原则 2”对利益相关者期待进行排序。“就近原则 2”的核心思想是优先保证企业的文化一致性、发展战略一贯性。排序原则：第一，企业核心价值观最切近的利益相关者需求应优先保证，这既可使企业在承担社会责任时保持价值的一致性，又便于在企业成员中形成价值认同与行为示范效应。第二，企业发展战略倡导的核心群体及其利益要优先保证。这可以使企业的未来发展获得持续的竞争力。第三，企业现有经营状况下，矛盾最集中的利益相关者的需求优先保证。第四，按照企业作用范围从最为便利、成员参与程度最高的利益相关者入手满足需求，依次是，雇员＞消费者＞社区＞供应商＞政府＞媒体＞竞争者（该优先次序可依据企业实际情况进行调整）。第五，例外原则。当企业突发危机事件时，也可以适时调整承担社会责任的优先次序。

值得注意的是，企业对社会责任的担当不仅要关注企业承担何种社会责任的结果，而且更要关注企业在既有责任理念指导下进行决策的全过程。只有突出企业的“过程责任”，才能使企业及其成员摆脱仅为承担社会责任的被动对象，充分尊重、多元责任主体的道德反思和判断能力，发挥他们的主体性精神，使企业社会责任能够真正成为实现企业利益与社会利益“共赢”的重要手段与途径。

总之，企业社会责任文化认同是一个复杂的系统工程，围绕核心概念的理论建构只走出了文化认同的第一步，还需要企业在反复尝试、不断试错中，修正对社会责任的认知与判断，积累践履社会责任的阅历与经验，使企业获得可持续发展的社会资本，促进企业的长足发展。

第四节 主要结论

主体间性视野中对企业社会责任文化认同问题的考察，可以得出以下结论。

第一，主体间性理论强调近代西方哲学以来产生的“主客二分”的世界观与方法论无限放大了人的权能。人作为主体不仅能够为自然立法，而且还能够为自身立法，客体完全变成消极、被动的对象，消弭于主体的光芒之下。然而，随着现代现象学研究的展开，具有无限权能的主体遭遇到自身的认识困境：主体可以认识客体，但是主体又该如何认识自身？由此提出主体交往的“我—我”观点，这是主体间性观点的最早呈现。但是，胡塞尔的主体间性过于强调自我的建构作用，因而陷入“唯我论”而不能自拔。其后，当“非我”作为我的体认对象出现时，“我”与“非我”的相互体认成为主体间交往的重要形式。不仅如此，哈贝马斯更是为主体间性注入了更丰富的内容，多元主体在公共空间内以语言为媒介的交往为主体间性找到了现实交往的载体，多元主体通过对话、争论和驳斥，甚至质疑来给以多元主体最充分的尊重。在多元主体间的对话与沟通中，它们自身得以完善。这些思想为深入考察企业社会责任问题提供了重要的思维工具与理论框架。

第二，主体间性倡导多元主体，但并不是要消解主体，而是要把原来的一元强势主体转换为多元对话主体，所以以主体间性考察企业社会责任就是要打破一元主体思想和理论框架，发现并确认承担社会责任的多元主体身份，从而唤醒企业的社会责任意识。

第三，站在本质主义的立场上，社会责任就是企业范畴本身所包涵的，并不是外在力量强加的，是企业及其代理人、员工内心时刻存在、永远保持敬畏的道德法则。当政府、社会、公众要求企业承担社会责任时，就需要把社会责任进行划分，必须强制履行的责任就应使用最严厉的权威和手段，严格监管；出于企业善良意志、慈善关怀而应担当的社会责任，应当给予企业最大的自由度，让它行使自己承担道德责任的自由意志，把社会责任承担好。唯有当企业能够支配自己的行为，行使选择权利，能够决定在某种条件下承担或不承担，选择承担何种社会责任时，企业才具有名副其实的主体身份，焕发出它的自主担责意识，否则其他对于企业的要求，无论来自于政府、社会组织、公众还是企业内部员工，对企业而言都是负担。

第四，企业成员使社会责任的认同主体。企业作为整体担当社会责任时，是表明企业只能就企业资源而采取出这些行动。而真正能够调动、支配、使用、监管这些的都是由企业中具有不同身份、扮演不同角色的人完成，既包括高层管理者，也包括普通员工。因此，笔者消解掉他们身份、地位、职责的差异，均以“企业成员”一并称之，就是看到他们对社会责任担当具有关键作用。但是，在长期关于企业社会责任的研究与实践中，并没有人真正关注到企业成员对于社会责任践履的这一巨大作用。

第五，把企业成员作为企业社会责任认同主体，富有深意。企业成员虽然被冠之以“成员”的名称，但实际上是一个个独立的个体，具有自己的价值观、人生追求及宗教信仰等。他们并不一定时时、事事与企业的核心利益保持完全一致。具有如此差异化身份的个体如何能够融入企业把企业的目标与个人目标契合起来，完成从独立个体向“企业人”的转化，是企业成员建立社会责任意识的第一个阶段。

第六，力主成员对企业文化的认同，这一立场来自于对企业精英管理层权威的解构。成员现实地完成企业文化认同则是多元主体共同发挥作用、协商共识的结果。多元主体通过深度互动所达成的共识成为文化深层假设的“共享性”来源，由此也使成员获得了接触企业责任文化的均等机会，完成了对文化的经验性体认。在这一过程中，成员与企业确立了相对亲密、稳定的情感关系。不过这仅是对企业文化认同的宽泛描绘，尚不足以使成员在职业领域内确立以企业为先导的价值判断和行为标准。企业还要找到更为有力的方式推进成员对文化基本假设的体认过程。笔者以目标作为考察文化认同状况的基本指标，把企业文化认同的过程具象化地表现出来，即个体成员要经过对企业目标分立、契合和重构等逐渐递进和深化的环节后，才能实现有效的文化认同。企业与成员的关系不仅是成员接纳企业目标、认同企业文化渐进性的显现，还内隐和映射了互惠交换、价值契合及身份认同等企业内行为的相应变迁。这一目标与行为因果关联的发现，为考察企业情境中文化认同路径提供了重要线索。

第七，企业文化认同最终目的在于企业与个人目标的重构，即在企业及其成员在相互他者化过程中，把人本思想融入企业理性，在企业合作的视野中共同思考自身的归属和特质。就成员对企业文化的认同而言，企业为成员自我身份的清晰提供了叙事性背景，成员把被某一企业接纳作为描述其特征的重要因素，企业的价值观念、行为方式、象征意义等都会在成员刻画自我意识时留下不可磨灭的痕迹，使企业文化的特质在成员身上得到再现和传承。

第八，当成员完成组织身份认同以后，他们会把企业的责任文化观念认同到自己的内心当中，或者说内化成自己的价值观念和行为准则，这样才能使企业在任何时间、任何地点都能呈现出对社会负责任的状态，那样企业才能摆脱承担社会责任就是大规模捐钱、捐物的“怪圈”，真正成为社会责任的担当者，通过企业社会责任担责主体、认同主体、监督主体、扶助主体、反馈主体的深度对话与交往，形构出“政府—企业—社会”互动的社会责任文化体系。

附录：企业社会责任调查问卷

尊敬的女士 / 先生：您好！

非常感谢您抽空答此问卷。这是一份学术性的研究问卷，我们的目的是为了调查您对企业社会责任的看法，以及贵企业社会责任承担的情况。您所提供的信息将被作为学术研究使用，对于您所提供的资料，我们绝对保密。谢谢合作！

1. 贵公司正处于：[单选题]

A. 创业初期（3 年以内） B. 发展阶段（3~5 年）

C. 初步稳定（5~10 年） D. 稳定发展阶段（10~20 年）

E. 存在 20 年以上

2. 您所在的公司（部门）：________________ [填空题]

3. 您所处在的管理层级：[单选题]

A. 高层管理者 B. 中层管理者 C. 基层管理者 D. 员工

4. 您对企业社会责任的了解程度如何？ [单选题]

A. 非常了解 B. 一般了解 C. 不了解，但感兴趣

D. 不了解，认为无关紧要

5. 您是否听说过以下概念？ [可多选]

A.SA8000 准则　B.ISO14000 标准　C. 企业公民

D.OECD 公司治理结构原则　E. 利益相关者

F. 企业社会责任报告　G. 都没听说过

6. 您是否知道国家关于企业社会责任的政策及法律法规？ [单选题]

A. 知道，学习过　B. 知道一点　C. 不知道

7. 贵公司是否建立了有关社会责任方面的委员会或类似机构？ [单选题]

A. 是　B. 否

如果是，请列出它们的名称。[填空题]

____

8. 贵企业的企业文化中是否包含与社会责任相关的内容？ [单选题]

A. 是　B. 否

如果有，请简要说明。____

9. 您认为所在企业可以承担的社会责任具体内容应包括：[多选题]

A. 确保企业利润　B. 保护环境、节约资源　C. 依法纳税

D. 维护员工利益　E. 技术自主创新　F. 保证产品质量安全

G. 积极参加公益活动　H. 诚信经营　I. 建立先进企业文化

J. 遵守行业道德规范　K. 其他

10. 您认为贵公司在哪些方面仍需改进：[多选题]

A. 确保企业利润　B. 保护环境、节约资源　C. 依法纳税

D. 维护员工利益　E. 技术自主创新　F. 保证产品质量安全

G. 积极参加公益活动　H. 诚信经营　I. 建立先进企业文化

J. 遵守行业道德规范

11. 对企业来说，各个利益相关方的重视程度由大到小排序：[填空题]

____

A. 投资者　　B. 员工　　C. 消费者　　D. 供应商

E. 所在社区　　F. 政府　　G. 媒体　　H. 自然环境

12. 您认为履行社会责任对企业发展而言：[单选题]

A. 非常重要　　B. 比较重要　　C. 重要性不明显　　D. 无关紧要

13. 您认为履行社会责任对企业经营的影响：[可多选或填空]

A. 长期利益　　B. 财务负担　　C. 提高效益　　D. 降低成本

E. 不清楚　　F. 没有任何影响　　G. 其他（请简要说明）

____

14. 您认为制约企业履行社会责任的主要约束因素是：[多选题]

A. 对社会责任的认识度　　B. 经营现状　　C. 领导层观念

D. 企业规模　　E. 社会诚信环境不够良好

15. 请对本企业现在诚信建设进行自评：[单选题]

A. 计划加强企业诚信管理

B. 正准备或正制定企业员工的道德行为准则

C. 设立了兼职的诚信管理部门

D. 设立了专门的诚信管理部门

16. 您认为如何才能更好地促进企业履行社会责任：[可多选或填空]

A. 政府引导　　B. 法律强制　　C. 企业自觉履行

D. 社会监督　　E. 其他（请简要说明）

____

17. 请对本企业建立员工安全生产与职业健康机制进行自评：[单选题]

A. 优秀　　B. 良好　　C. 一般　　D. 较差　　E. 未建立

有无比较好的做法，如果有，请简要说明：

____

18. 请对本企业履行环保社会责任进行自评：[单选题]

A. 优秀　B. 良好　C. 一般　D. 较差　E. 未建立

有无比较好的做法，如果有，请简要说明：

____

19. 企业是否存在以下情况：[多选题]

A. 强迫劳动　B. 就业和职业方面的歧视行为

C. 招聘童工劳动　D. 漠视和践踏人权的行为

E. 以上情况都没有

20. 请对本企业节约能源方面所做出努力进行自评：[单选题]

A. 优秀　B. 良好　C. 一般　D. 较差

有无比较好的做法，如果有，请简要说明：

____

21. 请对本企业的产品质量安全保障机制进行自评：[单选题]

A. 优秀　B. 良好　C. 一般　D. 较差

有无比较好的做法，如果有，请简要说明：

____

22. 您认为加大社会责任成本投入对中小企业的影响：[单选题]

A. 利大于弊　B. 弊大于利　C. 其他（简要说明）

____

23. 请对本企业的社会责任履行情况做出自评：[单选题]

A. 优秀　B. 良好　C. 一般　D. 较差

有无比较好的做法，如果有，请简要说明：

____

24. 对于企业社会责任，你认为企业应当：[单选题]

A. 充分重视并纳入企业战略　　B. 跟随形势，仅做了解　　C. 不关心

25. 您认为目前具有社会责任感的企业：[单选题]

A. 很多　B. 比较多　C. 一般　D. 较少　E. 很少

26. 你认为，你和你的同事更愿意采取哪种方式参与社会公益活动？ [多选题]

A. 捐款

B. 利用业余时间自行参加各种社会公益组织

C. 贡献自己的时间、技能或智慧帮助企业内外有需要的人

D. 参加企业组织的公益活动，为企业周边的社区或弱势群体提供帮助服务

E. 为全国范围内有需要的人提供财力、物力支持

27. 如果你在企业具有决策能力，你愿意支持企业投入一部分人财物进行慈善活动吗？

[单选题]

A. 非常愿意　　B. 愿意　　C. 一般　　D. 无所谓　　E. 不愿意

28. 你认为企业社会责任与普通员工的关系：[多选题]

A. 与员工关系很大，影响员工对企业的忠诚度与归属感

B. 与员工具有一定关系，影响员工的任职状态和离职率

C. 有关系，但是关系不是很大

D. 没什么关系

E. 不知道

29. 你认为，你和同事对所在企业承担社会责任的了解与参与程度：[多选题]

A. 非常了解所在企业所承担的社会责任并积极献言献策，参与热情很高

B. 了解所在企业所承担的社会责任，愿意参与

C. 了解所在企业所承担的社会责任，但不会主动要求参与

D. 不了解所在企业承担了哪些社会责任

E. 不关心

30. 企业通过何种方式让你和你同事了解其承担的社会责任：[多选题]

A. 通过企业内正式的管理文件或年度总结报告等形式下发纸质文件资料

B. 通过召开会议、座谈会、反馈会等会议形式

C. 将企业社会责任年度报告放在官网上

D. 利用官方微博、微信、QQ、公众号等现代社交手段

E. 不知道

31．企业是否有明确的机制让员工了解企业所承担的社会责任？ [多选题]

A. 企业内部社会责任活动频繁，有明确的宣传与沟通机制，员工了解企业社会责任履行状况，并积极参加

B. 定期、通过一定渠道披露企业社会责任状况，要求各基层单位组织学习

C. 不定期，但通过固定渠道披露社会责任履行状况，要求各基层单位进行学习

D. 企业有固定渠道披露社会责任履行状况，但并不是特别关注员工是否了解

E. 不知道

后　记

到此为止，本书的研究已经基本结束，回想多年对这一问题的苦苦思索，直到付梓仍有许多遗憾。由于本书主要运用西方哲学的思辨方法分析成文，因此一直苦于没有在实践中修正的环节与过程。虽然书稿也曾交由企业界朋友多提宝贵意见，但是管理哲学思维习惯下谋篇成文，能够给企业带来思想上的新风、理论上的推进，如果要想真正收到效果，还需要企业中的实践者对这些范畴的体认与践行。

而且迄今为止，还有一些问题没有深入展开，比如社会责任文化该如何确定和测量？政府作为企业社会责任的监管主体、非政府组织、行业协会作为企业社会责任的扶助主体该如何与企业及其成员进行对话与交往？以“政府—企业—社会”为节点的企业社会责任文化能够通过前文提及的步骤顺利达成？

这些问题都深深鞭策着笔者努力前行，虽然现在力有不逮，希望以后有余力时能够重新思考这些问题，也希望学问和能力均胜于我的专家、学者能够给予更多指导。

颜　冰

2020 年 9 月 18 日